Edition Akzente
Herausgegeben von
Michael Krüger

Martin Meyer

Ende der Geschichte?

Carl Hanser Verlag

1 2 3 4 5 97 96 95 94 93

ISBN 3-446-17408-7

Umschlag: nach einem Entwurf von Klaus Detjen
unter Verwendung einer Lithographie von Giorgio De Chirico:
Johannes-Apokalypse 6,13: »... und die Sterne des Himmels
fielen auf die Erde ...«
Gesamtherstellung: Friedrich Pustet Regensburg

Inhalt

Zeit urbar machen
Lichtenberg

Vorwort

Der Mensch bewegt sich zwischen Herkunft und Zukunft. Was er unternimmt oder unterläßt, wovon er affektiv oder reflektierend umgetrieben ist, stets bildet die Zeit den Horizont dieser Bewegung. Nichts kann jemals auf den Punkt der absoluten Kristallisation – der *stasis* – gebracht werden. Das Leben erreicht zwar Knoten und Schürzungen, aber bis zum Ende aller Dinge im Tod folgen sogleich wieder die auflösenden Verluste. Verständlich ist, daß da der Wunsch entsteht, die Produkte, die »Taten« der Obhut der Konservation anzuvertrauen. Aufbewahrung und erinnerndes Gedenken sollen nun das Medium auszeichnen, welches vorzüglich dafür in Frage kommt: die Historie.

Darauf beruht ihr Sinn. Es wäre sinn-los, in aufklärerischer Absicht ihn der Welt austreiben zu wollen – schon deshalb, weil es keinen archimedischen Ort gibt, von dem her der Schlag geführt werden könnte. Hier gelangen wir nicht über die Grenzen hinaus, die als erster Kant beschrieb. Konstruktionen und Ideenbilder sind die Versuche, den zeitlichen Fluß nach bestimmten Bedürfnissen wider das pure Vergehen zu regulieren. Doch ist ihnen eine Sehnsucht inhärent, die zu erledigen nur einer andern Sehnsucht entspräche. Die menschliche, vom Menschen gestaltete und erfahrene Wirklichkeit stellt sich auch als das Kampffeld dar, auf dem der Streit um die angemessene Besetzung des »Sinns der Geschichte« läuft. Das macht die politische Seite der »meta«-physischen Einstellung aus.

Hier nicht a priori der einen oder anderen Front beizutreten, vielmehr mit der interesselosen Neugier des Beobachters deren Verlauf in Geschichte und Gegenwart abzumessen, mag schwerfallen. Wenn die Bestimmung des Verhältnisses von Herkunft und Zukunft immer noch Fragen der »richtigen« Lebensordnung mitträgt, erscheint die Position des Neutralen prekär. Schon der deutsch-amerikanische Philosoph Leo Strauss tadelte den »Nihilismus« von Max Webers Wertfreiheitslehre – die im übrigen nicht das letzte Wort des Soziologen zur Kultur und zum Kulturbewußtsein seiner Epoche war.

Gleichwohl besteht der Vorteil einer *funktionalen* Betrachtungsweise mit Blick auf den Trieb, der Historie »Sinn«

einzuprägen, darin, daß die einzelnen Positionen und Begriffe zunächst in ihrer Eigengeltung zur Darstellung kommen müssen. Dem übereilten Werturteil bleibt verborgen, wie es denn eigentlich war: wer wann und weshalb, mit welchen Voraussetzungen, mit welchen Absichten dachte, was Geschichte ist – oder sein soll. Über Bedeutung und Bedeutungslosigkeit geschichtsphilosophischer Anstrengungen zu entscheiden, bevor deren Kernmotive geklärt sind, kann auf andere, gefährlichere Weise immunisieren: gegenüber der Realität der Ideen, welche »die« Realität überhaupt bestimmt und immer wieder die erstaunlichsten Wiedergeburten inszeniert.

Daher es denn naiv anmutet, wenn heute ein »Ende der Geschichte« verkündet wird, das mit dem Anspruch unüberbietbarer Vernunft sich legiert. Da sind Reduktionen vollzogen, die jene politische und soziale Lehre in die Richtung des Dogmas verhärten, deren Charakteristikum bisher gerade auf dem undogmatischen Denken gründete. Der Liberalismus der Verfassungsdemokratie – so vernünftig und der Zustimmung fähig er auch ist – schlägt zum Gegenteil aus, wo er mit der Prätention operiert, das »Wesen« des Menschen endgültig erkannt zu haben. Auch trübt sich ihm dadurch die Sicht auf Probleme, die schon jetzt bedrängend am Horizont erscheinen. Reprisen und Wiederholungen, an welche bis vor kurzem nur wenige glaubten, verdüstern die Vision von der friedlichen, ins Universale ausstrahlenden Weltordnung.

Anderseits gehört diese Vision nun einmal zum Repertoire der okzidentalen Geschichtsphilosophie: als Bedürfnis, den »Sinn« hinter allen Widersinnigkeiten historischer Kontingenzen und Katastrophen zu behaupten. Anfangs verschränkt mit dem Vertrauen in eine höhere Instanz, die dafür Sorge trägt; später – seit dem neuzeitlichen Selbstbewußtsein – bezogen auf das Vermögen des Menschen, der die Kompetenz übernimmt. Es wäre deshalb ähnlich naiv, die jüngsten Fassungen des »Endes der Geschichte« bloß ungeschichtlicher Spekulation, »technologischer« Voraussetzungslosigkeit zuzuschreiben.

Daß es so einfach nicht sein kann, belegt die philosophische Anstrengung eines Apokalyptikers, der dem 20. Jahrhundert die eindringlichste Variation zum großen säkularen Finale vorgespiegelt hat. Zwischen 1933 und 1939 dozierte in Paris der russische Emigrant *Alexandre Kojève*. Unter dem scheinbar spröden Thema einer *Introduction à la lecture de Hegel* versammelte er nochmals die Argumente und Figuren, die beweisen sollten, daß das »Ende« historischer Bewegung unabweisbar sei. Und wie die logische Konsequenz dieser Einsicht sollte gesehen werden, daß Kojève nach dem Zweiten Weltkrieg ins Wirtschaftsministerium des französischen Staates wechselte, um dort die entsprechende Politik mitzutragen. Am Ende der Geschichte bedarf es des Philosophierens nicht mehr – höchstens der »Weisheit«, welche in emotionsloser Kontemplation agnosziert, was der Fall ist. Sie registriert; nichts kann sie mehr überraschen, denn es gibt die Überraschung nicht mehr.

Über die Hypertrophie solcher Ermächtigungen läßt sich Einvernehmen schnell erzielen. Was Kojève indessen mit Schärfe bedacht und zu einer politischen Theorie erweitert hat, betrifft das Motiv der *Anerkennung*. Der Mensch ist anerkennungsbedürftig. Fehlende oder ausstehende Anerkennung ist ein wesentlicher Grund für Kampf und Krieg – und insofern auch für geschichtliche Prozesse, in welchen sie errungen werden soll. Könnte es sein, daß die Anerkennung fortschreitend universaler sich erfüllte, schwächte sich, in Korrelation dazu, das *Movens* der Historie ab.

Kojèves These blieb nicht unkontestiert. Drei Denker, die unter sich sonst kaum etwas gemein hatten, suchten sein Gespräch und formulierten ihre Einwände. Die Einwände repräsentieren, unabhängig vom zeitgeschichtlichen Kontext, klassische Gegenpositionen. *Georges Bataille* stärkte die ästhetische: indem er auf der ungebundenen Freiheit subjektiver Erfahrung beharrte. Die Position des »Theologen« reklamierte *Carl Schmitt*, als er das Grauen vor einer nur noch von Menschen für Menschen »gemachten« Welt beschwor. *Leo Strauss* verteidigte die *philosophia perennis* gegenüber dem Entwurf ihrer möglichen Abschaffung.

Womit erwiesen wäre, daß auch das emphatisch vorgetragene Neue der theoretischen Einstellung zur Wirklichkeit stets ins Medium der Reflexionstradition zurückgelenkt wird. Kojève war sich dessen mindestens insofern bewußt, als er später betonte, schon Hegel habe alle entscheidenden Perspektiven wahrgenommen. – Aber man darf noch hinter diese historizistische Glosse zurückgehen. Wenn die Frage nach dem Ende der Geschichte ein *Anthropologicum* ist, entschärft sich die Dringlichkeit ihrer »realistischen« Beantwortung. Sie ist damit keineswegs als Frage des Un-Sinns entlarvt – wofür die letzte Wahrheit darüber vonnöten wäre, was als »Sinn« gelten darf und was nicht. Doch sollte es nun eigentlich verlockender sein, jener Hermeneutik zuzuarbeiten, welche Bedingungen und Bedingtheiten des Topos von der Posthistorie prüft.

Das ist hier versucht: den Weg von der Substanz zur Funktion zu gehen. Wer vom Ergebnis enttäuscht sein wird, muß gleichwohl nicht verzagen. Er dürfte *en passant* hinreichend von Denkweisen Kenntnis genommen haben, die das »Ende« statuieren – oder verwerfen. – Also alles bloß halb so ernst? Vorsicht, *das* ist damit nicht gemeint.

Abendländische Eschatologie, ob sie von den theologischen Prämissen zehrt, ob sie die säkulare Welt ansteuert, behauptet den Ernstfall. Sie »organisiert« die Welt, und dieser Ordnungseifer ist ein hochpolitisches Unterfangen. Dem Skeptiker diente es wenig, wollte er mit einem Lächeln darüber hinwegsehn. Es macht vielleicht den Anschein, als sei mit dem Jahrhundertdatum von *1989* die Eschatologie im Herzen getroffen – jedenfalls in ihrer militantesten Façon. Das könnte sich freilich rasch wieder ändern: weil es *auch* von Vorteil für eine Doktrin ist, wenn die Realitäten wegbrechen, an denen sie gemessen wird. Wenn es aber zu den Grundbedürfnissen des Menschen gehört, mit dem »Ende« zu ringen, es zu »besitzen«, ist kritische Aufmerksamkeit um so mehr gefordert. Daß das auch für alle Bestrebungen gilt, dieser Utopie mit »Lebensphilosophie« und Neuer Selektion zu trotzen, versteht sich von selbst.

I.
Geschichten vom Ende der Geschichte

Daß die Geschichte des Menschen als dessen Unheils- und Heilsgeschichte einmal ans Ende gelangen möge, ist ein Prospekt aus jüdisch-christlicher Offenbarungswahrheit, dem bisher keine Aufklärung die deutende Kraft zu entziehen vermocht hat. Sogar scheint es fraglich, ob dies jemals gelingen könnte, solange die Geschichts*philosophie* – das große Versprechen der Neuzeit – noch ein Bedürfnis befriedigt. Um welches Bedürfnis handelt es sich? Vielleicht einfach um den Wunsch, Herkunft und Zukunft sinnfällig vermittelt zu wissen im Licht einer Gegenwart, die erst dadurch entlastet wird: von den Kontingenzen und Widrigkeiten der Lebenswelt. Was die Historiker als Ereignisgeschichte bezeichnen, fiele letztlich dem Verdacht des Zufalls und schlimmer jenem der Sinnlosigkeit anheim, gäbe es nicht die philosophische Ordnungsmacht. Sie wirkt als Theodizee oder als Lehre vom kumulierenden Effekt des Fortschritts, und sie hat es bis heute vermocht, den Abgründen und Katastrophen nachzudenken, ohne daß sie darüber definitiv verzweifelt und verstummt wäre. Selbst die »negative Dialektik« ist noch immer »Dialektik«, indem sie, bei höchstem Argwohn gegenüber Kultur und Gesellschaft, ihren Gegenstand nicht aus dem Auge läßt. Noch da leuchtet ein fernstes Licht von Erlösung.

Nun gilt gemeinhin, daß gerade die Geschichtstheorie der Aufklärung mit der Idee des eschatologischen Endes gebrochen hat. Kein Jüngstes Gericht erwartet mehr die Menschheit, sondern eine offene Zukunft, die sich als die Summe der wissenschaftlichen und technischen Errungenschaften konstituiert. Als solche ist sie wesentlich Leistung. Ihre Latenz bestimmt sich aus den Vorgaben wie aus den vermutenden Vorgriffen der Erkenntnis und unterliegt insofern einem prozessualen Geschehen. Man muß nicht die schwierige Diskussion um das Thema der Säkularisierung – ob überhaupt und in welchem Maß das neuzeitliche Selbstbewußtsein von theologischen Prämissen noch beeinflußt ist – erörtern. Auch ohne die Klärung des »Rezeptions«problems darf wohl festgestellt werden, daß sich die apokalyptische Erwartung seit der Mitte des 18. Jahrhunderts transformiert: sie geht über in eine Hoffnung, deren Energien auf die vom Menschen geformte Historie ausstrahlen. Diese erschließt sich einerseits ins Unbekannte; erheischt aber anderseits und gerade dadurch ihre Planung und Gestaltung.[1] Zu ihrer Logik gehört, daß alles frühere Wissen assimiliert wird vom Gang der Vernunft, welche sowohl für den Fortschritt bei der Naturbeherrschung sorgt, als auch die »Erziehung« im Gesellschaftlichen und Politischen wahrnimmt. So hat es, nicht irritiert von der *Terreur* im Gefolge der Französischen Revolution, noch Condorcet mit dem vollen Stolz der Epoche gefeiert. »Wir werden nun einen Blick auf das Menschengeschlecht im allgemeinen werfen und zeigen, daß die Entwicklung der wahren Methoden in allen Wissenschaften, der Umfang der Theorien, die sie in sich schließen, ihre Anwendung auf alle Gegenstände der Natur, auf alle Bedürfnisse des Menschen, die Verbindungslinien von einer zur andern, die große Zahl derer, die sie betreiben, schließlich die Vermehrung der Buchdruckereien – daß all dies hinreicht, uns zu bestätigen, daß fortan keine dieser Methoden von der Höhe herabsinken kann, die einmal erreicht worden ist.«[2]

Der Prozeß der Aufklärung ist irreversibel. Das muß statuieren, wer an die Vernunft in der Geschichte glaubt – und zugleich an die Vernunft im Menschen. Dessen Güte stand für Condorcet außer Frage, und erst diese anthropologische Hypothese, *auch* polemisch gegen das biblische Dogma von der Erbsünde wie gegen die Lehre der Apokalyptik über die Macht des Bösen in der Welt gewendet, gab dem Optimismus des Aufklärers die endgültige Beglaubigung. Doch bleibt einer solchen Prophetie – »Sie wird also kommen, die Zeit, da die Sonne hienieden nur noch auf freie Menschen scheint, Menschen, die nichts über sich anerkennen als ihre Vernunft.«[3] – der Chiliasmus durchaus erhalten. Das Ende freilich, einst als Höllensturz und Himmelfahrt vorausgeschaut, als absolutes Finale aller irdischen Verhältnisse, changiert. Es wird verzeitlicht.

In der Zeit, nicht im Jenseits jeder zeitlichen Ausfaltung, soll sich die Geschichte erfüllen. Erfüllung ist da keineswegs ein zu starkes Wort. Denn mindestens die großen politischen Begriffe der Aufklärung – Freiheit, Gerechtigkeit, Menschenwürde – sind Zielbegriffe, die sich als solche nicht steigern lassen. Mag die Wirklichkeit dagegen *noch* abfallen (und zu den größten Herausforderungen der Aufklärung besonders in der Fassung des deutschen Idealismus gehört es, die Irrationalität des Gegebenen gedanklich zu bewältigen), so herrscht doch die Erwartung, daß es zur Versöhnung zwischen der Idee und der Realität kommen wird. Dafür sorgt schon die – nun allerdings prinzipiell offene – Dynamik der wissenschaftlich-technischen Erkenntnis. Sie schafft die materiellen Voraussetzungen eines von den traditionellen Abhängigkeiten gelösten und befreiten Lebens. Erst späteren Generationen geht auf, daß es damit gerade umgekehrt sich verhalten könnte: daß die Dialektik dieses Fortschritts neue Zwänge und neue gesellschaftliche Machtverhältnisse heraufruft.

Noch Kant, der liberale Skeptiker in Glaubenssachen, arbeitete dem geschichtsphilosophischen Vertrauen in den Fortschritt zu, wenn auch mit Vorsicht. Seine »Idee zu einer allgemeinen Geschichte in weltbürgerlicher Absicht« vom Jahr 1784 verschränkt den historischen Prozeß mit einer Teleologie, deren Anstoß die Natur – nur an einer Stelle des Texts wird sie substituiert durch die »Vorsehung« – liefert. Die Natur also sorgt dafür, daß die Menschen, wesensmäßig im Antagonismus der ungeselligen Geselligkeit lebend, im Fortlauf der Zeit »zu einer Vollständigkeit der Entwickelung ihrer Anlagen gelangen«.[4] Nicht das Individuum erreicht dieses Ziel; wohl aber verwirklicht es sich durch die Entelechie der Gattung, und zwar im Widerstreit der Interessen und Ansprüche. »Alle Cultur und Kunst, welche die Menschheit ziert, die schönste gesellschaftliche Ordnung sind Früchte der Ungeselligkeit, die durch sich selbst genöthigt wird sich zu disciplinieren und so durch abgedrungene Kunst die Keime der Natur vollständig zu entwickeln.«[5] Da ist die Hegelsche Geschichtsdialektik, in Umrissen und ohne die empirischen Fundierungen, schon vorweggenommen. Kant selbst nennt, obgleich in einem es abwehrend, das Stichwort: den Chiliasmus. Wenn seine Philosophie indessen nichts mit apokalyptischer Schwärmerei zu tun habe, so deshalb, weil die *Erfahrung* »etwas von einem solchen Gange der Naturabsicht« entdecke. Am Ende dieses Gangs wartet, eben auch als Erfüllung der historischen Vernunft, der Völkerbund.

Natürlich rekurriert Kants Vorgriff primär auf die regulative Idee. Es müßte als stoßend empfunden werden, auf der einen Seite die Weisheit der Schöpfung im vernunftlosen Naturreich zu erkennen, um auf der andern – der Geschichte des menschlichen Geschlechts – nur Widersinn und Zerstörung sehen zu müssen; ein Einwurf, »dessen Anblick uns nöthigt unsere Augen von ihm mit Unwillen wegzuwenden und, indem wir verzweifeln jemals darin eine vollendete vernünftige Absicht anzutreffen, uns dahin bringt, sie nur in einer andern Welt zu hoffen«.[6] Das darf nicht geschehen. Der Geschichtsphilosoph wird zum Aufklärer auch darin, daß gezeigt werden soll, wie der verborgene Naturplan in die Tätigkeit des Vernunftwesens übergeführt werden kann. Nicht auf das Jenseits ist zu spekulieren, im Hier und Jetzt der selbstgestalteten Geschichte muß es zur Glückseligkeit kommen.

Fünf Jahre nach dem Ausbruch der Französischen Revolution, deren Prinzipien er von Anfang an mit Zustimmung begleitet hatte, legte Kant eine kurze, von der Forschung später wenig beachtete Schrift vor: »Das Ende aller Dinge«. Sie stellt sich dem ersten Blick dar als ironische Glosse gegen die aller Vernunft zuwiderlaufende »Mystik« der apokalyptischen Hoffnungen und Ängste. Doch erweist sich rasch, daß der Verfasser, in anthropologischer Absicht weiter ausschreitend, nicht nur eine religiöse Stimmung karikiert. Die vertiefenden Erwägungen zu Zeit und Ewigkeit wollen gewisse menschliche Bedürfnisse reflektieren. Kant beginnt beim Gedanken an das Ende aller Zeit. Dieser habe »etwas Grausendes in sich«: »weil er gleichsam an den Rand eines Abgrunds führt, aus welchem für den, der darin versinkt, keine Wiederkehr möglich ist«.[7] »Furchtbar-erhaben« sei die Vorstellung, aufgrund ihrer Dunkelheit, welche wiederum die Einbildungskraft bewege; zugleich bewege sie – »zu allen Zeiten, auf eine oder andere Art eingekleidet« – alle »vernünftelnden Völker«. In der Figur des Gerichtstages gewinnt die Apokalypse ihre scheidende Kraft, und die große Sonderung findet ihre Rechtfertigung nicht nur im Dogma, sondern auch in der verbreiteten Meinung von der verderbten Beschaffenheit des menschlichen Geschlechts. Was so schlecht ist, muß das schreckliche Ende haben. Daran schließt die Erregung der Phantasie an, von der Deutung der Vorzeichen bis zur Ausmalung der Katastrophe, da die Sterne vom Himmel fallen, der Himmel selbst einstürzt und der Weltenbrand wütet.

Bevor noch der Aufklärer diese mystischen Objektivierungen auf einen anthropologischen Kernbestand zurückbringt, repliziert der Geschichtsphilosoph: indem er der christlich-gnostischen Schreckensvision seine eigene Fassung von Eschatologie entgegenstellt. Die sittliche Anlage der Menschheit und die Weisheit des Weltregierers ließen vielmehr vermuten, daß – in Ansehung des Fortschritts von Kultur und Moralität – »der jüngste Tag eher mit einer Eliasfahrt, als mit einer der Rotte Korah ähnlichen Höllenfahrt eintreten und das Ende aller Dinge auf Erden herbeiführen dürfte«.[8] Zwar schränkt Kant solche Zuversicht insofern ein, als er von einem »heroischen Glauben an die Tugend« spricht, welcher »subjectiv keinen so allgemein-kräftigen Einfluß auf die Gemüther zur Bekehrung zu haben« scheine. Doch soll das an der geschichtlichen Gesamtbewegung in die Richtung der Humanität wenig ändern. Hier ist der Geschichtsphilosoph gleichzeitig Erzieher. Und mag die Apokalypse auch nur Spiel mit Ideen sein (»die die Vernunft sich selbst schafft«), so befördert die Vorstellung, richtig verstanden, doch die moralischen, auf den Endzweck aller Dinge bezogenen Grundsätze.

Letztlich bezeugt die Schrift jene philosophische Gratwanderung zwischen der Hoffnung auf den sich erfüllenden Sinn der Geschichte und dem Zweifel gegenüber ihrer Durchschaubarkeit, welche schon die Spätphase der Aufklärung einleitet. Die säkulare »Eliasfahrt« öffnet den historischen Raum für die Zeit, die nun endgültig zum Kontinuum von Profanereignissen geworden ist. Dieses Kontinuum kennt gerichtete Strukturen, in denen sich die Entelechie der Natur verwirklicht. Auch sieht sich Kant der Epoche zugehörig, die alle früheren Entwicklungen der Vernunft überwölbt. Doch als Pensum der praktischen Philosophie bleibt die Realisation der Moralität an Gesetz und Pflicht gebunden. Es klafft ein Riß, der das Sollen vom Sein trennt: eine Kluft, die erst Hegels Dialektik zu schließen sich anschicken wird. Die Formel der Reziprozität von Wirklichkeit und Vernunft wäre für Kant im wörtlichen Sinn un-denkbar gewesen.

Worauf es hier aber ankommt, berührt ein Oppositionsverhältnis der »anthropologischen« Art, das in der Schrift erörtert wird, ohne daß es zu einer zwingenden Auflösung käme. Kant schreibt: »Daß aber einmal ein Zeitpunkt eintreten wird, da alle Veränderung (und mit ihr die Zeit selbst) aufhört, ist eine die Einbildungskraft empörende Vorstellung.«[9] Alsdann nämlich würde die ganze Natur starr und versteinert. »Für ein Wesen, welches sich seines Daseins und der Größe desselben (als Dauer) nur in der Zeit bewußt werden kann, muß ein solches Leben, wenn es anders Leben heißen mag, der Vernichtung gleich scheinen: weil es, um sich in einen solchen Zustand hineinzudenken, doch überhaupt etwas denken muß, Denken aber ein Reflectiren enthält, welches selbst nur in der Zeit geschehen kann.«[10] Deshalb seien die Bewohner des Jenseits so vorgestellt, daß sie immer dasselbe Lied – das Hallelujah oder die Jammertöne – anstimmen; wodurch der gänzliche Mangel alles Wechsels in ihrem Zustand angezeigt werden solle.

Die Idee schafft Empörung. Es fällt dem Skeptiker leicht, dies vor Augen zu bringen. Indessen bezieht sie sich nicht eigentlich darauf, daß solche Stasis einmal kommen könnte, sondern darauf, daß dann der Mensch als *denkendes Wesen* gleichsam gestorben wäre. Doch nun fährt Kant fort: »Gleichwohl ist diese Idee, so sehr sie auch unsre Fassungskraft übersteigt, mit der Vernunft in praktischer Beziehung nahe verwandt.«[11] Warum? Weil es der Zufriedenheit entbehre, wenn man daran denken müsse, wie die beständige Annäherung an das höchste Gut eine ewig dauernde Veränderung des moralisch-physischen Zustands in sich schließe. Der Mensch erträgt die Vorstellung eines unendlichen Fortschreitens schwer. »Denn der Zustand, in welchem er jetzt ist, bleibt immer doch ein Übel vergleichungsweise gegen den bessern, in den zu treten er in Bereitschaft steht; und die Vorstellung eines unendlichen Fortschreitens zum Endzweck ist doch zugleich ein Prospect in eine unendliche Reihe von Übeln, die, ob sie zwar von dem größern Guten überwogen werden, doch die Zufriedenheit nicht Statt finden lassen, die er sich nur dadurch, daß der Endzweck endlich einmal erreicht wird, denken kann.«[12]

So wird die »Mystik«, die dem Ende aller Dinge sei es in der christlichen Lehre der Eschatologie, sei's in der buddhistischen Annäherung an das Nichts nachgrübelt, *funktional* erklärt. Es bedeutet Entlastung von der Unzufriedenheit, einen erreichten Zustand der Moralität durch unendliche Iteration in Frage gestellt zu sehen, wenn ein letztes Ziel statuiert wird. Nur vom Finale her arrangiert sich die Geschichte als geschlossener Prozeß. Es ist dann, immer in der Perspektive des anthropologischen Bedürfnisses, kein großer Schritt mehr zur Säkularisierung der Utopie. Als verzeitlichte fällt sie vom Jenseits ins Diesseits, und die Geschichte selbst wird zum Ort ihrer Erfüllung.[13] Auch Kant riskiert ja, bei aller Vorsicht mit Prognosen, diese geschichtsphilosophische Erwartung. Sie ist ein Produkt der Aufklärung insofern, als die offene Zukunft der menschlichen Selbstbestimmung zum Revers die mindestens hypothetische Herstellung ihrer Vollendung hat. Das klingt schon an in Descartes' berühmter, im sechsten Buch des »Discours de la méthode« gelieferter Formel von den »maîtres et possesseurs de la nature«.

Man kann von da her das gesamte geschichtsphilosophische Denken der Neuzeit – von Descartes über Condorcet zu Kant, von Hegel über Comte zu Marx – als den Versuch der Anstrengung lesen, das Ende der Historie zu deuten. Und auch die gegenläufigen Tendenzen, Geschichte als Bewegung aufzusprengen – von Schopenhauer zu Burckhardt, von Nietzsche zu Bergson, von Kierkegaard zu Heidegger –, laufen im Schatten dieses Erfüllungsbewußtseins.

Für die spätmoderne Kultur hat es mit dem argwöhnischen Blick auf die Verschränkung von Dynamik und Stillstand nochmals Arnold Gehlen einzukreisen versucht. Der konservative Zivilisationskritiker, zu Beginn der Anthropologie zugewandt, in späten Jahren vor allem einer philosophisch freien Soziologie verpflichtet, war kein bedingungsloser Gegner der Aufklärung. Was ihn vielmehr als Polemiker beschäftigte, waren deren Folgen: die Formalisierung des Aufklärungsglaubens an die Vernunft einerseits, das Konsumbedürfnis vor der Folie der Rechtfertigung des irdischen Glücks anderseits. Dagegen seien die *ursprünglichen* Leitideen noch im höchsten Maß komplex und entwickelbar gewesen. In der Abhandlung mit dem spröden Titel »Sozialpsychologische Probleme in der industriellen Gesellschaft« von 1949, die er später umredigierte und mit »Die Seele im technischen Zeitalter« überschrieb, feierte Gehlen mit Worten des Pathos und des elegischen Rückblicks die ersten Stunden von Vernunft und Autonomie. »Wenn je seit den Tagen der Griechen über einer ganzen Epoche der Hauch des Genialen lag, so war es damals – so fröhlich und selbstsicher war sie, so unerschöpflich erfindungsreich und beflügelt.«[14]

So soll es im Anfang gewesen sein: als der erkenntnistheoretische Durchbruch noch nicht in praktische Vergegenständlichung, in Technisierung der Lebenswelt zum Zweck einer umgreifenden Daseinsvorsorge umgeschlagen war. Es ist aber dieser »säkulare Horizont« (wie es der Titel des fünften Kapitels der Abhandlung eröffnet), da der Gedanke der Machbarkeit aller Verhältnisse sich zunehmend verfestigt und schließlich »transzendente« Einwände – der Ethik, der Moral, der freiwilligen Askese – zum Schweigen bringt. »Der versachlichte Kosmos der industriellen Produktions- und Verkehrswirtschaft ist ... direkten ethischen Anforderungen unzugänglich, die hier überall ihren Sinn verlieren.«[15] Gehlen begründet solche Zurückweisungen mit dem Hinweis, daß es, seit zweihundert Jahren, gerade der Abbau von Vorbehalten und Hemmungen sei, der die Freilegung rein sachlicher, rationaler und technischer Effizienz ermögliche. »Dieser Planungsoptimismus, als die moderne Form des Vernunftglaubens, hat wie dieser etwas Instinktives, Emotionales und Unkontrolliertes, der Glaube an die innere Wahrheit von Denkmodellen und der an die Beherrschbarkeit auch der größten, kompliziertesten Verhältnisse durch sie, wie sie in ganzen Gesellschaften vorliegen, ist selbst rational nicht mehr begründbar. Er hat allerdings auch, wie jeder echte Glaube, kein Bedürfnis nach einer Begründung.«[16]

Das klingt in Ton und Inhalt nach jener »Dialektik der Aufklärung«, die nur zwei Jahre zuvor Horkheimer und Adorno als das Siegel des 20. Jahrhunderts erkannt zu haben glaubten. Für Gehlen soll evident sein, daß sich die »Voraussetzung des Rechtes auf Wohlleben« gegen die Prämisse des Rechts auf Askese *systembildend* etabliert hat. Das System produziert und automatisiert die Konsumbedürfnisse. Dadurch vollendet es, jedenfalls in der Idee, die vorgreifende Formel des Cartesius und begreift Geschichte nicht mehr als Zusammenschluß kontingenter Handlungen, dem erst ex post wenn möglich ein »Sinn« eingeschrieben wird, sondern als einen Zeit-Raum, der beherrschbar geworden ist.

Paradoxerweise soll gerade die ungeheure Dynamik des wissenschaftlich-technischen Fortschritts das Ende der Geschichte indizieren. Vielleicht hat Gehlen kaum je mit hinreichender Deutlichkeit ausgewiesen, daß er auf den Spuren von Kants *funktionaler* Interpretation der Endzeit-Lehre ging, als er, seit den fünfziger Jahren, seine eigene Theorie von der »Posthistoire« definierte. Das meint: es geht nicht darum, ob ein solcher Zustand substantiell möglich sein könnte, sondern darum, zu zeigen, weshalb der Eindruck entstehen kann, daß die »Nachgeschichte« angebrochen ist. Arnold Gehlen wäre allerdings nie so weit gekommen, solche Vorstellungen nur als Ideenspiele letztlich zu nehmen. Daran hinderte ihn schon sein abgründiger Pessimismus, der neben der analytischen Apparatur des Soziologen auch eine endzeitliche Gestimmtheit mitführte.

Weshalb also vermag sich bei zunehmender Beschleunigung und Temporalisierung des Lebens ein Bewußtsein der *Posthistoire* zu etablieren? Die Frage durchzieht fast alle späten Schriften Gehlens; auch einen Aufsatz, der im Jahr 1967 als Beitrag für die Festschrift Ernst Forsthoff erschien und betitelt ist »Die Säkularisierung des Fortschritts«. Gehlen nimmt den »Glauben an den Fortschritt« als die »verweltlichte Übersetzung des ursprünglich jüdisch-christlichen Glaubens an eine bessere, erlöste Zukunft«.[17] Doch will er zeigen, daß auch der moderne Fortschrittsglauben – unter dem Druck von spezifisch spätneuzeitlichen Erfahrungen – nochmals einer Säkularisierung unterliegt. Wann wird das Pathos dieses Fortschritts in die Richtung »aller irdischen Himmel« gebrochen? Die Antwort lautet lakonisch: »wenn die Wiedergeburt sich in Reproduktion aufgelöst hat.«[18]

»Wiedergeburt« ist insofern ein entscheidendes Stichwort, als die Epoche der Aufklärung tatsächlich von einem »neuen Menschen« ausgegangen war, welchen der geschichtliche Prozeß realisieren sollte. Der neue Mensch taucht bei Bacon, bei Mercier und, mit geziemender Vorsicht, bei Kant auf, und er steuert noch das utopische Potential von Marx' klassenloser Gesellschaft. Nach Gehlen hat sich die Fiktion erschöpft. Der maßgebliche Grund liegt darin, daß die Eigengesetze der neuen Welt das Vertrauen in einen *kompakt* verlaufenden, alle Lebensbereiche zugleich befriedigenden Fortschritt obsolet machen. »Der« Fortschritt splittert sich wieder auf in einzelne Fortschritte.[19] Als Gebiet, auf dem es gelungen sei, den Fortschritt der Routine zu unterwerfen, nennt Gehlen das Zusammenwirken der exakten Wissenschaften, der technischen Entwicklung und der industriellen Auswertung. Diese zu einem übergreifenden Betrieb gewordene Kooperation könne endlos weiterlaufen, da jedes neue Problem neue, jedoch grundsätzlich ebenfalls lösbare Probleme aufwerfe. »Wir haben seit 1954 im Anschluß an Cournot den so erreichbaren Zustand als ›posthistoire‹ bezeichnet. Es wird ein Sog in die Zukunft hinein eintreten, in dem ideelle Motive zurücktreten, jedoch schnell veraltende Erfindungen durch neue abgelöst werden, das ganze in dem dann längst eingewöhnten Rahmen einer stetigen Vermehrung des Menschengeschlechts bei zunehmendem Lebensstandard. ›Nicht Entwicklung‹, sagte Gottfried Benn, ›Unaufhörlichkeit wird das Menschheitsgefühl des kommenden Jahrhunderts sein.‹«[20]

Für die Zukunft – und eigentlich schon für die Gegenwart – beschreibt Gehlen eine Kultur, deren Zeitmodus die »bewegte Endlosigkeit« sei. In dem Aufsatz bleibt allerdings ungesagt, welche Fortschrittsideale durch den Vorgang der Säkularisierung zersetzt werden. Es sind, so muß man annehmen, einerseits die Ideale der moralischen Verbesserungsfähigkeit des Menschen, anderseits jene des Verzichts und der Askese. Die chiliastische Erwartung des Endes selbst in der Form eines diesseitigen »Jerusalem« löst sich auf in die Erfahrung einer mit wissenschaftlichen und technischen Mitteln herstellbaren Bedürfnisbefriedigung. Das Ende *ist* Endlosigkeit. Genau dies meint der Begriff der Posthistoire.

Wenige Jahre vor seinem Tod griff Arnold Gehlen das Thema nochmals auf, nun mit einem Essay, der schon im Titel ausdrücklich »Ende der Geschichte?« fragt. Wieder geht es um die Säkularisierung des Fortschritts: also um den Verlust jener Perspektive von Heilsgewißheit, die den Menschen einst als Gegenstand der Erziehung und moralischen Erneuerung sah. Doch ist der anthropologische Akzent nun verschoben; Gehlen argumentiert mehr von geschichtsphilosophischen Positionen her. Dabei spielen auch die – in vielen anderen Schriften merkwürdig zurückgedrängten – politischen Faktoren eine Rolle. Sollte sich, so erwägt der Prognostiker, in näherer oder fernerer Zukunft eine Weltherrschaft herausbilden, wäre sie im Unterschied zu früheren Epochen von außen her nicht mehr störbar. Eine Bedrohung von außen, wie sie etwa das Römische Reich seit der Schlacht im Teutoburger Wald erfahren mußte, käme unter den modernen Bedingungen von Aufklärung und Information nicht mehr in Frage. »Hätten wir ... in naher oder ferner Zukunft ein Universalreich zu erwarten oder ein Gleichgewicht weniger Großmächte, dann wären solche Überraschungen ausgeschlossen, denn die Spionage-Satelliten sehen alles, und bis auf absehbare Zeit wäre dann die Großgeschichte ... zu Ende.«[21] So könne man unter dem Gesichtspunkt der Herrschaft diskutieren. Freilich bricht auch hier der Hinweis ab, bevor der Gedankengang ausgezogen ist. Zu ergänzen wäre wohl im Sinne des Autors, daß für den Fall des Gleichgewichts der von der Technik gelieferte Nachrichtenzuschuß einen erfolgreichen Angriffskrieg a priori verunmöglicht. Es entsteht dadurch – also aus Gründen der *Vernunft* – eine Hemmung: »Großgeschichte« als die Geschichte von weltübergreifenden feindlichen Auseinandersetzungen weiterzutreiben. Es kommt dadurch – umgekehrt – zur Stasis, zu einer Sublimierung des Ereignisgeschehens bei fortdauernder ideologischer Polemik.

Darüber mag man sich wundern. Sollte in der großen Politik alles so stringent durchgeplant sein, wie es der konservative Kulturpessimist denn doch unterstellt? Für Gehlen sind es bekanntlich die Institutionen, welche den Menschen der Moderne in weitem Maß davon entlasten, sich seines

Daseins stets von neuem und mit gefährdetem Erfolg zu versichern. Sie stehen insofern für eine Zweckvernunft, deren inhaltliche Bestimmung gegenüber der funktionalen Leistung an Interesse verliert.[22] Konsequent versuchte Gehlen das irrationale Element in der Geschichte zu marginalisieren. Er spürte es schließlich vorrangig in Bewegungen wie der »Kulturrevolution« fernöstlicher und westlicher Prägung und im Habitus derer auf, die er als »Intellektuelle« abqualifizierte. Doch auch wer zugesteht, daß die Ereignisse seit dem Kalten Krieg bis zum *annus mirabilis* von 1989 solche Diagnosen beglaubigen, bleibt skeptisch gegenüber historischer Mechanik. Gehlen bedurfte ihrer freilich schon deshalb, weil die Theorie der Posthistoire sonst die Überzeugungskraft eingebüßt hätte: Geschichte wird von den Staaten nicht mehr »gemacht«, sondern verwaltet.

Die politische Statik ist das eine. Das andere betrifft die Kultur. Schon im Jahr 1961 handelte Gehlen über »kulturelle Kristallisation«. Er greift in dem Essay »Ende der Geschichte?« die Formulierung auf, um abermals zu erläutern, daß der wissenschaftlich-technische Fortschritt tendenziell der Reproduktion, also einer »gewissen Stabilisierung« unterliege: »Fortschritt in der Verlängerung des schon Erreichten, Ausgeformten und zur Institution Gewordenen, nicht etwa Fortschritt im Sinne des 18. Jahrhunderts«.[23] Schärfer noch heißt es, daß man an der Endgültigkeit der zivilisatorischen Strukturen nicht zu zweifeln brauche; die moderne Industriekultur kenne »Beweglichkeit auf stationärer Basis«. Und schließlich soll dies selbst für die Hervorbringung von Ideologien gelten, auch sie seien ins Stagnieren gekommen – vorbei die Zeit der Nietzsche, Wagner, Bergson, Dilthey: der »Alleinunternehmer«. Ein Zustand der Überraschungslosigkeit tritt ein. »Wenn meine Voraussetzungen richtig sind, dann wird unsere Zivilisation stationär in dem Sinne, daß erstens die kommenden großpolitischen Entwicklungen nur noch übersehbare Alternativen zulassen – es gibt keine Barbaren mehr, die uns von außen her überraschen könnten. Zweitens ist die Basis der Industriegesellschaften auf Weltebene definitiv gelegt, und drittens wird man vergeblich auf einen Großappell warten, der unsere Begeisterung und

Kampfkraft auf geistigem Gebiet wachruft. Es wird mir die Vorstellung schwer, daß diese Konstatierungen falsch sein könnten.«[24] Der Schwere folgt unmittelbar die Schwermut.

Denn es ist längst nicht mehr der Optimismus von Kant – »daß nach manchen Revolutionen der Umbildung endlich das, was die Natur zur höchsten Absicht hat, ein allgemeiner weltbürgerlicher Zustand, als der Schooß, worin alle ursprüngliche Anlagen der Menschengattung entwickelt werden, dereinst einmal zu Stande kommen werde«[25] –, sondern Verdruß über die inzwischen eingetretene »Abwicklung«, über das unaufhörlich und gleichförmig zu leistende »Pensum«, womit sich Gehlen konfrontiert sieht. »Keine verrückte, herrliche Gläubigkeit mehr, keine offenen Horizonte, keine Fata Morgana, keine atemeinschnürenden Utopien ... Und wer unter uns wollte sagen, daß er das nicht schon spürt?«[26] Da spricht die Sehnsucht nach der ursprünglichen Aufklärung – und vielleicht, residual, jenes ungedeckte Bedürfnis des Romantikers, das Arnold Gehlen einst in engste Nachbarschaft zum Nationalsozialismus gebracht hatte.

Doch liegt ihm *auch* daran, den Gedanken der Posthistoire soziologisch – und das meint zugleich: genealogisch – zu unterbauen. Er habe den Ausdruck in dem Buch »Vermassung und Kulturverfall« (1951) des belgischen Politikers und Philosophen Hendrik de Man gefunden, der sich seinerseits auf den französischen Mathematiker und Ökonomen Anton Augustin Cournot bezog. Cournot »lehrte einen Endzustand, in dem die Geschichte sozusagen stillsteht, da sie angesichts des regelmäßigen Funktionierens der Räder der Verwaltung und der Industrie nur noch störende Wirkungen habe. Der dann eintretende zukünftige soziale Zustand einer Weltverwaltung, die mit ihren Störungen selbst fertig wird, dieser Zustand sei prinzipiell nicht zum Tode verurteilt, man könne ihn sich in beliebig erstreckten Zeiträumen vorstellen.«[27] Gehlen bekennt durchaus, daß die Vorstellung der Posthistoire »irgendwie unsympathisch« ist. Alles, was nach Verwaltung, gar nach Welt-Verwaltung klingt, muß dem Apologeten des Elitengedankens unangenehm sein. Nicht die Gefährdung der demokratischen Freiheit – die er sich ohnehin stets nur als einen Zwang zur Gleichheit imaginieren konnte – irritiert ihn dabei; nicht der politische Aspekt der gestaltlosen Unaufhörlichkeit wirkt ihm bedrohlich. Es ist vielmehr der Schwund des Herkunftsbewußtseins, der Verfall traditioneller Überlieferungen mitten in der Seele des Menschen, womit Gehlen hadert. Stationäre Dauer könne nur eintreten, wo die lebendige geschichtliche Tradition abgestorben sei. Sie wandert dann, im schlechten Sinne kompensatorisch, in einen »Hohlraum der Nostalgie«, der zur Sache gouvernementaler Denkmalpflege wird.

Vor diesem Szenario spielt es keine Rolle mehr, welche Macht letztlich die Weltherrschaft antreten wird. Denn ohnehin kann es nur darum zu tun sein, für das Funktionieren des sozialen Mechanismus zu sorgen. Was das aber für die ästhetische Tätigkeit im engeren Sinn bedeutet, will Gehlen mit einer Beobachtung von Brecht einerseits, mit einer ausgreifenden These von George Steiner anderseits illustrieren. Ein Notat aus Brechts »Arbeitsjournal« vom März 1945 hält fest, »daß die Kultur unglaublich schnell verfällt«. Als Erklärung der beschleunigten Verfallszeiten bietet sich – indirekt – Steiners in einem Buch von 1972 vorgebrachte Meinung an, daß Kultur der anspruchsvollen Art mit Klassenherrschaft gekoppelt war. Ist sie einmal aus einer solchen – zugleich hegenden und die Energien freisetzenden – Überwölbung entlassen und arbeitet sie ihrerseits am Prozeß der Demokratisierung mit, so vergeudet sie sich, politisierend oder auch bloß vage sympathisierend, an den Betrieb. Individuelle Leistungen verschwinden in Gruppen und Gruppenbildungen, in Fraktionen und Vernehmlassungen, in schnell wechselnden Fronten und diffusen Engagements.

Dem das Absurde streifenden Reduktionismus in kunstsoziologischer Absicht braucht man nicht sorgenvoll nachzusinnen. Der polemische Effekt ist, bei Gehlen wie bei Steiner, wichtiger als die Triftigkeit der Analyse. Hingegen äußert Gehlen am Schluß des Essays eine Vermutung, welche ernster zu nehmen ist. Er spricht von einer Gefährlichkeit durch Informations-Anregung, näherhin davon, daß »die Massen« bei zunehmender Nachrichtenversorgung den Hang zum Konformismus durchsetzen und gegen Abweichler intoleranter sich geben würden. »Einem solchen Konformismus hilft die gemeinsame Daseins-Abhängigkeit vom industriellen Mechanismus mächtig auf, der alte überspannte, großherzige Utopismus mit seiner Opferbereitschaft für nichtprofitable Ziele verschwindet ...«[28] Freiheit – in gesteigerter Form: Willkürfreiheit – könnte mithin und am Ende eine nur noch historische Realität gewesen sein. Im Konformismus der totalitär ausgrenzenden Art schlüge eine lang verdrängte »Primitivisierung« der Affekte wieder durch: angereichert mit den Verhaltensautomatismen der Spätmoderne.

Man muß sich fragen, weshalb der in vielem hellsichtig zuspitzende Soziologe bei der Bearbeitung seiner Theorie der Posthistoire den von ihm immerhin doch in nächster Zeitgenossenschaft erlebten politischen Großkonflikt zwischen Ost und West kaum als Thema hinzuzog. Selbst ein Text wie »Sicherheitsrisiken« aus dem Jahr 1973, der von der Weltlage als Konfliktlage handelt, weicht dem Problem insofern aus, als er es einfach auf die ideologische Ebene verschiebt. Gehlen fragt – freilich bloß rhetorisch –, welchen Grund die Sowjetunion haben könnte, sich dem Strom westlicher Ideen auszusetzen; welche Wahrscheinlichkeit bestünde, daß das Reich des Kommunismus durch Assimilierung sich liberalisierte. Es gibt keinen Grund. »Dieselbe Großmacht, die mit dem entgegengesetzten Grundsatz seit mehr als fünfzig Jahren die erstaunlichsten Erfolge hatte?«[29] Aber die Erfolge bleiben unerwähnt, der Autor schweigt – und man darf annehmen, daß er weder an die ökonomische Kraft noch an die materielle wie psychische Zufriedenheit der Bevölkerung denkt, sondern abermals an die nach innen und nach außen strahlende Herrschaft der Institutionen. Ist also Freiheit nur eine Chimäre? Unfreiheit am Ende auch dort, wo ihr die Gesetze formale Geltung verschaffen? So will es, jedenfalls in den pessimistisch verschattenden Durchgängen, Gehlens Lehre der Posthistoire.

An diesem Punkt schlägt sich die Doktrin mit Blindheit. Die Schwierigkeit jeder Geschichtsphilosophie besteht darin, daß sie, aus Gründen der Selbsterhaltung, die Alternativen wegdenkt. Für Gehlen ist die Nach-Geschichte – im Gefolge der wissenschaftlich-technischen Dynamisierung – so ubiquitär und – als Verfassung der universalisierenden Lebenswelt – so zwingend, daß die einzelnen politischen Inhalte plötzlich sekundär werden. Es war wohl niemals Arnold Gehlens direkte Absicht, den Gegensatz in der Substanz – auch bezüglich der Wertfrage – zu nivellieren. Im Ergebnis aber kommt es dazu, und zwar deshalb, weil der *funktionale* Vorrang des Institutionellen dem Entlastungstheoretiker die Sicht auf die Überzeugungen, die den Institutionen denn doch noch eingelagert sind, verwischt. Darin drückt sich, wenn man will, utopische Verzweiflung aus: die Vision einer Welt-Verwaltung, die durch reine Alltagsorganisation so mächtig geworden ist, daß sie das Politische absorbiert.

*

Die von Gehlen agnoszierte Postmoderne ist kein Paradies. Sie ist im Gegenteil der schleichende Tod der subjektiven Freiheit, ein »Zustand« der Ermüdung, da der Enthusiasmus der großen Ideen und Ideenkämpfe sich aufgelöst hat. Der reizbare Soziologe starb zu früh, als daß er noch hätte erleben und bedauern können, wie seine Erzählung vom Ende der Geschichte umredigiert wurde. Nämlich in der Weise der apologetischen Revision. Nicht von Übel ist die Aufzehrung des von der Aufklärung auf die Bahn gebrachten, »linearen« Fortschrittsmodells. Auch trifft es nicht zu, daß die Pluralisierung der Vernunft das Denken zur hilflosen Beliebigkeit atomisiert. Vielmehr gründet die Befreiung von der Tyrannei der »Großgeschichte« – faßbar im »Logozentrismus« oder im säkularen Messianismus der marxistischen Heilslehren – neue Spielräume der menschlichen Selbstdarstellung. Im *kontingenten* Verbund der Ideologien, im ungebundenen Eklektizismus ästhetischer Wirklichkeiten wird die Welt wieder bewohnbar – auf Dimensionen hinuntergestimmt, die der wahrhaft humanen Perspektive entsprechen sollen. Erst die Ermüdung »des« Fortschritts ist die Bedingung der Möglichkeit seiner maßvollen Erfüllung.[30]

Um die Präsentation der einzelnen »Revisionismen« kann es hier nicht gehen.[31] Für den Gedanken vom Ende der Geschichte bleibt indessen zu sehen, daß auch der zum Glück des »anything goes« verklärten Postmoderne ein historizistischer Finalismus erhalten wird. Denn die Apologie der Vielfalt hat, verdeckt oder offen, den metahistorischen Glauben an die geschichtliche Beruhigung zur Voraussetzung. Woher bezieht er, empirisch, seine Energien? In erster Linie aus der Erfahrung des Zusammensturzes globaler Konfrontation. Was Arnold Gehlen nicht mehr bemerken konnte – und was ihn allerdings auch kaum sehr beeindruckt hätte –, verändert das ideologische Bewußtsein: der Spannungsabfall zwischen den Welt-Gegensätzen zugunsten des Westens. Man darf die sozialpsychologische Bedeutung dieses Vorgangs auch dann nicht unterschätzen, wenn man daran erinnert, daß sich die linke Avantgarde schon lange zuvor teils bloß mit Vorsicht, teils auch mit Ablehnung ins Verhältnis zum real existierenden Sozialismus gebracht hatte. Gleichwohl bot das planwirtschaftliche Herrschaftssystem bis in die siebziger Jahre – als es gegenüber der technologischen Beschleunigung zunehmend versagte – dem modernistischen Paradigma des Marxismus einen geschichtlichen Ausweis. Keine säkulare Avantgarde kann zur Gänze auf einen solchen Rückhalt verzichten: sie bedarf der historischen Spur. Wo diese ihr Profil einbüßt, zerfällt die Sendungskraft zur Melancholie.

Beruhigt sich die Geschichte tatsächlich? Die Antwort fällt deshalb nicht leicht, weil es dabei nicht nur um die politische Deutung der Realitäten, sondern auch um die Berücksichtigung von Bewußtseinsprozessen geht. Der Gedanke, daß die moderne Welt inzwischen als eine Welt der Postmoderne betrachtet werden muß, ist zuerst als *ästhetische* Reflexion entstanden. Deren Promotoren glauben feststellen zu können, daß die emphatische Moderne mit ihrer Inszenierung des Neuen mittlerweile ausgelaufen ist – und zwar auch da, wo den Heroismus des frühen 20. Jahrhunderts ein skeptischer Minimalismus (in der Art von Beckett, von Robert Morris, von John Cage) abgelöst hat. Folgt man der Darstellung von Charles Jencks, so ist es vorbei mit einem Künstlertum, das sich einst *auch* durch die Rolle des Priesters für eine bessere Wirklichkeit definierte.[32] Und warum? Der Gründe sind viele. Für die Architektur will Jencks nachweisen, wie sehr der Stil der Avantgarde – vom »Bauhaus« über Le

Corbusier bis zu Buckminster Fuller – an den Bedürfnissen des Publikums vorbeiplante und auf einer Rationalität der Lebensordnung wie des Materials insistierte, die schließlich verhinderte, was sie beabsichtigt hatte: menschliche Kommunikation.[33] Die Form triumphiert über den Inhalt, die Funktion verdrängt das Symbol, das Diktat der Technik verhindert das Ornament.

Dagegen wirkt die Postmoderne wie eine Befreiung aus dem Gefängnis der Linearität. Nicht mehr das kalte, letztlich auf sich selbst bezogene Konzept der schöpferischen Elite befriedigt die humanen Ansprüche, vielmehr ein Pluralismus der Anspielungen und Erinnerungen, der Zitate und ironischen Verweise, der Erneuerung von Vergangenem. Ein solcher Eklektizismus schließt nicht aus, sondern ein. Er spiegelt die vielfachen Interdependenzen einer Kultur, indem er die Kommunikationsschwellen niederdrückt. Insofern ist er der authentische Reflex auf Prozesse, die – als Folgen der technologischen Innovation und der wachsenden wirtschaftlichen Verflechtung – die Verschiedenheit der Welten zur einen Welt des »global village« komprimiert haben. »Ein Grund dafür, daß eine künstlerische Avantgarde im traditionellen modernen Sinne nicht mehr existiert, ist, daß es in diesem ›Weltdorf‹ keine erkennbare Front mehr im Vormarsch gibt, noch eine klar abgrenzbare Klasse der Bourgeoisie, die es zu bekämpfen gilt, auch keinen Salon, der den Zutritt ermöglicht.«[34] Die in Rücksicht auf »Großideologien« zunehmend *entpolitisierte* Zivilisation verändert so auch ihr Verhältnis zur Geschichte.

Sie wendet sich ab von dem seit der Aufklärung beförderten Geschichtsdenken, welches die historischen Prozesse als vereinheitlichende Gesamtbewegung des Fortschritts zu erkennen glaubte. Dieser Richtungssinn wird obsolet – und zwar vor allem dadurch, daß sich die zeitgeschichtlichen Erfahrungen nicht mehr synthetisieren lassen. Die Konditionen des Wissens ändern sich, das System »Gesellschaft« splittert auf in die Subsysteme der Wirtschaft, der Politik, der Wissenschaft, der Kultur.[35] So stößt das »global village« den Druck der kommunikativen Interdependenz wieder von sich weg: nämlich da, wo die Spezialisierung der »Inhalte« betrieben wird. Das hat Jean-François Lyotard, einer der theoretischen Gründerväter der Postmoderne, mit der Erschöpfung der »großen narrativen Vorbilder« – Befreiung der Menschheit, globale Aufklärung, Emanzipation des Proletariats – zusammengebracht. Die wesentlich von Technik und Wissenschaft durchherrschte Epoche des späten 20. Jahrhunderts verliert die starken Glaubenssätze. Sie ist, durch die Erfahrung des Legitimitätsschwundes solcher Ideen in der Praxis – in den verschiedensten Verfahren von Problemlösung –, zu einer *bekenntnisschwachen Kultur* geworden.

Insofern regrediert diese Kultur. Sie wendet sich wieder der Vergangenheit zu, die sie entweder museal präpariert oder – in der Architektur wie in der bildenden Kunst – stilistisch funktionalisiert. Der Aspekt des sich vom »totalitären« Einheitsdenken befreienden Pluralismus ist freilich nur die eine Seite. Die andere äußert sich darin, daß die ästhetisch arrangierte Postmoderne die Leistung der Kompensation übernommen hat. Sie kompensiert das Unbehagen an den industriell und kommunikationstechnologisch erwirkten Beschleunigungen, sie versucht die – von Hermann Lübbe so bezeichnete – »Gegenwartsschrumpfung« auszugleichen.[36] – Gehlen konnte auch diesen Vorgang nicht mehr in seiner vollen Bedeutung zur Kenntnis nehmen. Aber man darf wohl davon ausgehen, daß er ihn kaum in seiner Eigendignität respektiert – eher als den dunklen Abglanz für eine Epoche kritisiert hätte, deren Verfallszeiten sich im changierenden Eklektizismus spiegeln.

Mithin muß die Pluralisierung in Geschmackskulturen auch als Reaktion auf Abläufe der Homogenisierung gelesen werden. Allerdings handelt es sich bei den Vereinheitlichungen nun um Zusammenschlüsse von »realer« Erlebbarkeit, nicht um ideale Projekte. Es ist primär der Austausch von Informationen, der frühere Parzellen der Lebenswelt überspringt und den Stand der Kenntnisse diffundieren läßt. Daß dabei – etwa im Zug der medialen Simulationen – womöglich bloß ein Schein von Wissen erzeugt wird, der die Stelle der alten ideologischen Formationen gleichsam minimalistisch besetzt, ist für die Bildung des Epochenbewußtseins von zweitrangiger Bedeutung. Der Beurteilung der sozialen Psyche kann es nicht um die Wahrheit dessen gehen, was »eigentlich« der Fall ist – oder wäre; sie muß die Oberflächen abtasten, die hier das Wirkliche repräsentieren. Auch Charles Jencks, der vielleicht voreilig den Konkurs des geschichtsphilosophischen Rigorismus politischer und kultureller Avantgarden festschreibt, deutet sein Unbehagen gegenüber dieser Wechselwirkung – hier Homogenisierung, da Pluralisierung – an. Doch verteidigt er zugleich ein Phänomen der Postmoderne: daß sie die synchrone Zeit aufgesprengt hat, schärfer: daß es möglich ist, die Welt in diachroner Weise zu bewohnen, als ästhetischen Verschnitt zwischen Vergangenheit und Zukunft. Der Versatz der Stile ist das Kompensat für die technische Universalisierung.

Dies alles dürfte inzwischen hinreichend bekannt sein. Die Religion der Postmoderne hat das Stadium des frühen Bekenntniseifers hinter sich und stabilisiert sich als Kirche und elegante Mission. Von größerem Gewicht ist eine Beobachtung, die wiederum Jencks – freilich sehr en passant – äußert, indem er sich auf Lyotard bezieht. Der französische Philosoph vermutet für das postmoderne Zeitalter die Heraufkunft eines totalen Skeptizismus und das Ende aller Glaubenssätze. Jencks korrigiert mit der abschwächenden Version eines »relativen Absolutismus« und eines »fragmentarischen Holismus« und mit der Überzeugung, »daß alle Aufgaben der Wahrheit zeit- und kontextbezogen sind«.[37]

Das wäre trivial, wenn bloß gezeigt sein soll, wie die Wahrheit – der Wissenschaft?, der Philosophie? – stets im Medium der Geschichte zur Sprache kommen muß. Doch ist wohl eine härtere Lesart beabsichtigt. Alle Wahrheit konzentriert sich in den Aufgaben; sie wird zum Verfahren *verzeitlicht*, das seinerseits den Erfordernissen der wechselnden Problemlösungen sich beugt. Vorbei die normative Kraft überzeitlicher Wesensbestimmungen, wie sie das philosophische Bemühen von Platon bis zu Kant bedachte. Der Gebrauchskultur ist auch hier an Prozessen der Verwertung gelegen, und es ist die Akzeptanz von Fall zu Fall, welche letztlich darüber entscheidet, wo und wie lange *eine* Wahrheit greift.

*

In diese postmoderne Befindlichkeit hinein ist eine These riskiert worden, die das Ende der Geschichte aus anderer Perspektive diskutiert. Nicht ästhetische, sondern politische und ökonomische Subsumtionen sollen sie tragen. Wie ein Anachronismus gegenüber zeitgeistbeweglicher Entspanntheit könnte anmuten, daß dabei nochmals die Emphase des Messianismus zum Ausdruck gelangt. Im Jahr 1989 veröffentlichte Francis Fukuyama, damals Beamter des amerikanischen State Department, seinen Aufsatz »The End of History?«[38]

Der Verfasser, gewappnet mit den Kenntnissen einer aufs Praktische gerichteten Politologie, will einen »größeren Prozeß« analysieren. Den Ausgangspunkt bildet die Beobachtung des Triumphs, den in der Schlußphase des 20. Jahrhunderts der wirtschaftliche und politische Liberalismus erlebe. Fukuyama tritt deshalb der Parole vom Ende der Ideologie entgegen: der lange Kampf der Weltbilder in politicis ist zugunsten der liberalen Idee entschieden. Deren Geltung manifestiere sich inzwischen global, jedenfalls dann, wenn man sie am kulturellen Export – von Videorecordern bis zur Rockmusik – bemesse. Doch formuliert der Analytiker des State Department noch schärfer. Nicht nur das Ende des Kalten Krieges gilt es anzuerkennen, sondern darüber hinaus auch den Schlußpunkt aller ideologischen Evolution (»the end point of mankind's ideological evolution«). Es kann da nichts Neues, ja selbst nichts anderes mehr kommen – wobei eingeräumt wird, daß noch eine Kluft besteht zwischen der Welt des Bewußtseins und der »materiellen« Welt.

Fukuyama verschweigt nicht die philosophische Tradition, auf der seine These vom Ende der Geschichte gründet. Er erinnert an die von Marx entworfene Utopie der klassenfreien Gesellschaft und etwas eingehender an Hegels Geschichtsentwurf der dialektisch, über verschiedene historische Stadien zu sich selbst gelangenden Vernunft. Originell aber erscheint, daß er eine eigenwillige und umstrittene Interpretation dieser Hegelschen Lehre heranzieht, um dem Entwurf des liberalen Finales die theoretische Stringenz zu sichern. Es ist *Alexandre Kojèves* hermeneutischer Gang durch

Hegels »Phänomenologie des Geistes« mit dem Titel »Introduction à la lecture de Hegel« (erschienen 1947, erstellt aufgrund von Vorlesungsmanuskripten), welcher hier zu neuer Bedeutung erweckt wird.

Kojève nämlich habe scharfsinnig extrapoliert, was schon in den Kapiteln der »Phänomenologie« über das Verhältnis von Herr und Knecht und über den millenarischen Drehmoment der Französischen Revolution dargelegt sei: die Revolution bringt den Prozeß der Freiheit und Gleichheit mit universalisierendem Anspruch zum Abschluß; löst den geschichtlichen Kampf des Herrn mit dem Knecht zugunsten der allgemein gewordenen Anerkennung auf; und bildet schließlich durch Napoleon, den Agenten des Weltgeists, den modernen Staat. Einen Staat, der liberal ist im Maß, wie er durch die Gesetze das Menschenrecht der Freiheit anerkennt und schützt; der demokratisch ist, weil er nur mit der Zustimmung der Regierten existiert. Einen Staat, der das Bedürfnis nach allgemeiner Anerkennung im Gegenzug zu früheren Dichotomien von Herrschaft vollständig befriedigt. »... in the universal homogeneous state, all prior contradictions are resolved and all human needs are satisfied. There is no struggle or conflict over ›large‹ issues ...; what remains is primarily economic activity.«[39] So faßt Fukuyama, zustimmend, Kojèves Hegel-Lektüre zusammen. Mit dem Weltdatum der Schlacht von Jena vom Jahr 1806, da die Ideen in die Realität eingriffen, ist die Geschichte *im Prinzip* zu Ende.

Ohne des näheren auf das komplexe dialektische Schema und auf das Problem einzutreten, ob ihr geistreicher Interpret den Sinn der »Phänomenologie« verfälscht oder gar verfehlt haben könnte, hebt Fukuyama die Bedeutung von Ideen für die Gestaltung von Wirklichkeiten hervor. Ideologien – hier wertfrei genommen – sind mehr und anderes als der Überbau der materiellen Verhältnisse, wie es von links her die marxistische Soziologie statuiere und auf der rechten Seite die *Wall Street Journal*-Schule des ökonomischen Determinismus unterstelle. Der Mensch entspricht kaum nur dem Bild des rationalen, auf Gewinnmaximierung bedachten Individuums – was schon Max Weber anhand der protestantischen Ethik und der Funktion der Askese erläutert habe. Wer davon absieht, daß die Wurzeln des wirtschaftlichen Verhaltens in der Sphäre von Bewußtsein und Kultur (»in the realm of consciousness and culture«) gründen, verkürzt die Realität: die Macht, die den Ideen innewohnt.[40] Nochmals erklärt der Essayist vor dem Hintergrund dieser Mahnung (an ein amerikanisches Publikum) den Satz, daß die Geschichte Anno 1806 ihren Abschluß erreicht habe. Es geht vorerst um das *ideologische* Ende. »To say that history ended in 1806 meant that mankind's ideological evolution ended in the ideals of the French or American Revolutions.«[41] Die damals gedachten Wahrheiten gelten absolut, weil sie nicht mehr der Verbesserung fähig sind.

Nun weiß auch Fukuyama, daß die Sache so einfach nicht ist, zumal wenn man die von schrecklichen Folgen begleiteten Politisierungen des 20. Jahrhunderts erinnert. Er muß deshalb erklären können, wovon Alexandre Kojève im Jahr 1947 – zur Zeit der Publikation seiner »Introduction à la lecture de Hegel« – mindestens in Teilen (und aus Gründen, die noch zu deuten bleiben) bewußt absah. Nämlich, welcher Stellenwert den totalitären Ideologien des Faschismus und des Nationalsozialismus einerseits, des Kommunismus anderseits im Epochenpanorama zukommt.

Dafür wählt Francis Fukuyama – nicht ganz unbedenklich – eine funktionale Perspektive. Gibt es, so fragt er, mit Bezug auf die Lebenswelt irgendwelche fundamentalen Widersprüche, welche nicht im Kontext des modernen Liberalismus gelöst werden können? Der Faschismus formierte sich, die angebliche politische Schwäche, den Materialismus, den Verlust des Gemeinschaftsgefühls liberaler Gesellschaften durch einen ein- und ausschließenden Nationalismus aufzuheben. Er wurde niedergerungen im Zweiten Weltkrieg – auf der ideologischen wie auf der praktischen Ebene. Doch nicht eigentlich die allgemeine moralische Empörung habe ihn erledigt – sehr viele hätten ihn unterstützt, solange er als die Bewegung der Zukunft erschien –, sondern die Erfolglosigkeit (»lack of success«). Das meint das funktionale Theorem: denn nach dem Krieg sei den meisten Leuten das selbstzerstörerische Potential aller faschistischer Politik aufgegangen. So endete die Ideologie incins damit – in den Ruinen der

Berliner Reichskanzlei und auf dem Trümmerboden von Hiroshima und Nagasaki. Sie repetierte, bis zur Perversion, den nationalen Imperialismus des späten 19. Jahrhunderts und scheiterte an der Wirklichkeit.

Dem Analytiker des State Department sind die Realitäten – in freier Variation der von Hegel gestifteten Geschichtsphilosophie – das entscheidende Kriterium für die Kraft des Gedankens. Sehr ähnlich hatte schon die durch Marx und Engels entwickelte Doktrin operiert. Bloß ist dabei nicht unerheblich, welcher Zeitpunkt des historischen Verlaufs die Beurteilung hervorbringt. Die Hypostase seiner eigenen Gegenwart gestattet Fukuyama, überhaupt von einem möglichen Ende sprechen zu können, aber mehr noch: in dieser Hypostase soll die gesamte Epoche seit der Französischen Revolution einbegriffen sein. Daher denn alle gegenläufigen Tendenzen zur Verwirklichung von Freiheit und Fortschritt als Aberrationen gelten müssen. Und so auch die zweite Gegen-Ideologie – der internationale Imperialismus kommunistischer Provenienz. Immerhin wird eingeräumt, daß diese Herrschaftsprätention weitaus ernster (»far more serious«) war als jene des Faschismus.

Fukuyama hält sich wiederum nicht lange bei der Diskussion ideenpolitischer Grundsätze auf. Ohne den ironischen Beiklang zu berücksichtigen, erwähnt er Kojèves Beobachtung, die den Egalitarismus des modernen Amerika als Erfüllung der von Marx vorausgeschauten klassenlosen Gesellschaft erkannte.[42] Darauf will er nachweisen, wie die »fundamental egalitären« Prinzipien der westlichen Staatenwelt seit etwa vierzig Jahren teils schneller, teils verzögert auf die östliche Hemisphäre übergriffen. Gerade dort habe sich ein erstaunlicher ideologischer Wandel vollzogen: in Japan, dann in Südkorea, in Burma und selbst in der Volksrepublik China, wo kaum noch ein hoher Politiker an das Dogma des Marxismus glaube. Wichtig sei weiter, daß China nicht mehr als materielles und geistiges Zentrum für illiberale Aktionen »around the world« gelten könne.

Und die Sowjetunion mitsamt ihren näheren Satelliten? Man darf nicht vergessen, daß der Aufsatz im Sommer des Jahres 1989 veröffentlicht wurde – als zwar »Glasnost« und die »Perestrojka« bereits in Umlauf waren, der große Zusammenbruch jedoch – mindestens in solchem Ausmaß und mit den entsprechenden Folgen – keineswegs vorausgesehen werden konnte.[43] Fukuyama schätzt deshalb Gorbatschows Bekenntnis zu einem »wahren Leninismus« als den taktischen Zug des Führers ein, der nach der Legitimation für die Vorherrschaft der KPdSU strebe; in Wahrheit aber kaum mehr an den Supremat der Ideologie glaube. – Glaubensverlust konkurrierender Welt-Anschauungen muß allerdings gegeben sein, damit die Theorie vom Ende der Geschichte, als Theorie vom absoluten Sieg des liberal-demokratischen Denkens, ihre Überzeugungskraft erhält. – Es sind daher noch zwei weitere ideologische Systeme zu beurteilen. Das eine stellt sich dar im religiösen Fundamentalismus der islamischen »Revolution«, politisch in der Form des theokratischen Staates. Das andere konstituiert sich diffuser in den Renaissancen eines ethnisch zentrierten Nationalismus. Beide Systeme aber scheinen ein Verlangen zu decken, das von den liberalen, primär am Konsum orientierten Gesellschaften nicht befriedigt wird.

Indessen relativiert Fukuyama dieses Kompensationstheorem sogleich selbst. Er verweist nämlich darauf, daß der religiöse Fundamentalismus wie die vielen verschiedenen Nationalismen nicht in den fortschrittsbezogenen Ländern des Westens zur Virulenz gelangen. Der kämpferische Islam hat seine geographischen Grenzen, und er ist für Nicht-Muslime kaum sehr attraktiv. Vom Nationalismus kann man ohnehin nur im Plural sprechen. Dabei wird deutlich, wie sich mit der ideologischen Zurüstung vor allem Unabhängigkeitsbestrebungen verbinden – Sehnsüchte nach der Befreiung aus politischen Strukturen, welche den Minderheiten die Repräsentanz schuldig bleiben. Solche Probleme sind ernst zu nehmen. Doch betreffen sie, nach Fukuyamas Meinung, historische Übergänge – und nicht die fundamentalen Prinzipien jener Weltordnung, die mit dem Jahr 1806 wenigstens umrißhaft sich formiert.[44]

Erst im Schlußteil des Essays beschäftigt sich der Verfasser mit den Implikationen, die – mit Blick auf das »Ende der Geschichte« – für die internationalen Beziehungen wichtig werden könnten. Wie denn wären die Auswirkungen einer entideologisierten Welt zu definieren? Die Antwort muß die Opposition einer »Schule« (von Henry Kissinger bis zu Charles Krauthammer) reflektieren, deren Credo lautet, daß Konflikte dem internationalen politischen Kräftespiel *per se* eignen. Ein ursprünglich von Thomas Hobbes erdachtes Credo: Aggression, Kampf, Gefährdung sind universale Charakteristika menschlicher Gesellschaften. So nehme etwa Krauthammer die im Europa des 19. Jahrhunderts vorherrschende »balance of power« als Modell einer künftigen, ideologisch neutralisierten Realität.

Nach allem Vorangegangenen ist klar, daß sich Fukuyama darauf nicht einlassen darf. Also muß er solche Parallelisierungen abweisen: er tut es, indem er die Vorlage *historisiert*. Hinter den scheinbar ideologiearmen, reinen Machtverhältnissen des 19. Jahrhunderts wird ihm deren Leitidee sichtbar – der Glaube an die Legitimität des Imperialismus. Doch damit sei es vorbei; und folglich sei auch das Modell des (früheren) Großmacht-Verhaltens zum Anachronismus erstarrt. »International life for the part of the world that has reached the end of history is far more preoccupied with economics than with politics or strategy.«[45] – Könnte es aber sein, daß schleichend und zunächst verhüllt ein wirtschaftlicher »Imperialismus« die Welt in neue Polarisierungen hineintreibt, welche das Stadium der Sachlichkeit überspielen und abermals den ideologischen Kampf herausfordern? Dazu äußert sich Francis Fukuyama nicht. Bevor er die anthropologische Summe aus seiner These zieht, faßt er die Entwicklungen in der Sowjetunion zusammen – und räumt ein, daß eine Wendung zu faschistischen Bewegungen als Gegenzug zur Zerrüttung des Marxismus-Leninismus kaum ausgeschlossen werden könne. Dies wäre allerdings als das Folgeproblem einer geschichtlichen Verspätung zu betrachten: als Reflex verhinderter Erfahrungen im Umgang mit dem nationalen Selbstbewußtsein seit dem 19. Jahrhundert. So wird dem von Hegels Geschichtsphilosophie berührten Diagnostiker alles zum überblickbaren, mindestens zum erklärungsfähigen Prozeß der Historie. Sie mag – noch – an den Ungleichzeitigkeiten leiden; an Widersprüchen im einzelnen, an Ungereimtheiten der »Koordination«. Die Generallinie kann das letztlich nicht betreffen.

Es bleiben zwei Grundannahmen, die Fukuyamas optimistische weltgeschichtliche Betrachtungen fundieren. An ihnen ist die Last der These vom Ende der Geschichte festgemacht. Daß es sich dabei lediglich um Modifikationen von Kojèves Hegel-Lektüre handelt (wie der Autor selbst *diskret* zugesteht), spielt eine untergeordnete Rolle. Die erste Hypothese unterstellt den Abschluß der ideologischen Produktion. Es sind keine ideologischen Positionen über diejenigen hinaus mehr vorstellbar, die der historische Gang bis dato befördert hat. – Die zweite Hypothese baut darauf auf. Die Lehre vom liberal-demokratischen Rechtsstaat – die »dialektisch« geborene Synthese vorangegangener Doktrinen – ist unüberbietbar. Ihre Legitimität erweist sich darin, daß sie das menschliche Bedürfnis nach *Anerkennung* der Form nach in universaler und homogener Weise befriedigt. Dies vorausgesetzt, sind internationale Konflikte zwar durchaus noch möglich; doch werden sie primär deshalb ausgetragen, weil Reibungen zwischen der »historischen« und der »post-historischen« Welt bestehen[46], und weil die »historischen« Staaten die Zukunft der liberalen Demokratie erst verwirklichen müssen.

Übergangslos schließt hier – nach dem Ausblick auf den Anfang vom Ende der Geschichte – ein letzter Paragraph an. Bringt er eine Dissonanz in Fukuyamas geschichtstheoretische Harmonisierungen, einen absichtsvoll knapp formulierten Widerstand, an welchem sich die Diskussion *auch* entzünden darf? Unvermittelt bekennt der Autor, daß das große Finale eine sehr traurige Zeit sein werde. Man muß dieses Bekenntnis mit seinem eigentümlichen Pathos im Wortlaut zitieren. »The end of history will be a very sad time. The struggle for recognition, the willingness to risk one's life for a purely abstract goal, the worldwide ideological struggle that called forth daring, courage, imagination, and idealism, will be replaced by economic calculation, the endless solving of technical problems, environmental concerns, and the satisfaction of sophisticated consumer demands. In the post-historical period there will be neither art nor philosophy, just the perpetual caretaking of the museum of human history.«[47]

Das konnte Arnold Gehlen nur deshalb nicht so geschrieben haben, weil ihm der elegische Ton fremd war – weniger aber die heimliche Bewunderung für jenes radikale Engagement, das er die Frühzeit der Aufklärung begleiten sah und das ihn selbst da umtrieb, wo er es eigentlich bloß verachten wollte: im Spätprotest der Kulturrevolution. – Die Diagnose, wenn es denn tatsächlich eine sein sollte, läßt Prophetien von Nietzsche anklingen. Eine Zivilisation, die nur noch Gewinnmaximierung anstrebt, Umweltprobleme löst, Konsumbedürfnisse beruhigt; eine Kultur ohne Herz und Opferbereitschaft, ohne abstrakteres Sinnverlangen, ohne Mut – muß dies alles die Kehrseite sein, der Preis, den eine ideologisch neutralisierte Welt für Frieden, Freiheit und Wohlstand entrichtet? So hatte schon Kojève, freilich mit ironischen Verzierungen, gedacht. Fukuyama dramatisiert es; denn der russische Emigrant assoziierte seinen »universalen und homogenen Staat« (*l'Etat universel et homogène*) keineswegs – wie noch zu zeigen bleibt – im Verbund mit der liberalen Demokratie, sondern in Korrespondenz zu Stalins Fassung des Kommunismus.[48] Jetzt indes soll es gerade die Verfassung der Autonomie sein, welche den Automatismus der Indifferenz gegenüber den großen Zielen aus sich hervorlockt. Konsequent macht Fukuyamas Chiliasmus auch vor dem »Geist« nicht halt. Die Erschöpfung im Ideologischen wird zur Ermüdung im Philosophischen und im Ästhetischen: die Befriedung des agonalen Triebs wirkt so nachhaltig, daß auch hier nichts Neues mehr entstehen kann und letztlich alles ins Museum eingeht.[49] Sollte aber die Geschichte eines Tages doch wieder beginnen, so wäre der Grund in der *Langeweile* zu suchen. Fukuyama, nun nicht mehr kleinlich im Umgang mit Zeitperioden, spielt allerdings mit Jahrhunderten. »Perhaps this very prospect of centuries of boredom at the end of history will serve to get history started once again.« Das ist der Schlußsatz des Essays. Er reißt eine »anthropologische« Lücke in die Textur des Geschichtsphilosophen.

*

Ist das alles Un-sinn? Nur unbegründete Spekulation, ideologische Zurüstung aus dem *think tank* des amerikanischen State Department? Man machte sich die Sache zu leicht, wollte man sie einfach in dieser kurzen Weise abtun. Auch zeigte die Debatte, die gleich nach Erscheinen des Texts aufflammte, daß die Argumente der Gegner seltsam blaß blieben. Weshalb?

Das Raffinierte der Fukuyama-These besteht darin, daß sie die Geschichte totalisiert. Zu *einem* Projektionsfeld schließt zusammen, was nach analytischer Tradition stets noch zeitlich in Vergangenheit, Gegenwart und Zukunft unterschieden bleibt. So wird die Zeit, als Medium unvorhersehbarer Ereignisse und Veränderungen, gelöscht: wenn die entscheidenden Handlungsmöglichkeiten bereits determiniert sind, läuft alles im Erfahrungsraum ab; Erwartungen reflektieren darauf. Schon Hegel hatte solcher Gewißheit, obzwar mit Vorsicht, das Wort geredet. Seine Geschichtsphilosophie kam nicht ohne die Indikationen der Wirklichkeit aus. Ihm gegenüber ist Fukuyama »objektiv« im Vorteil – doch nur weil er, wie jedermann heute, über eine größere Perspektive verfügt.

Gibt aber dieser Erkenntniszuschuß in Dingen der Empirie zu Recht einen Vertrauensbeweis für die Stringenz der Theorie ab? Die Fakten selbst sind ihrer Bedeutung nach keineswegs unumstritten. Verführerisch jedoch mutet es an, der regulativen Idee von Freiheit und Selbstbestimmung – und wer wollte ernstlich *dagegen* antreten? – eine Realität zu parallelisieren, die in der Tat jene fortschreitend zu stützen scheint: *zur Zeit*. Im Grunde ist es allerdings sinnlos, der zeitüberspannenden Philosophie vom Ende der Geschichte mit substantiellen Argumenten widersprechen zu wollen; man begäbe sich letztlich auf die gleiche Ebene der Spekulationen – in die Richtung einer Zukunft, die nicht gewußt werden kann.

Nicht über die Gesamtdeutung, über die Prophetie lohnt sich zu streiten, sondern allenfalls über den prognostischen Gehalt. Zu diesem Zweck publizierte die Zeitschrift »The National Interest« in derselben Nummer sechs Kommentare auf Fukuyamas Essay. Es kann kaum verwundern, daß dabei

Fragen der praktischen Politik von Erwägungen in den Hintergrund gedrängt werden, welche vom Bild des Menschen ihren Ausgang nehmen. Kojève bereits hatte, ungemein wirkungsvoll Hegels hierauf bezogene Reflexionen sich aneignend, eine geschichtliche Anthropologie ins Zentrum seiner Endzeit-Visionen gestellt. Das Urbedürfnis nach Anerkennung »verändert« als befriedigtes Bedürfnis den Menschen: im Maß, daß fortan jede kämpferische Metaphysik sich erledigt. Darauf – sowohl auf Kojèves marxistisch inspirierten Fernblick wie auch auf Fukuyamas liberale Perspektive – repliziert Allan Bloom, Professor der Politikwissenschaften an der Universität von Chicago.[50]

Denn was meint schließlich »Veränderung«? Ist es möglich, daß die virtuelle Erfüllung der materiellen Ansprüche und die politisch universalisierte Satisfaktion das Sinn-Verlangen und folglich auch eine menschliche Grundunruhe definitiv beschwichtigen können? Gibt es Formen von »Anerkennung«, die aus anderen Sphären kommen, um die Menschen aufzustacheln, ihrer anteilig zu werden? – Bloom preist die intellektuelle Brillanz der Fukuyama-These. Auch subjektiviert er den historischen Prozeß (wie sein Schüler), wenn er vom Sieg der Gerechtigkeit und der Freiheit als von der rühmlichsten Leistung der Demokratie spricht. Doch gibt er zugleich zu bedenken, daß die fünfzig Jahre der Opposition gegen Faschismus, Nationalsozialismus und Kommunismus aus einer moralischen und politischen Haltung *ex negatione* getragen worden seien. Die Orientierung richtete sich an der Gegnerschaft zum Bösen aus. Nun, nachdem dieses in sich zusammengebrochen ist, muß sie zu sich selbst zurückkehren: sie wird mit ihren eigenen Werten und deren Wirklichkeit konfrontiert.

Die Welt ist entmystifiziert. Die utopischen Herrschaftsprätentionen sind erledigt, die Vernunft hat gewonnen – und zum ersten Mal in der Geschichte scheint sich die Kluft zwischen Theorie und Praxis so zu schließen, daß keine Widersprüche im Prinzipiellen mehr offen bleiben. »For the first time there are no essential contradictions between our reason and our duties or loyalties. Thus the world ist now a feast for reason, replacing piety.«[51] Bloom zieht hier die Linie aus, welche aus Kojèves Hegel-Interpretation sich ergibt, und deshalb vor allem – für die immanente Logik des Gedankengangs – behauptet er die philosophische Notwendigkeit eines Endes der Geschichte. Was schon Kant als die unbefriedigende Hypothek eines auf das Infinite bezogenen Fortschrittsdenkens charakterisiert hatte – jeder erreichte Zustand muß im Licht des Künftigen das Odium des Ungenügens tragen –, taucht argumentativ auch bei Bloom auf. Der für den Rationalismus optierende Geschichtsphilosoph kommt nicht umhin, ein Ende zu statuieren; sonst gerieten alle Prinzipien, alle Bezugspunkte in den Strudel der Veränderbarkeit.

Bloom selbst ist nicht dieser Geschichtsphilosoph. Er will nur eine solche hypothetische – und von Kojève wie von Fukuyama auf je eigene Weise besetzte – Position rechtfertigend erklären. Was aber geschehen könnte, nachdem die liberal-demokratische Idee ohne starke Gegenwehr ins Universale ausstrahlt, markiert die Frage, die ihn hauptsächlich beschäftigt. Sie knüpft insofern an die Schlußpassage der Vorlage an – an jenes Szenario einer durch das Konsumverhalten forcierten Vergleichgültigung des »höheren« Lebenssinns, das Fukuyama entwirft. Nietzsches Befund vom Tod des Gottes aufnehmend, spinnt Bloom den Faden weiter. Für ihn weist der Sieg des Liberalismus etwas Unbefriedigendes auf. Wäre es nicht denkbar, daß der Göttersturz des Kommunismus zu einem Vakuum beiträgt, das die reine Rationalität schon ihrem eigenen Verständnis nach nicht kompensieren kann? Daß, aus Langeweile und Überdruß, das Bedürfnis nach großen Parolen und Überzeugungen wieder wächst? Daß Formen des Verhältnisses von Anspruch und Anerkennung erneut virulent werden, die zwar nicht die Egalität berücksichtigen, dafür jedoch die partielle, ein- und ausgrenzende Homogenität? Bloom nennt hier ausdrücklich den Faschismus. »I would suggest that fascism has a future, if not *the* future.«[52]

Das konterkariert natürlich – mit allerdings ähnlich spekulativen Mitteln – die Fukuyama-These in ihrem Herzbereich. Es ist dann schwacher Trost, wenn Bloom seinem Schüler am Schluß zugesteht, daß er einem praktisch orientierten Publikum die Notwendigkeit der Philosophie und die den Ideen inhärente Macht nachgewiesen habe. An einer solchen, letztlich aufs Pädagogische beschränkten Rezeption kann Fukuyama nicht gelegen sein. – Allan Blooms Entgegnung beansprucht eine Wahrheit, welche die Vorstellung von der geschichtlich fortschreitenden Entwirklichung traditioneller, alteuropäischer Verhaltensmuster unterläuft. Insofern wiederholt sie die spätestens seit der Französischen Revolution gegebene *Querelle des Anciens et des Modernes* im Bereich der Geschichtsphilosophie, und zwar auf der Seite der Anciens. Was Burckhardt gegen Hegel vorgebracht hatte; was Nietzsche gegen Comte, allgemeiner gegen den zeitgenössischen Positivismus noch verschärfte – es kehrt hier wieder: als Abweisung einer Doktrin, die das Dunkle und Irrationale menschlichen Denkens und Fühlens dem Aufklärungsprozeß wachsender Vernünftigkeit überantwortet. Das Mißtrauen gegenüber solcher Linearität bedarf nicht einmal des Rückgriffs aufs Modell des Zyklus. Die anthropologische Hypothese genügt. Bloom reichert sie mit sozial-psychologischen Erfahrungen aus der totalitären Ära des 20. Jahrhunderts an. Seine kürzeste Formel dafür lautet: »God is dead, and we need new gods.« Dies, wohlgemerkt, nicht als Aufforderung formuliert, sondern als Satz des Beobachters. Die Konsequenzen seien welt-erschütternd, »and this is the thought of the most modern modernity«. Was nur meint, daß auch die modernste Moderne auf das alte Anthropologicum zurückgebracht wird.

Einer solchen Betrachtungsweise muß Fukuyamas Interpretation des Faschismus als Anachronismus bedenklich und logisch fragwürdig erscheinen. Mindestens dürfte der »Rückfall« nur als einmaliges Ereignis zugelassen werden – da sonst die Fortschrittstheorie ad absurdum geführt würde. – In einer zweiten Replik verweist auch Pierre Hassner, Forschungsdirektor an der Fondation Nationale des Sciences Politiques in Paris, auf diese Grundproblematik: zwischen kumulierender Rationalität und Strömungen des Obskurantismus. Er nimmt dabei Bezug auf die Arbeiten von Raymond Aron, der zwar die Perspektive der technologischen Innovationen wie der ökonomischen Krisenbewältigungsstrategien wahrgenommen, zugleich aber die Bedrohung durch totale Kriege und totalitäre Leidenschaften reflektiert habe – ohne sich am Ende für Kant oder für Thukydides zu entscheiden.

Hassner beharrt auf der Ambiguität geschichtlicher Prozesse. Viel fragiler sei der Status der post-ideologischen Realität, als es Fukuyama sehen wolle. Auf der einen Seite müßten noch immer die Faktoren Armut und Überbevölkerung in Betracht gezogen werden; auf der anderen – und da nimmt Hassner den Einwand von Bloom auf – sei es fraglich, ob eine prosaische Gesellschaft alle Bedürfnisse: nach dem Absoluten, nach dem Gemeinschaftsgefühl, nach Hierarchien und nach Gewalt, zu kompensieren in der Lage sei. Der Pariser Politologe versieht so die Prophetien der Fukuyama-These mit einem großen »Vielleicht«; und er glaubt darüber hinaus eine Inkonsistenz zwischen dem elegischen Schlußabsatz und dem übrigen Teil des Essays festzustellen: wo der Verfasser von der Ebene Hegels auf jene der Nietzsche-Adaptation wechsle. – Erst gegen Ende der Replik wird er philosophisch. Probeweise bricht er die historizistisch begründete Fortschrittslinie mit einer Gegenvermutung von derselben Art. Und in der Tat läßt sich spekulieren, ob die Jetzt-Zeit, wie es die Botschaft aus dem State Department suggeriert, einen *fundamentalen* Wandel anbahnt – oder ob nicht eher ein Welt-Zyklus (nach Spenglers Muster) ins späte Stadium eintritt.[53]

Dann allerdings könnte sehr wohl geschehen, was Hassner mit wenigen Stichworten anreißt: das Auftauchen neuer Cäsaren und neuer Propheten, die Heraufkunft eines neuen Zeitalters der »heroischen« Art, der Entsagung und der Religion, des Fanatismus und des Eroberungsdrangs. Freilich ist auch das pessimistische Historiengemälde auf anthropologische Fundierungen angewiesen. Mehr noch: wer mit dem Zyklus argumentiert, argumentiert mit dem Menschen – wie er immer war und wie er immer sein wird. Was *ist* er denn? Mit Nietzsches Formel das »nicht festgestellte Thier«; also prinzipiell unberechenbar, hin- und hergezogen zwischen Gut und Böse. So muß es die konservative Position sehen, und konsequent legt sie den Akzent aufs Böse.[54]

Es ist nicht leicht, dieses traditionsmächtigen Dualismus zu entraten – Gut versus Böse, Geschichtsphilosophie versus Anthropologie. Noch dem interesselosesten Positivismus kann er da innewohnen, wo die Schwelle zur *Deutung* hin überschritten wird. Es war Alexandre Kojèves listiger Einfall, die Stringenz seiner Theorie aus dem Nachweis zu entwikkeln, daß die Anthropologie ihrerseits dem Verlauf der Geschichte unterworfen ist. Sie reflektiert nicht ein a-historisches Wesen des Menschen, eine letztlich von allen geschichtlichen Wandlungen unberührbare humane Substanz, sondern vielmehr die Spannung zwischen dem Sein und dem Werden – wo zwar das Sein nicht einfach im Werden aufgeht, doch von den Realitäten, die der Wandel schafft, mitbestimmt wird. So muß das Urbedürfnis nach Anerkennung im post-historischen Stadium seiner definitiven Befriedigung auf den Menschen in der Art zurückwirken, daß das Aggressionsverhalten einschneidend verändert wird. Es hat seinen Reizkontakt – die Erfahrung des mangelhaften Selbst-Bewußtseins – verloren und verzichtet deshalb auf Kampf und Krieg. Die Negation ist aufgehoben.

Sicher basiert das, jedenfalls in der exoterisch-vulgären Fassung, auf einer marxistischen Instrumentalisierung der Geschichte im Dienst des »Neuen Menschen«. Und wie es schon die Marxsche Ermächtigungsphilosophie wollte, muß der Zustand der Anerkennung als irreversibel angenommen werden. Bei näherem Zusehn erweist sich deshalb, daß die anthropologische »Verzeitlichung« des Menschen nicht ins Unendliche sich fortsetzen darf. Als offener Zeithorizont kann nur jene Frist – messianischer? – Erwartung gelten, da der Prozeß ins Werk gesetzt wird, der die universale Anerkennung realisiert. Ist er einmal abgeschlossen und zur politisch-gesellschaftlichen Wirklichkeit geronnen, so kehrt der Mensch, auf zweiter Stufe, zu sich selbst zurück: er ist in emphatischer Weise bei sich, weil die Außenwelt mit seinem Bedürfnis harmoniert. Darauf – auf der erfüllten Hoffnung – beruht die Philosophie vom Ende der Geschichte, als Parusie der prinzipiellen Identität von Mensch und »Natur«.

*

Francis Fukuyama ist nicht bei der essayistischen Adaptation von Kojèves Historizismus stehengeblieben. Drei Jahre nach der Publikation des Aufsatzes in der Zeitschrift »The National Interest« veröffentlichte er ein Buch – mit der Absicht, die These einerseits empirisch zu untermauern, anderseits im gedanklichen Kernbereich des Anerkennungs-Problems zu präzisieren. »The End of History and the Last Man« (das Fragezeichen im Titel der Urfassung wurde getilgt) entfaltet damit ein Kulturpanorama von »universalgeschichtlichen« Dimensionen.[55]

Was an provokativer Schärfe verlorengegangen ist, soll mit vertiefenden Analysen zur Weltlage wie zu den philosophischen Voraussetzungen kompensiert werden. Deutlicher als zuvor insistiert der Verfasser darauf, daß mit der Idee der liberalen Demokratie ein Endpunkt in der ideologischen Entwicklung der Menschheit erreicht sei. Das bedingt natürlich die Abwehr zyklischer Geschichtsmodelle. Geschichte ist für Fukuyama (in der Tradition von Hegel und Marx) ein »einzigartiger, kohärenter evolutionärer Prozeß, der die Erfahrungen aller Menschen aller Zeiten umfaßt«.[56] Bevor diese Hypothese argumentativ verarbeitet wird, bevor die beiden zentralen Faktoren zur Diskussion gelangen, welche für den teleologischen Verlauf maßgeblich sein sollen – nämlich auf der einen Seite die modernen Naturwissenschaften, auf der anderen Seite die gelingende Anerkennung –, skizziert Fukuyama die Außenansicht der Epoche.

Er erinnert an die Krisen der Politik im 20. Jahrhundert: an die totalen Kriege, an die totalitären Bewegungen; auch an einen Satz von Jean-François Revel, der sich einmal fragte, ob die Demokratie nicht nur ein kurzes Zwischenspiel der Historie gewesen sein könnte. Doch will er dem Pessimismus (den noch Henry Kissinger mit Blick auf den Macht- und Herrschaftsanspruch der Sowjetunion für zwingend hielt) mit Relativierungen begegnen. Rechte und linke Diktaturen – in Spanien und Portugal, in Lateinamerika; in Osteuropa – seien durch den Verlust an Legitimität ausgehöhlt worden. Anders als vor dreißig Jahren könne der Sowjetmarxismus keine ideologische Bedrohung mehr sein. Und schließlich dürfe man die neuen Nationalismen – etwa auf dem Balkan – als »lokale Einzelerscheinungen« nehmen, »die keine dauerhaften Legitimitätsquellen besitzen«.[57] – Das andere ist die weltweite liberale Revolution. Auch da kommen Hinweise, zum Beispiel auf das außerordentliche Wirtschaftswachstum in Ostasien. Allerdings transzendiert die Empirie, was Fukuyama aus ihr zu destillieren trachtet. Er hält dafür, daß sich mit dem Sieg der liberalen Idee das Arsenal alternativer Möglichkeiten, wie ein Land wirtschaftlich und politisch verfaßt sein kann, erschöpft. Zwar sind Zyklen und »Diskontinuitäten« immer denkbar – aber bloß auf der Ebene von kürzeren Aberrationen; die Universalgeschichte der Menschheit steuert auf die liberale Demokratie zu: weil Freiheit und Gleichheit dem menschlichen Grundbedürfnis entsprechen. Damit ist der Richtungssinn gegeben.[58]

Der Gesamtdeuter weiß, daß er – die Fortschrittsphilosophie der Aufklärung von Fontenelle und Condorcet über Kant bis zu Hegel verwertend – eine Notwendigkeit *statuiert*. Doch glaubt er auch, daß diese Notwendigkeit mit Macht sich aus dem Prozeß ableiten läßt, den die Naturwissenschaften diktieren. Deren kumulative Erkenntnisse sorgen wesentlich für das Zielgerichtete der Geschichte. Aus dem Zwang zur technischen Innovation, wie er schon der kriegerischen Bereitschaft vorgeschrieben ist, entwickelt sich die soziale Modernisierung, welche ihrerseits nationale und geographische Grenzen übergreift und auf dem Feld der materiellen Bedürfnisbefriedigung Formen des universellen Konsums etabliert. Mobilität, Arbeitsteilung, Zeitverdichtung prägen ein Leben, das kaum als glücklicher denn jenes früherer Epochen empfunden werden kann – aber als rationaler.

Ist der Vorgang irreversibel? Oder sind Zustände möglich, in denen die Universalisierung wieder zurückbuchstabiert wird? Fukuyama hält das für sehr unwahrscheinlich. Er bezieht sich auf eine empirische Studie des Soziologen Seymour Martin Lipset, die den Nachweis erbrachte, daß eine enge Korrelation besteht zwischen den ökonomischen Erfolgen und stabilen demokratischen Verhältnissen – schränkt allerdings die Bedeutung dieser Analyse ein, wenn er, mit

Schumpeter, die funktionale Leistung der Demokratie für wirtschaftliches Wachstum relativiert: Diktaturen sind unter gewissen Umständen eher in der Lage, eine *ökonomisch* moderne Gesellschaft zu befördern; denn sie setzen den komplexen politischen Entscheidungsprozessen die soziale Disziplin entgegen. Es herrscht also kein notwendiger Zusammenhang zwischen dem wirtschaftlichen Liberalismus und dem demokratisch verfaßten Staat. Der Irreversibilität muß noch etwas anderes zugrunde liegen.

Bevor dieses Andere – als das philosophische Herzstück der Theorie vom Ende der Geschichte – erschlossen wird, insistiert Fukuyama nochmals (und nicht zum letzten Mal) auf der Unumkehrbarkeit. Dazu gehört freilich, daß er die Tyranneien Hitlers und Stalins lakonisch als »Nebenwege der Geschichte« erledigt, die in die Sackgasse geführt hätten. Dazu gehört weiter, daß der Holocaust, allzu leichtfertig, als historisch einzigartiges Phänomen qualifiziert wird.[59] Trotz allen »Brüchen« sei die Moderne »ein kohärentes und ungemein machtvolles Ganzes«.

Keiner »Dialektik« der Aufklärung kann es gelingen, das von Fukuyama selbst so bezeichnete »geistige Konstrukt« seiner Universalgeschichte zu erschüttern. Doch findet im Dienst des geschichtslogischen Verfahrens nun eine anthropologische Kehre statt. Es genüge nicht, wie die Modernisierungstheorie verfahre, den Menschen bloß in seinen ökonomischen Wesenszügen zu fixieren; nicht das Streben nach Gewinn und Mehrwert sei letztlich für die Eruptionen von Kampf und Krieg verantwortlich, sondern jenes – nach *Anerkennung*. Da weist sich eine eigentümliche Ambivalenz aus: Anerkennung – als unbefriedigte Erwartung – provoziert die Turbulenzen der geschichtlichen Welt; Anerkennung aber – als im Politischen vollkommen gedecktes Bedürfnis – sorgt schließlich für die Stasis der post-historischen Wirklichkeit. Das zu entfalten, bedarf es des Rückgriffs auf die menschliche »Natur«.

Jetzt schlägt Hegels Stunde. Es ist dem Leser von Kojèves Exegese der »Phänomenologie« nicht entgangen, daß sich Nutzen ziehen läßt aus einem anthropologischen Schema, welches (jedenfalls bei populärer Betrachtung) merkwürdig oszilliert zwischen dem Sein des Menschen und seinem Werden. Fukuyama blendet wie schon Kojève die argumentationslogische Architektur der »Phänomenologie des Geistes« weg, um festzustellen, daß Hegel zwar dem Menschen die Freiheit der geschichtlichen Selbsterschaffung zugedacht, zugleich jedoch – für die Explikation dieses Vorgangs – einen hypothetischen Urzustand angenommen habe. Er kann beschrieben werden als Kampf um die Anerkennung. Der Mensch verlangt danach, von seinesgleichen anerkannt zu werden. – En passant verwirft Fukuyama andere Modelle der primordialen Lebenswelt als unzureichend. Das betrifft die von Hobbes und Locke begründete Tradition, wonach die Sicherung der Selbsterhaltung das entscheidende menschliche Charakteristikum ist – eine unbefriedigende Bestimmung (bis in die »Folgen« des Gesellschaftsvertrags hinein): denn sie beachtet nicht das humane Spezificum des Selbstwertgefühls wie der Selbstachtung.

Ebendies jedoch soll sich im Verlangen nach der Anerkennung ausdrücken. Zur Präzisierung des Zusammenhangs greift Fukuyama auf einen Befund zurück, der in Platons »Politeia« gegeben wird und den in neuerer Zeit Albert O. Hirschman aufgenommen hat.[60] Platon faßt ihn mit dem Wort *Thymos*. Thymos, bezogen auf das Verhalten der Kriegerkaste des idealen Staats, bedeutet: Stolz, Mut, Beherztheit; bedeutet auch: Zorn und Aggression dann, wenn die Würde verletzt wurde.[61] Fukuyama dehnt das weiter aus. Mit Megalothymia meint er ein Anerkennungsstreben, das aus Ehrgeiz und Ruhmsucht auf die Unterdrückung des anderen zielt; mit Isothymia eine – modern vorherrschende und durch die Ökonomisierung maßgeblich beeinflußte – Lebensweise, welche darauf aus ist, Gleichwertigkeiten der Akzeptanz zu erreichen. Es sei der Triumph des frühen angelsächsischen Liberalismus gewesen, Stolz und Leidenschaft gebrochen und der Isothymia des Verfassungsstaates unterworfen zu haben.

Zur Pointe wird nun aber, daß darin – in der »isothymotischen« Rationalisierung, im vernunftbestimmten Ausgleichprozeß – etwas Unerledigtes übrigbleibt. An dieser gedanklichen Schnittstelle will Fukuyama über Kojève hinausphilosophieren.

Er synthetisiert zunächst – und vereinfacht dabei rücksichtslos – Kojèves Synthese jenes Kapitels der »Phänomenologie«, in dem der Dualismus zwischen *Herr und Knecht* ausgebreitet wird. Der hypothetische Naturzustand ist gekennzeichnet durch den Kampf um Anerkennung. Er wird auf Leben und Tod geführt, bis die eine Partei gesiegt hat, die andere entweder tot ist – oder sich, aus Furcht, unterworfen hat. Jetzt ist der Dualismus voll entfaltet. Auf der einen Seite befindet sich der (Krieger-)Herr, auf der anderen der (Arbeiter-)Knecht. Gleichwohl strebt dieser weiterhin nach der Anerkennung; doch so, daß er indirekt, vermittels seiner Tätigkeit, ihr vorspurt: indem er arbeitet, verändert der Knecht die Welt, über die einzelnen geschichtlichen Stufen bis zum Großdatum der Französischen Revolution, da das Prinzip der Anerkennung von der Partikularität ins Universale umschlägt. Darauf – auf Hegels Zustimmung zu den theoretischen Prämissen des Jahres 1789 – bezieht sich Kojève, und Fukuyama folgt ihm aus liberaler Sicht. Im universalen homogenen Staat, den Napoleon nach der Schlacht von Jena der Weltgeschichte einschreibt, ist der Dualismus überwunden. Der Mensch hat die Freiheit gewonnen.

Kojève hatte freilich – mindestens zur Zeit seiner Hegel-Seminare an der Pariser *Ecole normale* und noch bei Erscheinen der »Introduction« 1947 – keineswegs an den liberalen und demokratischen Verfassungsstaat gedacht, als er nach der modernen Verkörperung der universalisierenden Idee suchte; vielmehr an den sowjetischen Kommunismus unter dessen Vollstrecker Josef Stalin. Das verschweigt der Adept des State Department.[62] Wahr ist allerdings, daß der Vorgang der Selbstbefreiung des Knechts aus der Rationalität der Legitimation – alle Menschen sind im Ursprung gleich – begriffen werden sollte. Kojève deutete Hegel vor dem Horizont eines säkularisierten Christentums. Nicht Gott schafft sein Geschöpf, sondern der Mensch schafft sich, als Projektionsfläche des Freiheitsgedankens, Gott.

Das Unerledigte liegt für Fukuyama darin, daß sich der Kampf um Anerkennung aus der Räson der Arbeit allein nicht verstehen läßt. Es bleibt das Spannungsgefüge zwischen liberaler Ökonomie und liberaler Politik, und letztere darf nicht einfach als das geschichtslogische Produkt der ersteren angesehen werden. Als Paradox muß anmuten, daß Aufstieg und Bestand von Gesellschaften, welche rationale Anerkennung ermöglichen, noch anders denn nur qua Vernunft garantiert sind. Es bedarf dazu auch gewisser Formen der *irrationalen* Bedürfnisse. Sie sind zu orten im »thymotischen« Verhalten: in einem Stolz, der nicht aufgeht in der Befriedigung der ökonomischen Freiheitsbedürfnisse. Diesen »irrationalen« Thymos habe Kojève zu wenig bedacht.[63] – Fukuyama will den Liberalismus mit einer Ideologie stärken, die dem reinen Funktionalismus des demokratischen Verfahrens etwas entgegensetzt, das von der Zweckrationalität nicht erfaßt wird. Er verläßt dabei die Lakonik des nur phänomenologisch operierenden Geschichtsphilosophen (im Sinn einer Replik auf die kritischen Einwände, die dem Aufsatz von 1989 entgegengebracht wurden?) – und fordert: den rational nicht restlos erklärbaren Stolz auf das politische System der Demokratie.

Er soll sich manifestieren in politischer Bürgerkultur. Damit sind Überzeugungen gemeint, die das Geschäft der instrumentellen Abwicklungen transzendieren und zugleich eine Verteidigungsbereitschaft gegenüber bestimmten Werten implizieren. Unüberhörbar klingt hier ein normativer Ton an. Doch trachtet Fukuyama nachzuweisen, daß dieses Normative bereits der liberal-demokratischen Lebenswelt innewohnt – als mehr oder minder verdeckter Grund. Zum Beispiel im Arbeitsverständnis: mit Max Weber und gegen Marx argumentiert er, daß der Arbeit auch in Epochen der radikalen Verweltlichung ein Moment von Askese beigegeben ist, das sich dem Kalkül von Aufwand und Nutzen entzieht. Es ist von »thymotischer« Beschaffenheit, verdankt sich dem nicht rationalisierbaren Teil des menschlichen Charakters.[64]

Ähnliches zeige sich – mit allerdings ambivalenteren Folgen – für den Bereich des Politischen. »Die letzte Ursache des Krieges zwischen Staaten ist ... Thymos und nicht die Selbsterhaltung.«[65] Was, ins Apodiktische verschärft, wie eine Variation auf das »anthropologische« Thema von Hobbes tönt, erweist sich der Sache nach schon bald als beweglicher.

Wenn nämlich Fukuyama das Theorem mit Blick auf die amerikanischen Realismustheorien von Hans Morgenthau bis zu Henry Kissinger erläutert. Diese statuieren die Unsicherheit in politicis als ein universales, »ewiges« Kennzeichen der internationalen Systeme, ohne Ansehen historischer Veränderungen. Dagegen soll gelten, daß sich Legitimitätsvorstellungen im Laufe der Zeit wandeln; sie können auch, wie die Ideologie des Imperialismus, obsolet werden. Womit die absolute Unsicherheit ins Relative changiert, durch Prozesse der Demokratisierung und Liberalisierung aber in einen Zustand der tendenziellen Sekurität schließlich übergeht. Und so verhalte es sich auch mit der aggressiven Seite des Thymos. Die liberale Demokratie zügelt – durch die Prämien der Anerkennung – den Angriffstrieb: sie leitet die »Historisierung« eines anthropologischen Bestandes ein, und zwar nicht in der Weise, wie es etwa Pareto sehen wollte: die Residuen selbst verändern sich dabei. So habe bereits Tocqueville eine Zunahme des Mitgefühls für die Epoche der Aufklärung beobachtet. Josef Schumpeter meinte, daß demokratische Gesellschaften den Imperialismus abwiesen. Für Fukuyama lautet das hoffnungsfrohe Resümee: »Die liberale Demokratie hat also den natürlichen Trieb zu Aggression und Gewalt nicht nur gezügelt, sondern die Triebe von Grund auf verwandelt. Damit gibt es kein Motiv mehr für Kriege.«[66]

Die Aussage wäre absurd, wenn sie nicht die – sehr abstrakte – Großvision einer *totalen* Demokratisierung der Welt zur Voraussetzung hätte. Nur vom Ende her wird sie mindestens verstehbar. Doch läuft der Gedanke in die Richtung einer petitio principii. Darüber hinaus kommt ein messianisches Element im Umgang mit der Zeit ins Spiel, wenn alle anthropologischen Mutationen jenseits der einmal erreichten humanen Friedfertigkeit schlagartig abgeschlossen sein sollen. – Im Vorraum dieser Stasis sind nur noch Übergänge zugelassen. Als Übergangsphänomen qualifiziert Fukuyama deshalb auch die neuen Nationalismen von Slowenien bis in den Tibet, die sich in Gebieten des Rückstands formierten. Es hat schon fast Züge von Spenglers planetarischen Obsessionen, wie der liberale Chiliasmus scheidet und unterscheidet:

nämlich einerseits in eine »posthistorische« Welt der vollkommenen Versöhnung von Nationalismus und Universalismus, anderseits in eine *noch* geschichtliche Welt der Konflikte und Antagonismen.

Erst ganz am Schluß des Buches läßt Francis Fukuyama, wie zuvor in dem letzten Abschnitt des Essays, den Schatten des Zweifels auf die These vom Ende der Geschichte fallen. Er stellt dafür die entscheidende Frage: nach der Qualität der Anerkennung, die von der liberalen Demokratie ausgeht. Ist der Mensch dort tatsächlich befriedigt? Sind seine Bedürfnisse so weit gedeckt, daß keine *geschichtliche* Fernerwartung sie von neuem zu imprägnieren vermöchte? Zur Klärung dieser Unsicherheiten stellt Fukuyama eine weitere Frage, und es ist überraschend zu sehen, wie damit die gesamte Argumentation der *historischen* Anthropologie – wohl doch ohne bewußte Absicht – ins Zittern gerät. Um die Leistung von aufgeklärten Gesellschaften zu prüfen, sucht der Autor einen »überhistorischen Maßstab«, ein Bild des Menschen »an sich«.

Kojève war dem Problem dadurch ausgewichen, daß er die Bestimmung des Wesens dem Verlauf der Geschichte unterstellte. Dann muß die kürzeste Formel lauten: der Mensch ist, was er *wird*. Fukuyama mißtraut nun einer solchen Entelechie (die er zuvor mindestens in den Grundzügen übernommen hat), indem er einen Einwurf seiner »linken« wie »rechten« Kritiker aufgreift und nachdrücklich in Erwägung zieht, ob es nicht sein könnte, daß nach der Befriedigung der egalitären und materiellen Ansprüche ein ungedeckter Rest verbleibt. Welcher Rest?

Das wird, mit ausdrücklichem Bezug auf Nietzsche, ex negatione erörtert. Sind es vielleicht Menschen »ohne Rückgrat«, Parteigänger einer »Sklavenmoral«, Agenten des reinen Genusses und der puren Selbsterhaltung, die am Ende die Welt bevölkern? Ist es eine »Toleranzgesellschaft«, kaum noch fähig, zwischen Gut und Böse zu unterscheiden, »von der Erfahrung der Geschichte erschöpft«, welche fortan dominieren wird? Hatte Tocqueville recht, als er den modernen Despotismus von Vergnügen *und* Vereinzelung ins Auge faßte und dem »Zustand der Kindheit« verglich? Plötzlich kippen Fukuyamas Kulturdiagnosen in einen abgründigen Pessimismus – der zwar mehr sein mag als ein schneller Tribut an die weltläufige Melancholie der Postmoderne, doch unabhängig davon, auf der analytischen Seite, der Inversion seiner Hauptthese zuarbeitet. Das Ende der Geschichte scheint gefährdet: nicht durch konkurrierende Großideologien, sondern von der Innenseite der liberalen Demokratie her, deren »letzte Menschen« aus Überzeugungsschwäche und *ennui* unfähig sein könnten, sie gegen partikulare Irrationalismen wirkungsvoll zu verteidigen.[67]

Aber dabei darf es der Geschichtsphilosoph nicht bewenden lassen. Er sucht nach Rettung in der Gefahr – und findet sie in einem moralischen Appell. Das Engagement auf der Seite des Gemeinwohls, die Pflege des Bürgerbewußtseins, die Stärkung des sozialen Gewissens sind die Dinge, die in Erinnerung gerufen werden. – Da zeigt sich eine unfreiwillige Ironie, der sich Alexandre Kojève niemals ausgeliefert hätte: daß das geschichtliche Ende, zuvor als Produkt einer »logischen« Entwicklung kühl nur *beschrieben*, nun von einem Sollen abhängig gemacht ist.

Über diesen verräterischen Epilog mag man lächeln. Er beweist indessen, wie jeder Messianismus an einem bestimmten Punkt das Normative herbeizitieren muß. Im übrigen versteckt sich darin auch eine List. Sollte es denn einmal doch anders gekommen sein, so hat es einfach an der angemessenen Erfüllung der Gebote gefehlt.

Wie rasch es gehen kann, daß die Hypostase der Jetzt-Zeit zum Trümmerfeld ent-täuschter Erwartungen wird, gibt ein Kapitel Rezeptionsgeschichte aus der Ära der Französischen Revolution zu erkennen. Noch im Erscheinungsjahr der »Esquisse d'un tableau historique des progrès de l'esprit humain« (1795) rezensierte Friedrich Schlegel die Schrift Condorcets und lobte Größe und Erhabenheit des Ausblicks. Was er kritisieren mußte, lag für ihn in dem mangelhaften wissenschaftlichen Verfahren; Condorcet eile zu früh »zu einer willkürlichen Erklärung der isolierten Erscheinungen, und zur Ergänzung des Unbekannten, ehe noch das Bekannte völlig verarbeitet ist«.[68] Auch bedenke er zu wenig das eigentliche Problem der Geschichte, nämlich die Ungleichheit der

Fortschritte in den verschiedenen Bestandteilen der gesamten menschlichen Bildung – mit einem Wort, »die große Divergenz in dem Grade der intellektuellen und der moralischen Bildung«. Doch gilt für Schlegel nicht minder, daß die Idee der Perfektibilität absolut gültig sei: findet sich dereinst ein Newton der Geschichte der Menschheit, so wird die Vorherbestimmung ihres künftigen Ganges keinerlei Schwierigkeiten mehr aufwerfen.

Dreiunddreißig Jahre trennen die Fortschrittsapologie des Frühromantikers vom Kulturpessimismus des katholisch gewordenen Geschichtsphilosophen. In den Wiener Vorlesungen zur Philosophie der Geschichte von 1828 hat sich der Dualismus zwischen intellektueller und moralischer Bildung zur katastrophalen Entzweiung gesteigert. Jetzt heißt es, daß die »liberale« Ansicht der unendlichen Vervollkommnung – wie sie unter anderen der darüber zum Märtyrer gewordene Condorcet gelehrt habe – den Menschen nur als ein veredeltes, allmählich bis zur Vernunft abgerichtetes Tier erkennen könne. Ihr fehlt das Bewußtsein jenes »wahren Anfangs« in der Wissenschaft, im Leben und in der Geschichte, »der von Gott ausgeht«.[69] Den Konvertiten hingegen kann nur die Offenbarungswahrheit der Schrift leiten: die Wahrheit vom göttlichen Ebenbild. Diese göttliche Seite am Menschen ist »zerrüttet, oder stark in Unordnung geraten«. Die ganze geschichtsphilosophische Anstrengung des späten Schlegel zielt deshalb auf die Apokatastasis; auf die Beschreibung des historischen »Sinns«, der als Prozeß der Wiederherstellung des Ebenbilds sich verwirklichen soll. Und das vor dem Horizont der restaurativen Kehre, die alle Ereignisse und Folgen im Umfeld der Französischen Revolution mit dem Pathos der Schwärze als Abfall und Entfremdung betrachtet.

Friedrich Schlegel blieb sich allerdings in seiner Einschätzung der liberalen Geschichtsdeutung treu. In der Condorcet-Rezension wie in den Wiener Vorlesungen wird sie begriffen als eine Philosophie des *unendlichen* Fortschritts. Darauf basiert auch, nach der Wende zum Katholizismus, der Vorwurf, sie reduziere den Menschen aufs Tier. – Das messianische Ende aber soll dem Ratschluß Gottes vorbehalten sein, und ein wenig wohl auch denen, die seine Zeichen in der

Signatur des Zeitalters aufzuspüren versuchen. Niemals hätte sich Schlegel vorzustellen vermocht, daß anderthalb Jahrhunderte später als vorerst letzte Zivilreligion ebenjener demokratische Liberalismus dominieren würde: nun seinerseits mit endgeschichtlichen Ansprüchen legiert.

Dabei wäre der Gedanke, wenngleich in extremer spekulativer Abstraktion, aus der Luft der eigenen Epoche zu greifen gewesen. Hatte nicht Hegel, der »preußisch« orientierte Gegenspieler, seit der »Phänomenologie des Geistes« einer säkularen Vernunft in der Geschichte die Bahn gebrochen? Schlegel nahm diese Fassung von Prophetie kaum mehr ernst genug, als daß er ihre Wirkungsmacht hätte abschätzen können. Sie entfaltete sich in die politischen und sozialen Erschütterungen des Jahres 1848 hinein, erfuhr die Wendung zur Praxis durch Marx, dann durch die russischen Revolutionäre und manifestierte sich überraschend schließlich in der »Revision«, die ein Emigrant noch am Vorabend des Zweiten Weltkriegs vollzog. Sollten Alexandre Kojèves Pariser Vorlesungen das letzte Wort zur Sache gewesen sein?

II.
Ironischer Messianismus: Alexandre Kojève

Hundert Jahre nach Hegels Tod war die Lehre des Meisters kaum noch in der Unversehrtheit einer reinen Quelle zu fassen. Das System hatte sich transformiert in die Interessen seiner Interpreten und jenes Schicksal von Rezeptions*historie* erlitten, das dem Gedanken des Abschlusses, wie ihn der Philosoph denn doch beansprucht hatte, mit Macht zuwiderlief. Doch anders als in Deutschland, in Italien und selbst in Rußland konnten solche Mutationen in Frankreich damals nicht beobachtet werden – aus dem einfachen Grund, weil schon die Werke höchstens am Rande der Wahrnehmung auftauchten. Auguste Comte, der mit immerhin ähnlichen Intentionen die geschichtsphilosophische Auslegung der Neuzeit betrieb, bekannte mit dem Stolz des authentischen Entdeckers, er habe bewußt auf eine genauere Lektüre Hegels verzichtet, um sein eigenes Projekt vor fremden Einflüssen zu bewahren.[1] Diese Abstinenz steigerte sich bis zu Formen der absoluten Unkenntnis, wobei natürlich sprachliche Verstehensprobleme eine Rolle spielten. Erst zwischen 1939 und 1941 präsentierte Jean Hyppolite eine Übersetzung der »Phänomenologie des Geistes«.

Es mutete deshalb wie ein Pioniergang ad fontes an, als der dreißigjährige Alexandre Kojève den Seminaristen der Pariser Ecole pratique des hautes études den Zugang zu Hegel eröffnete. Noch um 1925 war der Großdenker des deutschen Idealismus, wenn man Sartres Bemerkung in seiner »Critique de la raison dialectique« glauben darf, weithin unbekannt: die Furcht vor der Dialektik (*l'horreur de la dialectique*) habe das bewirkt.[2] Seit den frühen dreißiger Jahren gab Jean Wahl, von wenigen nur beachtet, Vorlesungen zum Kapitel über das »unglückliche Bewußtsein« aus der »Phänomenologie«. Im Jahr 1932 lehrte auch Alexandre Koyré an der Ecole pratique »la philosophie religieuse de Hegel«. Doch folgte er ein Jahr später dem Ruf an die Universität Kairo und bat den Schüler und Freund, sein Seminar stellvertretend zu übernehmen. Im Herbst 1933 begann Kojève mit der Interpretation der »Phänomenologie« und stellte sie sogleich programmatisch ins Licht einer *anthropologie philosophique*. Der Kurs sollte sich bis ins Jahr 1939 hinziehen.

Kojèves Aura verdankt sich zum guten Teil diesem *sémi-*

naire. Zuhörer, die später zur Berühmtheit gelangten, fanden sich ein – unter ihnen Georges Bataille, Raymond Queneau, Jacques Lacan, Raymond Aron, André Breton, Maurice Merleau-Ponty, Jean Hyppolite.[3] Sie erhielten allerdings keine philologisch verläßliche Unterweisung oder strenge Hermeneutik am Text, sondern wurden konfrontiert mit einem Entwurf, der alle historischen Begrenzungen sprengte, um Hegels Aktualität für die Diagnose der Moderne herauszupräparieren. Kojève nutzte dabei auch die theoretischen Armaturen, die Karl Marx für die apokalyptische Analyse der bürgerlichen Welt beansprucht hatte. Doch war der entscheidende Punkt, daß diese Wende zur »Praxis« keine Erkenntnis brachte, die nicht schon dem Prinzip nach durch Hegel gegründet worden wäre. Die radikalisierte Lektüre der »Phänomenologie des Geistes« mußte zeigen, wie radikal ihr Verfasser der eigenen Epoche vorausgedacht hatte. Folgerichtig marginalisierte Kojève die Rolle des preußischen Staatsphilosophen.

Man kann nicht von seiner »Introduction«, von der Bedeutung und vom Gewicht der Interpretation sprechen, ohne wenigstens in Umrissen die Biographie zu skizzieren.[4] Alexandre Kojève war der Gegentypus des Kathedergelehrten. Geboren im Jahr 1902 – als Alexander Kojevnikow – in Moskau, wuchs er in großbürgerlichen Verhältnissen auf. Früh interessierte er sich für Literatur und Philosophie, für den Buddhismus und für das Tragische in der Geschichte. Er erlebte die Abdankung des Zaren und den Ausbruch der Oktoberrevolution, bekannte sich bald zu den Ideen des Kommunismus, kam aufgrund eines Schwarzmarktdelikts für kurze Zeit ins Gefängnis und machte 1919 das Abitur. Wenig später wurden ihm die politischen und gesellschaftlichen Zwänge unerträglich: zusammen mit einem Freund emigrierte er Anfang 1920 über Polen nach Deutschland. In diesen Jahren begleitete ihn ein philosophisches Tagebuch, 1922 verfaßte er in Berlin einen Lebenslauf.

In Berlin begann er das Studium der Philosophie und der orientalischen Sprachen. Zugleich beschäftigte er sich mit Fragen der Kunst und des Ästhetischen, nicht zuletzt ermuntert durch die freundschaftliche Verbindung mit seinem

Onkel Wassily Kandinsky. Auch zog es ihn zu Themen der Lebensphilosophie, die er sich von der Nicht-Existenz des Todes her zu erschließen versuchte. Im Sommer 1920 reiste er nach Italien. Ein Jahr darauf immatrikulierte er sich an der Universität Heidelberg, wo er neben anderen Karl Jaspers hörte. 1923 lebte er wieder in Berlin, im Milieu der intellektuellen und künstlerischen Avantgarde, entwickelte das kulturkritische Gespür für die Dekadenz, entdeckte den anonymisierenden Zauber der Metropole und registrierte aus marxistischer Perspektive, wie brüchig auch in Deutschland die bürgerliche Wirklichkeit geworden war. Im Winter 1924 kehrte Kojève nach Heidelberg zurück. Dort begegnete er zum ersten Mal dem Philosophen und Wissenschaftstheoretiker Alexandre Koyré, seinem späteren Mentor und Freund. Zwei Jahre danach promovierte er bei Karl Jaspers an der Universität Heidelberg mit einer Arbeit über »Die religiöse Philosophie Wladimir Solowjeffs«.

Kurz darauf, im Sommer 1926, übersiedelte Kojève nach Paris. An der Sorbonne studierte er orientalische Sprachen, Religionsphilosophie, Physik und Mathematik. Er verkehrte bei den Jesuiten und im Kreis um Nikolai Berdjajew, beschäftigte sich intensiv mit Dostojewski und führte eine substantielle Korrespondenz mit Kandinsky. Im Herbst 1933 eröffnete er das Seminar an der Ecole pratique zu Hegels »Phänomenologie des Geistes«, das er bis 1939 hielt. Zur Zeit der deutschen Besatzung lebte er vorwiegend in der Nähe von Marseille, wo er das Buch »Esquisse d'une phénoménologie du droit« verfaßte. Nach Kriegsende wurde Kojève als Beamter ins französische Wirtschaftsministerium berufen. Nun wirkte er bis zu seinem Tod im Juni 1968 als hoher Berater; bei Verhandlungen des GATT, bei internationalen Kongressen, beim Schuman-Plan. 1953 begann er mit der Niederschrift der monumentalen, später in drei Bänden publizierten Darstellung »Essai d'une histoire raisonnée de la philosophie païenne«, fast gleichzeitig mit einer Monographie zu Kant. Am 4. Juni 1968 starb Alexandre Kojève in Brüssel, während einer Tagung des Gemeinsamen Markts.

Kojève hinterließ ein großes und verzweigtes Œuvre. Es berührt Fragen der Metaphysik und der Rechtsphilosophie,

Themen der Physik und der Kunst, Probleme der Religion und der Wissenschaftstheorie.[5] Dennoch verbindet sich mit seinem Namen fast ausschließlich jenes Hegel-Seminar, welches im Jahr 1947 aufgrund der Manuskripte der Freund Raymond Queneau unter dem Titel »Introduction à la lecture de Hegel« bei Gallimard herausgab. An dieser Mythenbildung auf *ein* Buch hin war der Autor selbst beteiligt: indem er schon kurz nach dem Zweiten Weltkrieg das Amt des akademischen Lehrers mit der praktischen Arbeit des politischen und ökonomischen Experten vertauschte – und den Rollenwechsel als logische Konsequenz der Einsicht präsentierte, die zur Summe der »Introduction« geworden war. Nach dem »Ende der Geschichte« (*la fin de l'histoire*) ist die Philosophie, mindestens tendenziell, überflüssig.

Über das ironische Moment des Selbstverständnisses soll später nachgedacht werden. An der Biographie aber läßt sich schon ablesen, wie »eschatologische« Erfahrungen virulent wurden. Kojève war in eine Endzeit hineingeboren. Er erlebte aus nächster Nähe den völligen Zusammenbruch einer Gesellschaft, der er selbst zugehörte, und die Heraufkunft eines Systems, das jedenfalls der Ideologie nach egalitäre, staatlich homogenisierende Prinzipien zu verfolgen beabsichtigte. Die russische Revolution brach mit jeder Form von Individualismus und strebte danach, das Leben in allen Aspekten zu totalisieren. Im blutigen Kampf gegen das Partikuläre bemühte sie eine absolut gewordene Unterscheidung zwischen Freund und Feind, immer unter dem Signum, die Geschichte als Fortschritt wenn nicht zu vollenden, so doch zu beschleunigen. Ob Kojève mit jugendlichem Enthusiasmus damals tatsächlich Kommunist wurde, wie er es für ein Interview von 1968 rückblickend bekannte, bleibt fraglich.[6] Wichtiger im Sinn der geistigen Entwicklung war gewiß, wie er eine alt gewordene Welt verschwinden sah.

Das Alte und das Neue. An einem Knotenpunkt der europäischen Moderne bildete sich gegenströmig zum Untergang die Gesinnung der Avantgarde. Sie war in Lenins Sowjetunion anfangs vorwiegend als politische festzustellen, die nach und nach sich die ästhetische unterwarf und auf ihren Kurs zwang. In Deutschland jedoch gewann sie eine wirkungsmächtige künstlerische Freiheit, die sich in den Augen des Beobachters irritierend mit der décadence verband. Gemessen an der rigorosen Plan-Wirtschaft Moskaus mußte dem Emigranten dieses bürgerliche Residuum als Anachronismus erscheinen. Der Strategie der Revolutionäre ging es prominent um die Depotenzierung des Individuums.

Es traf sich, daß Kojève den Vorgang zur selben Zeit aus einer ganz anderen Perspektive studierte. Schon der russische Gymnasiast hatte Faszination gezeigt für die Lehre des Buddhismus. Nun, da er sich in Berlin und Heidelberg mit orientalischen Sprachen befaßte, vertiefte er auch seine Kenntnisse der fernöstlichen Religion und wurde affiziert von der Vorstellung der Nichtigkeit menschlicher Subjektivität. Kann diese denn jemals befriedigt werden von der Positivität des christlichen Glaubens? Endet sie nicht viel eher in Erfahrungen, wo das Kontingente als Mauer der Wirklichkeit vor allen Jenseitshoffnungen sich aufbaut? Und wo die *Zeit* jeden scheinbar festen realen Gewinn zur Erinnerung historisiert? Während das Nirwana schon eher dem erstrebten Zustand innerweltlicher Erlösung vom reinen Zwang der Existenz entspricht? Solches trieb als »anthropologisches« Pensum den jungen Mann um, ohne daß er dafür Antworten hätte finden können. Doch war er damit mindestens in Ansätzen für jenes Moment der »Negativität« vorbereitet, welches in der Dialektik von Hegels »Phänomenologie« eine zentrale Rolle spielt.

Aus den biographischen Quellen läßt sich schwer erschließen, wann die Idee eines *säkularen* Endes der Geschichte erstmals Gestalt erhielt. In den frühen Jahren des Pariser Exils dominierte der philosophische Synkretismus. Immerhin bewegte sich Kojève dabei auf Probleme zu, die dem Suchenden auch ihre exoterische Kraft offenbarten. Das Verhältnis von Freiheit und Kontingenz, von Autonomie und Abhängigkeit, von Vorsehung und Zufall und schließlich von Gott und Mensch – das alles konnte, jenseits von rein metaphysischen Spekulationen, eminent historische, damit aber zugleich politische Dimensionen erhalten.

Es war mehr als äußerliche Notwendigkeit, daß sich Kojève auch noch mit dem Thema der Heidelberger Dissertation beschäftigte, nachdem diese längst abgeschlossen war. Zwar wollte er die Arbeit über Solowjews Religionsphilosophie, 1926 von Jaspers als Promotionsleistung akzeptiert, für das Doktorat an der Sorbonne verwerten.[7] Doch barg sie ihm weit über den formalen Zweck hinaus Stoff des Nachdenkens im Hinblick auf aktuelle geschichtsphilosophische Erwägungen. Zwischen 1934 und 1935 erschien in zwei Nummern der »Revue d'histoire et de philosophie religieuses« eine französische Fassung mit dem Titel »La métaphysique religieuse de Vladimir Soloviev«. Damit spannt sich ein Bogen von der Frühzeit der Emigration bis in die ersten Kurse zu Hegels »Phänomenologie« an der Ecole pratique. Solowjew gab die Fragen vor, die zuerst das hermeneutische, dann zunehmend das kritische Interesse seines Interpreten weckten: am Ende schien für Kojève das anstößige Problem des Sinns der Geschichte gelöst. Zugunsten Hegels. Indem er Hegel einem rigoros atheistischen Zugriff beugte, setzte Kojève dem religiösen Messianismus russischer Herkunft die verweltlichte Eschatologie entgegen – das Diesseits, wo sich erfüllen sollte, was die Bestimmung des Menschen ist.

*

Die Tradition des russischen Messianismus ist verknüpft mit dem Denken Dostojewskis und Tolstois, Solowjews und Berdjajews. Sie war dem späteren Hegel-Deuter nicht nur auf der intellektuellen, sondern auch auf der gefühlsmäßigen Seite vertraut, als philosophische, literarische und kulturskeptische Auseinandersetzung mit den Werten wie mit den Errungenschaften des Industriezeitalters. Ihre apokalyptischen Visionen entzündeten sich im besonderen Maß am Vorgang »westlicher« Säkularisierungen und Vereinheitlichungen; wobei die einzelnen Stellungnahmen ein breites Spektrum zwischen dem Katastrophengemälde und der Hoffnung auf den »neuen Menschen« abdeckten. Fast immer entscheidend aber war der Bezug zur christlichen Offenbarungswahrheit.

Nikolai Berdjajew, geboren 1874 in Kiew, gestorben 1948 in Clamart bei Paris, präsentierte sich als der letzte und zugleich schillerndste Vertreter dieser Bewegung. Der russischen Aristokratie entstammend, studierte er Kant, Schopenhauer, Hegel und wandte sich seit 1894 dem Marxismus zu. 1903 hielt er sich an der Universität Heidelberg auf, 1911 verfaßte er »Die Philosophie der Freiheit«, 1919 gründete er die »Freie Akademie für Geisteskultur«, drei Jahre später wurde er verhaftet und aus der Sowjetunion ausgewiesen. Über Berlin gelangte er 1924 nach Paris, wo er bis zu seinem Tod als Schriftsteller, Philosoph, Essayist und Herausgeber von Zeitschriften (»Der Weg«, »Orient und Okzident«) wirkte.[8]

Das Interesse an der Geschichtsphilosophie, inspiriert durch die Lektüre von Marx und zugleich getragen vom Engagement für die soziale Frage, legierte Berdjajew mit christlich-eschatologischen Gedanken. Doch seit seiner Abwendung vom Kommunismus bemühte er sich, den Vorrang des personalen Aspekts gegenüber abstrakten gesellschaftlichen Vereinnahmungen zu rechtfertigen. Philosophie – als ein »schöpferisches Sichbewußtwerden des Geistes über den Sinn des menschlichen Lebens« – darf nicht politisiert werden. Sie reflektiert das Verhältnis von Mensch, Sein und Gott in schutzloser Einsamkeit. Dabei geht ihr ein Doppeltes auf. Einerseits ist die ursprüngliche Einheit von Mensch und Sein verlorengegangen: der Mensch ist »enthaust«, befindet sich nicht in der Welt seines »eigenen Existierens«.[9] Anderseits bleibt ihm aufgegeben, die Wirklichkeit als Kultur zu gestalten. Menschliches Tun »objektiviert« und verwandelt die Realitäten in der Art eines schöpferischen Prozesses.

Darin enthüllt sich das »Drama der Geschichte« mit der Macht einer unlösbaren Ambivalenz. Die Freiheit der Objektivierungen ist gleichzeitig der Zwang, diese vornehmen zu müssen: der Mensch ist wesensmäßig »Arbeiter«. Er soll jedoch gleichzeitig erkennen, daß alle kulturellen Einrichtungen der List der Verfälschung unterliegen; daß jede Absicht im Ergebnis einer Entfremdung vom Ursprungssein in Gott zudient. So etwa auf den »Stufen der Kommunikation« von der Familie über die Gesellschaft zum Staat. Sie erreichen niemals das Ziel echter Gemeinschaft, die Innigkeit der Beziehung zwischen Ich und Du. »Kommunion« von spirituellem Gewicht findet, näherungsweise, erst statt, wo der Mensch auf das »echte«, »innere« Existieren sich besinnt.

Man sieht leicht, daß in Berdjajews unsystematischer, essayistisch andeutender Philosophie christliche, gnostische und von Hegel angeregte Ideen zu einer Kulturkritik mit umfassendem Anspruch eingeschmolzen sind. Zutiefst gnostisch mutet die Vorstellung an, wie im historischen Geschick des Menschen »alles mißlungen« sei. Der Auszug aus dem Paradies, der »Fall« in die sekundäre, zeitliche Welt, die falsifizierende Tätigkeit durch Objektivationen – das redet einer Ur-Trennung das Wort. Als christliche Überzeugung tritt hinzu, daß keine innergeschichtliche Zukunft sie jemals wieder aufzuheben vermöchte.

Dennoch zog es den Mystiker der Personalität auch zu geschichtsphilosophischen Ergänzungen, welche den Messianismus der Negation wenigstens in Ansätzen korrigieren sollten. Die frühe Option für den Marxismus blieb untergründig virulent auch nach der religiösen Kehre, und es blieb die Aufgabe, die Herausforderungen zu deuten, die mit dem Datum der russischen Oktoberrevolution geschichtsmächtig geworden waren. Als eine Summe solcher Bemühungen kann die Schrift verstanden werden, die Berdjajew anfangs der dreißiger Jahre unter dem Titel »Christentum und Klassenkampf« vorlegte.[10] Darin wird immerhin anerkannt, daß der Klassenkampf eine Tatsache sei. »Unsere sündige Welt ist das Territorium eines Kampfes polar entgegengesetzter Kräfte.«[11] Diesem »kosmischen« Dualismus von Gut und Böse, von Licht und Finsternis, der bis in die anorganische Natur sich realisiere, sei der Klassenkampf als Auseinandersetzung »auf dem Gebiete des sozialen Lebens« zugehörig.

Aber Marx reduzierte den Menschen auf ein Klassenwesen, und seine Häresie war, das Proletariat zum »sündenlosen Paladin der sozialen Gerechtigkeit« und zum »Vorkämpfer des Reiches Gottes auf Erden« zu erheben.[12] Berdjajew teilt die Kritik an der kapitalistischen Gesellschaft, an ihren Entfremdungsmechanismen; er teilt die Diagnose, »daß der Kapitalismus die Beziehungen der Menschen in die Beziehungen der Sachen verwandelt«. Was er nicht teilen kann, ist die anthropologische Reduktion auf den homo oeconomicus, die

Rückführung des Bewußtseins auf das materielle Sein – wo nur mit anderen Vorzeichen übernommen sei, was schon die liberal-kapitalistische Doktrin verkündet habe. »Der Marxismus als materialistische metaphysische Lehre von den Urrealitäten des Lebens ist letzten Endes ein Irrtum und eine Lüge, weil Gott, der Geist, Weltschöpfer und Welterlöser ist.«[13]

Der absoluten Selbstermächtigung der kommunistischen Bewegung zur Menschheit der Zukunft wird eine bescheidenere Position entgegengehalten. Nicht um den totalitären Anspruch vollkommener Erlösung im Diesseits darf es christlicher Verantwortung gehen, sondern um die konkrete Verbesserung der Lebensverhältnisse. Nicht die Verherrlichung des Klassenkampfs ist gefordert, vielmehr das Bewußtsein für eine »christliche Gemeinschaft«, die »die individualistische Absonderung des Menschen aufhebt« und »den brüderlichen, ethisch-religiösen Kommunismus der freien menschlichen Persönlichkeiten« vorbereitet.[14] Wolle man den christlichen Standpunkt als Sozialismus bezeichnen, so handelte es sich dabei um einen »Sozialismus personalistischer Art«. Gedanken von Bloy, von Fourier und, vorsichtig, von Nikolai Fedorow aufgreifend, plädiert Berdjajew im Politischen für Korporationen (»Urzellen des sozialen Lebens«) und im Ethischen für die Askese. Der metaphysische Sinn der Arbeit beruhe nicht auf der puren Akkumulation von Ressourcen; er sei wesentlich Erkenntnis des asketischen Dienstes.

Dies alles bewegt sich in den Grenzen einer religiös legitimierten Sozialutopie. Dazu müßte auch zählen, daß Berdjajew die Technik nicht a priori verdammt; sie weist für ihn eine befreiende Seite auf, wo sie der Daseinserleichterung dient. Bemerkenswert aber ist ein Szenario, welches ausdrücklich der Vision vom Ende der Geschichte gilt.

Die Vision stammt von Marx. Und nun: »Für das marxistische Bewußtsein ... unterscheidet sich die Zukunft radikal von der Vergangenheit. Die sozialistische Ära ist das Ende der Geschichte und der Beginn einer übergeschichtlichen Zeit. Die Vergangenheit ist das Reich der Notwendigkeit; die Zukunft dagegen das Reich der Freiheit. Die Vergangenheit war durch die irrationalen ökonomischen Prozesse determiniert; die Zukunft aber wird durch die organisierte soziale

Vernunft bestimmt werden. Zwischen der Vergangenheit und der Zukunft liegt ein Abgrund, ein Sprung: der Zusammenbruch.«[15] – Nach diesem Zusammenbruch, also in der sozialistischen Zukunft, herrsche nicht mehr der ökonomische Materialismus, sondern ein »universeller Panlogismus«. Der restlos sozialisierte Mensch werde von der Welt der irrationalen Urkräfte in die Welt der Vernunft überwechseln. »Mit dem Sieg des Proletariats wird der Mensch endgültig aus der Geschichte verschwinden; nicht der Mensch, sondern das soziale Kollektiv wird Sieger im letzten Kampf.«[16]

Das Szenario, das Berdjajew im Anschluß an die marxistische, von Lenin weitergetriebene Eschatologie entwirft – mit dem tiefen Widerwillen des christlichen, die Freiheit des Individuums verteidigenden Sozialethikers –, greift nun nicht ohne Hellsicht über die Vorgabe hinaus: indem es sie einem geschichtlich früheren »Bewußtsein« zuordnet. Der heimlichste Wunsch der Kommunisten sei es nämlich, den Status des Bürgers zu erlangen. Nur eine flüchtige Periode des Kampfes ist die revolutionäre Gesinnung. »Empört lehnen sich die Kommunisten gegen dieses Erlahmen der revolutionären Energien auf. Sie selbst sind jedoch Bürger des morgigen oder übermorgigen Tags.«[17] Bürgerliche Anerkennung zu erhalten – das ist das eigentliche Ziel des revolutionären Subjekts.

Womit denn Marx zu Hegel zurückgekehrt wäre. Die Pointe mag überraschen. Sie wird verständlicher, wenn man an Berdjajews Haß gegen alles Bürgerliche, gegen den Geist des Kapitalismus erinnert. Der Apokalyptiker mit dem blinden Auge für die Realitäten unterscheidet nicht mehr; in der »dämonischen Macht« des Materialismus verschwinden die soziologischen wie die politischen Differenzen. Immer unter der Prämisse, daß schon die bürgerliche Epoche, spätestens seit der Aufklärung, die Seelen der Menschen versachlicht, die Freiheit dem ökonomischen Zwang opfert.

Sollte Alexandre Kojève »Christentum und Klassenkampf« nicht gekannt haben? Eine Schrift, die erstmals, in russischer Sprache, 1931 in Paris erschien: zu einer Zeit, da der Emigrant Kontakte zu Berdjajew und seinem Kreis pflegte? Das ist schwerlich denkbar. – Stellte man gleichwohl die Unwägbarkeiten von »Rezeption« in Rechnung, wäre, im Gegenzug, eine zweite Arbeit von Berdjajew heranzuholen, die wiederum ausdrücklich auch vom Ende der Geschichte handelt. 1923 auf Russisch in Berlin verlegt, zwei Jahre danach in der Übersetzung des Grafen Hermann Keyserling in Darmstadt publiziert, geht es dem Essay »Der Sinn der Geschichte« darum, eine »Philosophie des Menschengeschikkes« zu versuchen. Aus göttlichen Anfängen der himmlischen Geschichte öffnet sich ein Panorama über das frühe Judentum, das Christentum, das Mittelalter und die Renaissance bis zur »Krisis des Humanismus« und zum Maschinenzeitalter. Am Schluß, nachdem der Mensch bereits zerrissen ist in den Zwängen der Zivilisation und des Rationalismus, erscheint die Apokalypse. Das zehnte und letzte Kapitel der gewalttätigen Zusammenschau lautet: »Die Lehre vom Fortschritt und das Ende der Geschichte«.

Um einzelnes soll es hier nicht zu tun sein. Doch darf nicht unerwähnt bleiben, daß Berdjajew mit der noch frischen Erschütterung schrieb, die das Ereignis der Oktoberrevolution bewirkt hatte. Daher denn heftiger als später zwei Formen des Messianismus miteinander kollidieren: die säkulare des Fortschritts und die religiöse der Transzendenz. Erstere beansprucht die Idee des Endes – als Ziel des Geschichtsprozesses, das diesem nicht immanent ist, das vielmehr »über der Zeit« steht. So hätten es Comte und Hegel, Spencer und Marx geglaubt; sie hätten eine Vollendung der menschlichen Zustände angenommen, da alle Widersprüche des Diesseits behoben würden.

Die Historie macht einen Sprung. Sie synthetisiert die Leistungen des Fortschritts, bis die Zeit selbst aussetzt. Jetzt ist der Chiliasmus perfekt, im Hier und Jetzt lebensweltlicher Glückserfahrung. Aber solches muß das religiös-sittliche Bewußtsein der Menschheit empören. Denn die Utopie des irdischen Paradieses – als »Vergottung der Zukunft« – assimiliert sich »die vierte Dimension des absoluten Lebens« in der Weise, daß alles Frühere: alle vergangenen Schicksale der Nichtigkeit verfallen. Nichts zählt da mehr, vergeblich wird der Tod vorangegangener Generationen, die Glücklichen der Zukunft feiern Feste »auf den Gräbern der Vorfahren«.[18] – Das ist von der Logik christlicher Eschatologie her durchaus stringent gedacht. Und weiter muß Berdjajew dagegenhalten, daß die »wahre« Offenbarung des Heils dieses nur im Jenseits akkreditieren kann. »Die Geschichte ist, wahrlich – und hierin liegt ihr religiöser Gehalt – der Weg zur anderen Welt.«[19] Im Irdischen ist alles mißlungen, und zumal in den Säkularisationen der Französischen Revolution und der sozialistischen Bewegung. Zustimmend zitiert der Kulturkritiker Dostojewskis »Legende vom Großinquisitor« – jene bittere Parabel über die Verführungen der irdischen Macht. – Was bleibt? Es bleiben die Symbolisierungen – der Kunst, der Ethik, der Zwiesprache mit Gott –, die als Schatten im Diesseits die Lichtkraft der Ewigkeit reflektieren.

Für den Advokaten des Tragischen ist hienieden wenig zu hoffen. Eben deshalb fordert er das Ende der Geschichte, als Sinndeckung der innerweltlichen Katastrophen. Apokatastasis, ja; doch erst zum Schluß der Zeiten. So verschränkt sich der Pessimismus dem Optimismus »in der Perspektive der ewigen Wirklichkeit«.

*

Nikolai Berdjajew, der nicht ohne weltmännische Beredsamkeit gegen das Regime moderner, »westlicher« Lebensweisen anschrieb (weshalb ihm sein Übersetzer das echte Empfinden des Christentums und der Religiosität absprach[20]), führte eine Tradition weiter, die mit bedeutenderem philosophischen Anspruch schon Wladimir Solowjew ergründet hatte. Auch Solowjew erfuhr die »Kehre« zur Skepsis gegenüber *geschichtlich* wirksamen Harmonisierungen weltlicher Gegensätze, nachdem er lange die Vorstellung einer »universalen Theokratie« propagiert hatte. Seine Petersburger Antrittsvorlesung vom Jahr 1882 kann freilich noch wie ein modifiziertes Kondensat von Hegels Betrachtungen zur Historie gelesen werden.

Der Philosophie ist aufgegeben, den Prozeß der Geschichte als Entwicklung des Bewußtseins der Freiheit zu bedenken. Damit nimmt sie die Negationen wahr, vermittels derer der Mensch sein Menschsein erreicht – wenn er Gewalten auflöst und die alten Götzen zerschlägt. Die Entelechie bahnt sich ihren Weg von der indischen Welt (die allerdings in der Religion des Buddhismus schon personale Unabhängigkeit vom Diktat der Realitäten entdeckt) über die Welt der Griechen ins Christentum hinein. Hier wird der platonische Dualismus zwischen der Idee des Guten und ihren diesseitigen Trübungen überwunden: durch Jesus' Erlösertat. Mit dem Erscheinen des Gottessohnes in der menschlichen Geschichte wird Christus im Menschen selbst wirklich. Jetzt ist das *Werden* des Menschen zur »vernünftig-freien Person« sichergestellt. Die Inkarnation des »göttlichen Logos« erhebt die Historie zum Schauplatz, da der Weltsinn sich erklärt.

Das soll die Wahrheit der Theophanie sein. Nicht das Jammertal des entzogenen Paradieses und der Gottferne ist die Erde, nicht von der Apokalypse des großen Gerichts her erschließt sich Irdisches, vielmehr wird die Welt zur Projektfläche, die der christliche Geist mit der Verheißung der Universaltheokratie überwölbt. Dazu kann der Mensch beitragen. Solowjew verwendet das Prinzip der Theurgie, das ihm auf Reisen nach Ägypten in der Begegnung mit der ägyptischen Kunst als einer sinnlich-geistigen Form von Todesüberwindung anschaulich wurde, um die Partizipation des Menschen an der Spiritualisierung des Seienden zu legitimieren – und einzufordern. Theurgie ist »operative Mystik«.[21] Die humane Mitwirkung an der Arbeit der Schöpfung teilt sich auf in verschiedene Funktionen: der Kunst, des sozialen Engagements, der religiösen Gottesschau, der Wissenschaft, der politischen Tätigkeit. Zwar ist der Prozeß der Vervollkommnung aller weltlichen Verhältnisse ein unendlicher; gleichwohl kommt es auf die Annäherungen an – also auch auf die vermittelnden Instanzen, wie sie die Kirche (im Anspruch einer idealen Universalität) und der Staat verkörpern.

Solowjew revidierte diese – teilweise in einem spezifisch »russischen« Messianismus kulminierende – Geschichtsphilosophie erst in den letzten Lebensjahren. Vor die hoffenden Perspektiven des Menschheitspropheten schoben sich nun die Bilder der Entfremdung zwischen der Sittlichkeit und der materiellen Realität. Das verlangte eine Revision des Apokatastasis-Gedankens. Im Diesseits ist die Wiederkehr zum ursprünglichen Guten nicht zu erwarten – sondern nur »auf einer neuen Erde, die mit einem neuen Himmel in Liebe vermählt ist«.[22] Kurz vor seinem Tode transponierte Solowjew seine um die universaltheokratische Prätention erleichterte Gesamtdeutung in einen ironischen, in der Sache gleichwohl unnachgiebigen Text – »Drei Gespräche über Krieg, Fortschritt und das Ende der Weltgeschichte«.[23] Wie ist das Ende zu verstehn? Es fällt, als Ziel der erlösten Menschheit, zusammen mit der Apokalypse, die das Reich der Ewigkeit einleitet. Was nicht heißen kann, daß es vorher, im Reich der Geschichte, nicht genug zu tun gäbe. Am Auftrag einer »sittlichen Organisation« der Wirklichkeit ändert sich wenig, nur ist der messianischen Selbsterhebung die »letzte« Rechtfertigung entzogen.

Zwei Jahre vor Erscheinen der »Drei Gespräche« hielt Wladimir Solowjew in Paris einen Vortrag zur »russischen Idee«.[24] Zu diesem Zeitpunkt – 1888 – war er bereits abgerückt von der kämpferischen Verteidigung der Mission, welche die russisch-orthodoxe Kirche »historisch« erfüllen sollte, und hatte sich mit liberalisierender Gelassenheit dem römisch-katholischen Glauben zugewandt. Es erstaunt deshalb nicht, daß das Spezifische der »idée russe« preisgegeben wird: gegen die Politik der orthodoxen Staatskirche und gegen den russischen Nationalismus wünscht Solowjew die Einschmelzung der »Idee« in die umfassendere Einheit des allgemeinen Christentums.

Hätte Dostojewski diese Wende zu einem christlichen Humanismus noch wahrnehmen können, sie wäre ihm die schlimmste Bestätigung für den von »Rom« her im Pakt mit der westlichen Säkularkultur vorangetriebenen Nihilismus gewesen. Der große Schriftsteller notierte im Tagebuch des Jahrgangs 1877 einige geschichtsphilosophische Reflexionen und wollte für die Zukunft »drei Ideen« erkennen, welche Europa bestimmten – immer in der Fluchtlinie seiner millenarischen Erwartungen: denn man fühle, daß die Zeit »für etwas Tausendjähriges, für etwas Ewiges« gekommen sei, »für das, was sich auf der Erde seit dem Beginn ihrer Zivilisation vorbereitet hat«. »Drei Ideen erheben sich vor der Welt und formulieren sich, scheint es, endgültig.«[25] Um welche Ideen handelt es sich? Um jene des Katholizismus und des Protestantismus, und schließlich um die »slawische Idee«.

Indessen geht die katholische Idee dem Untergang entgegen. Der römische Geist, der aus ihr spricht und der in der neueren Geschichte Frankreichs – spätestens seit der Revolution – seine pervertierte Apotheose gefunden hat, ist der Geist des Despotismus und der nivellierenden Gewalt. Als dessen säkularisiertes Substrat muß der französische Sozialismus betrachtet werden: »die *gewaltsame* Vereinigung der Menschen«. Jesuiten, Kommunisten, Sozialisten, Atheisten fungieren als die Agenten des universalisierenden Materialismus. – Ähnlich Übles bereitet der Protestantismus deutscher Provenienz vor. Er zehrt hauptsächlich von der Negation, von der Verneinung der katholischen Idee – und erzeugt dadurch ein eigentümliches Vakuum. Geschieht es nun – woran der Apokalyptiker nicht zweifelt –, daß der Katholizismus »von der Erde verschwindet«, so folgt ihm sogleich der Protestantismus nach; denn er hat den Gegenstand seiner Daseinslegitimation eingebüßt.

Bleibt die slawische Idee. Ihr gehört das Kommende, sie wird als Weltidee strahlend aufgehen, als Geist des Panslawismus, der den westlichen Nihilismus niederkämpft, und als »russische Volksidee«, die dereinst, kriegerisch gerüstet, auch vor den Toren Konstantinopels nicht haltmachen wird.[26] – Solches verspricht Dostojewski. Christlicher Messianismus verschränkt sich mit politischem Mystizismus wider den abendländischen Prozeß der Verweltlichungen. Es war diese wirkungsvolle, in ihrer leuchtenden Düsternis für viele faszinierende Vision der millenarischen Wende, der sich Wladimir Solowjew mit seinen späten Schriften und Vorträgen entgegenstellte. Der Philosoph mußte in der Exklusionspolemik des Dichters eine Haltung sehen, die allem zuwiderlief, was die Menschenliebe der Bergpredigt lehrte.

Nur vor der Folie einer »russischen« Auseinandersetzung – die freilich auch kräftig aus Beständen des deutschen Idealismus schöpfte und Erfahrungen mit der beschleunigten Industriezivilisation zu verwerten suchte – ist Alexandre Kojèves Werdegang zum Adepten Hegels und zum Theoretiker des Endes der Geschichte ganz einsehbar. Was war es denn, was den jugendlichen Kritiker von Solowjews Religionsphilosophie beschäftigte? An welchen Schnittstellen des Messianismus erkannte er die Probleme und Widersprüche, die *er* zu lösen sich anschickte? Wo sollten die Prophetien Solowjews, Berdjajews und Dostojewskis rationalisiert und überboten werden?

Der Haupteinwand gegen Solowjew zielt ins Herz der Religionsphilosophie als der – prekären – Verschmelzung von Philosophie und Religion. Ist der Mensch frei? Vermag er mit authentischen Mitteln die Welt sich einzurichten? Oder folgt er letztlich nur der Spur, die ihm Gott vorgezeichnet hat? Hier bricht mit Macht das Problem der Willensfreiheit auf. In der Fassung letzter Hand, also in dem auf Französisch abgefaßten Essay für die »Revue d'histoire et de philosophie religieuses« von 1934/35, heißt es, Solowjew »ne distingue pas toujours assez nettement entre les deux formes différentes de sa doctrine: entre celle qui appartient à la doctrine de Dieu, où l'existence du monde empirique ne joue aucun rôle, et celle qui apparaît dans, ou plus exactement, comme la doctrine du monde«.[27]

Solowjew unterscheidet nicht immer deutlich zwischen den beiden Positionen seiner Doktrin – zwischen der Lehre von der Vorsehung und jener von der menschlichen Freiheit. Das ist der Vorwurf, der, grundsätzlicher, schon im Amalgam der »Religionsphilosophie« den Dualismus der zwei Welten enthalten sieht. Religion oder Philosophie? Kojève selbst entscheidet sich für die Philosophie: für den Menschen. Immerhin räumt er ein, daß der russische Theosoph dem Menschen eine Bedeutung zugemessen habe, »que l'on serait tenté d'appeler surhumaine«.[28] Die Anspielung auf die Idee der Theurgie – Gottes Geschöpf avanciert tendenziell zum Übermenschen, indem es zur Mitgestaltung an der Schöpfung erhoben wird – enthält im Kern Zustimmung. Nur sei Solowjew auf halbem Wege stehengeblieben, habe nicht die Konsequenzen von Comte und Hegel vollzogen. »Chez Comte, l'homme n'est pas l'égal de Dieu, il remplace Dieu. Et si l'on voulait donner une interprétation ›théologique‹ à l'anthropologie de Hegel, on arriverait au même résultat.«[29]

Da ist im Keim bereits die gedankliche Richtung der »Introduction à la lecture de Hegel« antizipiert. Was Kojève an Solowjews Geschichtskonstruktion mißfällt, beruht auf der Ambiguität, welche die göttliche Vorsehung wie auch die humane Autorität umgibt. Im letzten muß ein Ausschließungsverhältnis herrschen zwischen der Determination und der Freiheit in der Zeit. Comte und Hegel hätten Position zugunsten der Freiheit bezogen, indem sie die Menschwerdung des Gottessohnes so weit säkularisierten, daß schließlich der Mensch an die Stelle seines Schöpfers tritt: er wird Gott. Erst diese radikal atheistische Umdeutung der christlichen Offenbarung sprengt das deterministische Gehäuse und überläßt die Welt dem verfügenden Willen.

So stellt es Kojève dar, und er verwirft damit alle Formen jenes Messianismus, der die eschatologischen Energien aus der Bestimmung des Höheren bezieht. In einem bisher unpublizierten Text von 1931 mit dem Titel »L'Athéisme« wie auch in anderen kürzeren Notaten und Glossen geht er auf Dostojewski ein – auf den russischen Dichter, der wie kein anderer von der Vision besessen war, daß mit der westlichen Zivilisation des Nihilismus das Böse unmaskiert zutage trete. Nirgends verlieh ihr Dostojewski so eindringlich literarischen Glanz wie in der Legende vom Großinquisitor aus dem fünften Buch der »Brüder Karamasoff«. Darauf – und auf die mögliche Wirkung hinsichtlich Kojèves These vom Ende der Geschichte – hat mit Nachdruck Dominique Auffret verwiesen.[30] Die Parabel, ersonnen von Iwan Karamasoff, der sich mit der Konstruktion der Theodizee nicht abfinden kann (warum so viel Leid Unschuldiger, wenn doch Gottes Güte feststehen soll?), wendet ins Perverse, was die römische Kirche einst als Auftrag erhalten hatte: Stellvertretung Christi und Verwaltung der Schlüssel hienieden.

Zur schlimmsten Zeit der spanischen Inquisition taucht unerwartet in Sevilla der Erlöser persönlich auf. Er tut Wunder und wird vom Volk erkannt; doch bald ergreifen ihn die Schergen des Kardinal-Großinquisitors und schließen ihn in den Kerker. Dort besucht ihn zu tiefer Nacht der uralte Verfolger der Häresie und eröffnet ihm sein »Geheimnis«. Christus habe falsch getan, als er die Freiheit zum Glauben lehrte – nicht beachtend, daß wenige Menschen nur dazu fähig seien. Statt *allen Menschen* das Brot zu geben und die Zuversicht des Heils, habe er den Weg der Verheißung beschrieben und der freien Entscheidung jedes einzelnen überlassen, ihn zu beschreiten. Aber der Mensch sei schwach. Er bedürfe der irdischen Nahrung und der Autorität, die ihm die Last der Freiheit abnehme. Er bedürfe der geistigen Lenkung und des Gefühls, aufgehoben zu sein in einer universalen Gemeinschaft. Nicht bloß die Auserwählten seien zu berücksichtigen, sondern auch die Lasterhaften und die Ängstlichen, die Sklaven und die Rebellen.

Dieser Aufgabe hat sich der Großinquisitor gestellt. Er glaubt bereits einen zweiten babylonischen Turmbau zu sehen, den – aus der Not über das verzögerte, von Gott absichtsvoll irrealisierte Erdenglück – die Menschen ins Werk setzten. Ihnen zu helfen, ihn zu vollenden, ist seine Mission. »Und dann werden schon wir ihren Turm vollenden, denn vollenden wird derjenige, der den Hunger stillt, den Hunger aber stillen werden nur wir, in Deinem Namen, und wir werden lügen, daß es in Deinem Namen geschehe.«[31] – Das ist sein »Geheimnis«. Die Inquisition – im weiteren aber die Kirche von Rom und der Orden der Jesuiten – hat sich dem Teufel vermählt. Mit der List eines ungeheuren Betrugs soll die Menschheit aus »Unruhe, Verwirrung und Unglück« errettet werden. Dabei haben die Agenten Satans die Schöpfung korrigiert. »Wir haben Deine Tat verbessert und sie auf dem *Wunder,* dem *Geheimnis* und der *Autorität* aufgebaut.«[32]

Rom und das Schwert des Kaisers. Darauf – auf der Verbindung von kirchlicher und säkularer Macht – gründet die Politik des Großinquisitors, deren Zweck die Befriedung der Welt ist. Das stärkste Bedürfnis sei jenes »nach der universalen Vereinigung« – *in der Geschichte.* Nicht erst im Jenseits darf es zur Ruhe kommen. »Lange noch wird man auf die Vollendung des Werkes warten müssen, und viel wird die Erde inzwischen leiden, aber wir werden unser Ziel erreichen und werden Kaiser sein, und dann werden wir an das irdische Glück aller Menschen denken.«[33] – Das Unglück bleibt allein den Herrschenden: denn sie wissen, daß sie von Christus abgefallen sind und den Betrug inszenieren. Allerdings entsprang der Teufelspakt der Verzweiflung vor so viel Chaos in der Welt. Deshalb kann sich der Großinquisitor Christus gegenüber als der wahre Märtyrer empfehlen. Nachdem er lange dem himmlischen Meister gefolgt sei, in der Wüste gedarbt und die Freiheit des Glaubens gesegnet habe, sei plötzlich die Erleuchtung eingetreten. »... ich erwachte und wollte nicht mehr dem Wahnsinn dienen. Ich kehrte zurück und schloß mich der Schar jener an, die *Dein Werk verbesserten.*«[34]

Und das ist die Verbesserung: die Diktatur des Schwerts im Namen des Kreuzes, ausgeübt von einer mächtigen Institution zum Wohl all der Spottkreaturen, die »niemals die Kraft haben werden, sich in ihrer Freiheit zurechtzufinden«. Und das soll die Konsequenz sein: eine universalisierende Säkularkultur des dunkelsten Nihilismus, die wahren Absichten scheinfromm verschleiernd, den Anarchismus der freien Seelen niederdrückend, die Kirche mit dem Staat legierend, das Ende aller Zeiten im Diesseits planend, kurz: Teufelswerk.

Dostojewski nahm die Vision des Iwan Karamasoff absolut ernst. Sie war das prophetische Gegenbild der Erlösung, das er – mit Blick auf westeuropäische Entwicklungen – erbittert bekämpfte. Die Hellsicht, die aus ihr spricht, konnten freilich erst spätere Generationen bemerken – nach der russischen Oktoberrevolution. Berdjajews Polemik wider die Diktatur des Proletariats nahm ihre religiös motivierte Kraft wesentlich aus den Vorgaben des Dichters. – Der Verweischarakter der Parabel konnte auch Kojève nicht verborgen bleiben. Er mußte »Rom« nur durch »Moskau« substituieren, um die atheistische Fassung jener Politik zu erhalten, die ihre autoritäre Gewalt mit der Pflicht zur Menschheitsliebe rechtfertigte. Aber mehr noch: war nicht schon Hegels Staatslehre, den Gang der Vernunft in der Geschichte reflektierend, darauf angelegt, die universale Anerkennung als historisches Resultat des Fortschritts zu propagieren?

Dieser Interpretation befleißigt sich die »Introduction à la lecture de Hegel«, und sie tut es in der Weise einer Zustimmung. Wenn es denn je darum gegangen wäre, Gottes Werk zu »korrigieren«, so hätte die Verbesserung – Menschenglück durch Führung und Speisung der Massen – ihre Berechtigung sehr wohl gehabt. Gelänge der zweite babylonische Turmbau, er wäre keine Häresie; denn zur philosophischen Erkenntnis gehört, daß der Mensch stufenmäßig sich von den Ideen göttlicher Vormacht befreit, um schließlich im positiven Zeitalter die Geschichte zu vollenden.[35] Sie ist dann nicht mehr in Abhängigkeit von Eschatologien des Jenseits zu sehen, ist vielmehr der temporale Werkstoff, aus welchem die homogenisierende Ordnung der Lebenswelt geschlagen wird. Die Filiation der modernen Großinquisitoren zieht sich von Napoleon über Lenin und Trotzki bis zu Josef Stalin. Ihr Sendungspathos spiegelt die pathetische Totalvision der zufriedenen Menschheit, ihre »Wunder« sind die Zauberkräfte von Wissenschaft und Technik.

*

Bereits Alexandre Koyré hatte es unternommen, die Pariser Studenten der Ecole pratique seit 1932 in Hegels Religionsphilosophie einzuweihen. Koyré lieferte für die Hegelsche Ontologie die Unterscheidung zwischen der Zeit der Natur und der menschlichen Zeit; letztere sei Hegel wesentlich, als geschichtliche, in der sich der Mensch verwirkliche. Als geschichtliche Zeit aber drängt sie zu einer Form von Vollendung; ohne diese Vorstellung wäre die Geschichtsphilosophie nicht denkbar. Anderseits kehrt sie, einmal vollendet, in den »sinnlosen« Herrschaftszustand der Natur zurück. Koyré glaubte hier, in der zyklischen Inversion des *Werdens*, die tiefste Aporie von Hegels System zu erkennen.[36] Als Alexandre Kojève nach Koyrés Berufung an die Universität Kairo dessen Seminar weiterführt, strebt er danach, die Aporie so weit zu radikalisieren, daß durch sie das letzte Geheimnis der »Phänomenologie des Geistes« offenbar werde. Es soll nichts anderes sein als die Lehre vom Ende der Geschichte.

Der Aufbau der »Introduction« ist kompliziert. Das Buch zerfällt in zwei Hauptteile, die den einzelnen Kapiteln der »Phänomenologie« nachgehen; meistens so, daß dem analytischen Kommentar jeweils eine kurze Einführung vorangestellt wird. Zugleich folgt es chronologisch den Kursen an der

Ecole pratique – insgesamt, zwischen 1933 und 1939, sechs Vorlesungen. In die Interpretation sind oft lange Passagen des Hegelschen Originals hineingewoben, die die Deutung beglaubigen sollen. Nicht Kojève selbst, sondern der Freund und Gallimard-Lektor Raymond Queneau besorgte die Edition für die Veröffentlichung im Jahr 1947. Eine philologisch endgültig geklärte Text-Erläuterung fehlt bis heute.[37]

Um dieses Problem kann es hier sowenig gehen wie um die Gesamtbedeutung von Kojèves Auseinandersetzung mit Hegel. Im Folgenden werden vor allem jene Thesen und Themen aufgegriffen, die das Ende der Geschichte – »la fin de l'histoire« – illuminieren. Das Grundmotiv ist die säkularisierte Apokalypse. Kojève will zeigen, daß Hegel als erster Philosoph die wahre Bestimmung der modernen Welt erkannt hat. Die moderne Welt ist eminent eine Welt des Menschen. Sie verwirklicht sich in den menschlichen Tätigkeiten, und ihre Perspektive ist die Perspektive des Diesseits. Sie ist *auch* eine zerrissene Welt: denn sie hat die alten Götter gestürzt und den heiligen Hain in totes Gehölz verwandelt. Sie hat die Linien der Herkunft zerschnitten; frühere politische und gesellschaftliche Zustände gelten nicht mehr. Sie strebt aber zugleich der allgemeinen Freiheit zu, die seit der Französischen Revolution das entscheidende historische Datum hat, und darauf gründet die säkulare Offenbarung: die Geschichte ist es, in der und durch die der Geist zum absoluten Wissen fortschreitet.

Kojèves Exegese der »Phänomenologie« setzt die Sonde beim Exoterischen an. Deshalb fällt die innerphilosophische Filiation des Werkes – da die Wissenschaft der Erfahrung des Bewußtseins in ihren einzelnen Erkenntnisstufen verhandelt wird – weitgehend weg. Wo Hegel diesen Prozeß als notwendige Parallelaktion vorstellt: einerseits als Vorgang der aus sich selbst erzeugten Entwicklung des Geistes, anderseits als ein *historisch*-dialektisch zur Manifestation drängendes Geschehen, bezieht sich Kojève auf die zweite Lineatur. Diese Reduktion trägt Züge der Verfälschung; doch beruht gerade darauf die Bedingung der Originalität. Ohnehin lag dem eigensinnigen Interpreten nie an hermeneutischer Verläßlichkeit. Er wollte die Essenz der »Phänomenologie« als Botschaft ihrer Geschichtsphilosophie. Daher gewinnen die Partien über das Verhältnis von Herr und Knecht eine Prominenz, die ihnen für die Gesamtstruktur des Texts nicht zukommen kann. Und konsequent konvergiert die Geschichtsphilosophie immer wieder mit der Anthropologie.

Wie läßt sich der Mensch vor dem Hintergrund solcher Umpolungen definieren? Er ist ein Wesen, das von der Begierde geleitet wird. Aber anders als das Tier richtet er sein Begehren, über den Regelkreis von Reiz und Reaktion hinaus, *bewußt* auf die Dinge; und mehr noch auf den anderen Menschen. Und zwar so, daß der andere mich als Begehrenden anerkennen soll. »Die menschliche oder besser die anthropogene Begierde, die das freie, historische und seiner Individualität, seiner Freiheit, seiner Geschichte und Geschicklichkeit bewußte Individuum konstituiert, unterscheidet sich ... von der animalischen Begierde (durch die ein natürliches, bloß lebendes und nur ein Gefühl des eigenen Lebens besitzendes Wesen konstituiert wird) durch die Tatsache, daß sie sich nicht auf ein reales ›positiv‹ gegebenes Objekt, sondern auf eine andere Begierde richtet.«[38]

Doch die Anerkennung des einen durch den anderen erfolgt nicht problemlos. Ein Kampf muß ihr vorausgehen, und dieser Kampf konstitituiert sowohl den menschlichen Urzustand als auch die Geschichte, welche sich aus ihm hervorbildet. Hegel hat das Szenario – als hypothetische Anfangsszene einer primordialen Lebenswelt – im Abschnitt A des vierten Kapitels der »Phänomenologie« beschrieben, unter der Überschrift »Herrschaft und Knechtschaft«. Kojève rückt es ins Zentrum seiner Erwägungen. Der eine und der andere fordern die Anerkennung. Die Forderung mündet in den Kampf, der so lange anhält, bis die eine Partei entweder tot ist – oder sich, aus Todesfurcht, unterworfen hat. Mit der Unterwerfung beginnt das asymmetrische Verhältnis von Herr und Knecht. Der (Krieger-)Herr triumphiert, nun anerkannt, über den (Arbeiter-)Knecht. Er hat für etwas »Ideelles« optiert, nämlich für das Prestige der Anerkennung – muß dabei aber sehen, daß es ihm nicht von einem Gleichrangigen, vielmehr von einem Untergebenen ermöglicht wird. Kojève spricht von einer »existentiellen

Sackgasse«: keine wahre Befriedigung resultiert aus dem Positionsgefälle.

Auf der anderen Seite steht nun der Knecht. Todesfurcht hat ihn bewogen, sich der Herrschaft zu beugen, die ihm den Zwang der Arbeit auflädt. Doch die Arbeit ist seine heimliche Macht. Vermittels der Arbeit verändert – »negiert« – er das Seiende und setzt so den Fortschritt in Gang. »Wo es Arbeit gibt, gibt es ... notwendigerweise Veränderung, Fortschritt, geschichtliche Entwicklung.«[39] Der verändernde Eingriff in die Natur schafft erst die menschliche Zeit, die als Zeit der Geschichte zu begreifen ist.

Wie aber versöhnt sich der Knecht mit seinem wenig befriedigenden Schicksal? Er bildet zuerst eine Reihe von Ideologien, die ihm das Dasein erklärend erleichtern sollen. Anfangs pflegt er den Stoizismus. Dann erhebt er sich *denkend* über die Realverhältnisse, indem er sich der Skepsis und dem Nihilismus zuwendet. Mit dem Christentum erscheint eine Religion, die den Riß zwischen der Last des Diesseits und dem Jenseits über das bloß Gedachte hinaus substantiell festschreibt: der Knecht findet Gott und befreit sich – spirituell – von seinem wirklichen Herrn. Auch kompensiert die christliche Lehre das Anstößige des absoluten Todes mit der Verheißung des ewigen Lebens. – Unbefriedigend bleibt die christlich-mittelalterliche Welt gleichwohl, für den Herrn wie für den Knecht. Denn in ihr ist der Herr noch stets einem höheren Herrn, einem König, einem Kaiser, zu Diensten; und der Knecht wird immer wieder seiner realen Abhängigkeiten gewahr. Immerhin liegt der Doktrin von der Gleichheit aller Menschen vor Gott eine gewaltige Sprengkraft zugrunde. Sie braucht lediglich auf die irdischen Verhältnisse appliziert zu werden, damit – zunächst der Idee nach – der Herrschaftsdualismus zu vibrieren beginnt. – Kojève deutet Hegel atheistisch: der Mensch selbst muß, in einer Art von Inversion der christlichen Offenbarung, den Status Gottes erlangen und das Reich der Gleichheit auf Erden verwirklichen.

Das ist die geschichtlich letzte Mission des Knechts. Nachdem er über Jahrtausende seine Existenz der weltverändernden Arbeit gewidmet hat und in der historischen Begegnung mit den Produkten dieser Arbeit zum fortschreitenden Bewußtsein der Freiheit gekommen ist, strebt er schließlich danach, deren Symmetrie herzustellen. Mit der Französischen Revolution erreicht das Streben den Höhepunkt, im Pulverdampf der Schlacht von Jena triumphiert es definitiv über das Ancien Régime und, symbolhaft, über alle Formen politischer und gesellschaftlicher Rückständigkeit. Seither ist es möglich, das Ende der Geschichte zu denken. »Die in der Phänomenologie des Geistes beschriebenen Etappen der Dialektik sind nichts anderes als eine Reihenfolge von ›Bekehrungen‹, die der Mensch im Laufe der Geschichte vollzieht und die der Weise beschreibt, der am Ende der Geschichte lebt und sich selbst gleichfalls zu der (im Napoleonischen Imperium verkörperten) absoluten Wahrheit ›bekehrt‹.«[40]

Dieser Weise ist Hegel. Kojève setzt das Wort »bekehren« in Anführungsstriche. Es bedarf im Grunde genommen der Bekehrung gar nicht, weil der Verfasser der »Phänomenologie« nur beschreibt, was ohnehin der Fall ist. »Sein Denken reflektiert einfach das Wirkliche.«[41] Das Zweideutige des Satzes verschwindet angesichts von Kojèves Geschichtslakonik, die das Wirkliche der Welt, die Hegel schon beobachten konnte, mit ihrem virtuellen Ende konvergieren läßt. Hat der Knecht die Anerkennung gefunden, ist der Kampf überflüssig.

Die gesamte exegetische Anstrengung des Interpreten zielt darauf, Hegels Philosophie als eine geschichtlich sich erfüllende Anthropologie auszuweisen. »Allgemein gesagt, ist die Hegelsche Anthropologie eine säkularisierte christliche Theologie.«[42] Das Säkularisat besteht darin, daß sich der Mensch – im Gang seiner Selbstvergewisserung – mit dem Tod abgefunden hat. Der Tod negiert das individuelle Leben, und mit ihm die persönliche Freiheit. Aber die Tat transzendiert den Tod, weil sie, über ein einzelnes Schicksal hinaus, geschichtsbildend wirkt.[43] Wenn der Mensch dies begriffen hat, gibt es für ihn nurmehr die innerweltliche Eschatologie. Ihre Stunde hat geschlagen, wo die Synthese zwischen der kriegerischen Existenz des Herrn und der Arbeiter-Existenz des Knechts als historisch notwendiges Produkt erreicht ist.

Zu den menschlichen Grundbestimmungen gehört, daß Anerkennung geschehe. Das Bedürfnis nach dem vom anderen positiv quittierten Selbstwertgefühl, funktionslos in Ansehung einer aufs Biologische reduzierten »Natur«, setzt so etwas wie Geschichte erst in Bewegung. Sie ist das Medium des Prestigekampfs auf Leben und Tod, vor allem aber der Schauplatz für die Unterwerfung des Knechts, der das Leben vorgezogen hat und nun mit der Leistung der Arbeit büßt. Fortan kann die Geschichte wesentlich mit der Arbeit identifiziert werden, die ihrerseits die Bedingungen für die historisch sich anbahnende Befreiung des Knechts hervorbringt. »Durch die Arbeit wird der Mensch ... ein übernatürliches wirkliches und seiner Wirklichkeit bewußtes Wesen. Arbeitend ist er ›inkarnierter‹ Geist, geschichtliche ›Welt‹, ›objektive‹ Geschichte.«[44] Dies bedeutet, im Kern, verweltlichte Theurgie. Im Dienst des Herrn schafft der Knecht sich am Ende auf dessen Stufe empor.

Notwendigerweise muß dabei die *zeitliche* Struktur der Welt manifest werden. Die Arbeit verzeitlicht die gegebene Wirklichkeit, indem sie Vorhandenes »negiert«, schöpferisch umformt und neuen Zwecken entgegentreibt. Der Kampf wie die Arbeit sind »negierende Tätigkeiten«. Daraus läßt sich ersehen, daß die Realität selbst *dialektisch* verfaßt ist. Hegels Methode der Dialektik reflektiert nicht einfach eine Denkbewegung: sie spiegelt, was sie wirklich vorfindet – und ist daher essentiell Beschreibung. So erkennt Kojève in Hegel den Weisen (»le sage«), der »mit allem, was *ist*, völlig und endgültig versöhnt« sei.[45] Ist der Prozeß der Geschichte von den Anfängen des Kampfs über die einzelnen Stufen der Unterwerfung bis zur Selbstbefreiung durchschaut – und man müßte hinzufügen: in seiner Unausweichlichkeit verstanden –, bleibt nur noch die reine Kontemplation. Daran, an dieser jedes ethische Engagement letztlich abweisenden Lakonik als Beglaubigung des Faktischen, sollte sich Kojèves langjähriger Briefpartner Leo Strauss heftig stoßen.[46]

Was aber soll es sein, worin die Anerkennung konkrete Form und (end-)geschichtliche Dauer erhält? Kojève beantwortet die Frage mit dem Hinweis auf Hegels Begeisterung für den inkarnierten Weltgeist der Schlacht von Jena. Mit seinem Sieg trägt *Napoleon* die Prinzipien der Französischen Revolution nach außen und bildet die Grundlagen des modernen, egalitären und homogenen Staats. Das ist die Zauberformel: *l'Etat universel et homogène*, das Produkt großer und langer historischer Auseinandersetzungen, garantiert die politische und soziale Freiheit durch deren Integration ins Gesetzessystem. Ausdrücklich heißt es, Hegel sei als Verfasser der »Phänomenologie« gleichsam das Selbstbewußtsein Napoleons. In den Ereignissen zwischen 1789 und 1806 gipfelt der »Endkampf« um die Anerkennung. »Im und durch den Endkampf, in welchem der zum Arbeiter gewordene ehemalige Knecht als Kämpfer um des bloßen Ruhmes willen handelt, erschafft sich der freie Bürger des allgemeinen und homogenen Staates, der zugleich Herr und Knecht und damit keines von beiden mehr, sondern der ›synthetische‹ oder ›totale‹ einzige Mensch ist ...«[47]

So verwirklicht der allgemeine und homogene Staat ohne Rest das Bedürfnis nach Anerkennung. In ihm sind alle »Besonderheiten« – von Rasse, Klasse, usw. – aufgehoben, er nimmt den Einzelnen unmittelbar als Einzelnen (und als Staatsbürger) wahr. »Und diese Anerkennung ist wahrhaft allgemein, denn per definitionem umfaßt der Staat das ganze Menschengeschlecht (sogar seine Vergangenheit – durch die totale geschichtliche Überlieferung, die dieser Staat in der Gegenwart fortführt – und seine Zukunft –, da ja die Zukunft sich von nun an nicht mehr von der Gegenwart unterscheidet, in der der Mensch schon völlig befriedigt ist).«[48]

Am Ende der Geschichte sind alle Begierden gestillt. Durch die letzten historisch bedeutungsvollen Kriege arbeitet sich der Mensch dem Zustand entgegen, der die Antagonismen von einst einebnet und die Asymmetrien tilgt. Als Synthese – nämlich als Aufhebung und als Integration zugleich – verschränkt der Staat das Einzelne und das Allgemeine. Jetzt hat die geschichtliche Anthropologie ihr Ziel gefunden, vollzogen ist deren entelechetisches Prinzip, es erscheint »der integrale, heile Mensch, der Bürger des universellen und homogenen, von Napoleon geschaffenen Staates«.[49] – Das ist es, was als tiefste Wahrheit die »Phänomenologie des Geistes« entfaltet, in der doppelten Beschreibung ihres Wegs: des »logischen«, philosophischen Wegs, den das Selbstbewußtsein durchläuft; und des historischen, in der Geschichte gehenden Wegs, auf dem es sich fortschreitend konkretisiert.

Wiewohl Kojève in der »Introduction« die Wissenschaft von der Geist-Erscheinung fast ausschließlich als historischen – also als geschichtsphilosophischen – Prozeß evoziert, kann er auf ihre »immanente«, esoterische Fassung nicht zur Gänze verzichten. Der Grund ist leicht einsehbar. Kein realer Staat zu Hegels Zeit, weder Frankreich noch Preußen, und zumal nach 1815, kann dem Bild des *Etat universel et homogène* entsprechen. Dieser tritt vielmehr erst virtuell, dem Prinzip nach, seit der Schlacht von Jena in Erscheinung. Und erst dem Prinzip nach umgreift er die Welt als Staat des »ganzen Menschengeschlechts«. Noch ist ein Hiatus, ein faktischer Widerstand, zwischen der Idee und ihrer völlig erfüllten Realisation. Die Dilatanz mag, philosophisch beurteilt, unerheblich sein, da das Problem der Anerkennung auf der gedanklichen Ebene gelöst scheint. Doch fügt sie der Geschichte nochmals die Dimension der Erwartung hinzu, jenes eschatologische Moment der Frist, die jetzt zum Spielraum einer emphatisch aufs Diesseits bezogenen Praxis wird.

Nur von der Frist her wird das Pathos akzeptabel, das der Hegel-Kommentator hundert Jahre nach dem Tod des Meisters aus der Lektüre der »Phänomenologie« zu schlagen versucht. Sie ist im Grunde identisch mit dem Chiliasmus, den schon der junge Karl Marx ansetzte, als er Hegels Idealismus revolutionieren sollte. Doch will sie Kojève, bei aller Nähe zum Marxismus, nicht als Folgelast des Systemdenkens ausweisen, nicht als etwas Unerledigtes betrachten, dem Hegel – zum Beispiel in der Rolle des konservativen preußischen Staatsphilosophen – absichtsvoll ausgewichen wäre. Alle entscheidenden Antworten hat Hegel bereits geliefert, und an der Diagnose der durch Napoleon geschaffenen Wirklichkeit muß nichts geändert werden – mit der einzigen Ausnahme der Zeitspanne, welcher die absolute Vollstreckung des Endes bedarf.

Den Hörern des Pariser Seminars kam es darauf freilich gerade an. Sie hatten sich nicht versammelt, über die immanente Schlüssigkeit der »Phänomenologie des Geistes« belehrt zu werden, zumal deren Interpret vor geschichtlichen Exkursen kaum zurückschreckte. Kojève handelte insgeheim ebensosehr von der Gegenwart der Historie wie von den philosophischen Verkettungen, und ersteres war es, was die Faszination seiner Schüler hervorrief. Wenn einer antrat, das Thema des politischen Messianismus zu verhandeln – *auch* im versteckten Dialog mit »Vorläufern« wie Solowjew und Berdjajew –, so mußte er sich zur Zeit äußern. Wo war ein Staat zu finden, der dem offiziellen ideologischen Programm nach die Universalisierung nach außen und die Homogenisierung nach innen betrieb? Dafür kam für Kojève nur die Sowjetunion in Betracht: von Lenin durch die Oktoberrevolution als marxistische Realutopie errichtet, von Stalin weitergetrieben zur Diktatur des Proletariats mit dem Anspruch der Weltbeherrschung.

War Alexandre Kojève also damals, in den Jahren des *Séminaire*, Stalinist? Er war es in der Tat – wobei ihn primär theoretische Überlegungen leiteten. Schon in der »Introduction« heißt es, allerdings unter der verschleiernden Perspektive auf die römische Geschichte, daß der Bourgeois nicht für den Staat arbeite, sondern für das Eigentum und das Kapital. Die Linie in die Neuzeit, in die Ära von Hegel, fehlt. Doch bisher unveröffentlichte Notizen zur »Introduction«, datiert von 1936, ziehen sie weiter, mit einer schneidenden Glosse. »›Phénoménologie de l'Esprit‹ *ou* le bourgeois révélé à lui-même (la *vérité* du bourgeois)!«[50] Die »Phänomenologie des Geistes« enthüllt sich als die Selbstbetrachtung des Bürgers. Noch ist er nicht Citoyen, noch fehlt ihm das Bewußtsein des universalen und homogenen Staats. Darauf basiert die historische Verzögerung. Noch steht der Übersprung in die universale Befriedung »des« Menschen aus, denn das bürgerliche politische Leben verharrt im Partikularen. Folglich muß das von der »Phänomenologie« präparierte Erkenntnispensum erweitert werden. Ausdrücklich – und wohl mit einer Spur Ironie – bezieht Kojève diese »philosophische« Aufgabe auf sich selbst, und wie Hegel mit der Tat von Napoleon konform ging, so geht nun sein Kommentator mit Stalin konform:

der Brückenschlag führt von »Napoléon/Philosophie hégélienne« zu »Staline/moi«.[51]

Das überrascht nicht von den theoretischen Prämissen des »Endes der Geschichte« her, denn es kann nur Geltung sinnvoll haben, wenn es sich *weltweit* verwirklicht: wenn der *Etat universel et homogène* zum Weltstaat geworden ist. Vielmehr irritiert, daß Kojève seine letzte Wahrheit weder im Seminar publik machte, noch sie in der Buchform der »Introduction« verbreitete. Es gibt einen Brief vom 7. Oktober 1948 an den Schüler Tran Duc Thao, der darauf, freilich ausweichend, antwortet. Der Kurs sei wesentlich eine Propaganda-Aktion (»une oeuvre de propagande«) gewesen, der die Gemüter erregen sollte; deshalb habe er auch die Dialektik von Herr und Knecht über Gebühr forciert.[52] Propaganda wozu? Im Grunde ging es darum, die eschatologische Pointe an unverfänglichem Ort auszuweisen – am Werk einer Autorität, welche die *integrale* Kraft des Gedankens verwaltete, bevor dieser in den Strudel der Politisierungen von links bis rechts, dann in die polemische Absorption durch Marx geriet. Hegels Weisheit antizipierte alles. Aber sie mußte sich zugleich mit den Realitäten ihres Säkulums einlassen, die erst hundert Jahre danach, in der konsequenten Verlängerung der Französischen Revolution in die Oktoberrevolution, den Zustand des Endes gewannen. Dessen Regisseur wurde Josef Stalin. Noch in einem Interview aus dem Todesjahr 1968 brachte es Kojève, wiederum nicht ohne ironische Untertöne, auf den Punkt. »Simplement, Hegel s'était trompé de cent cinquante ans. La fin de l'Histoire, ce n'était pas Napoléon, c'était Staline ...«[53] Die Ironie verstärkt sich, wenn man weiß, daß er zu der Zeit schon längst von dieser Idee abgerückt war. Gleichwohl bleibt sie der Stachel im Gewebe der Hegel-Interpretation: auch durch die Rücksichtslosigkeit, mit welcher der Weltgeist der Schreckensphysiognomie des sowjetischen Diktators angenähert ist. Der Schritt der »Vernunft« in der Geschichte lenkt dem Abgrund der »total« gleichgerichteten Wirklichkeit entgegen.

Denn was ist der universale und homogene Staat? Er kann nichts anderes sein als die sozialistische Vereinigung der Menschheit. Er ist universal, weil er alle Nationalismen überwindet und neutralisiert; weil es in ihm keine Kriege und Revolutionen mehr gibt; weil er das Politische ausgeschaltet hat. Er ist homogen, weil er die individuellen Ungleichheiten einebnet; weil er durch Arbeit und Technik ein Dasein gestattet, das jedermann die absolute Befriedigung der Bedürfnisse verschafft; und weil er die Glaubensstreitigkeiten *ad acta* bringt. – Dostojewski hatte ebendiese Vision mit dem Erschrecken des christlichen Gläubigen vor der Zukunft vorausgeahnt – eine Welt der restlosen Säkularisation. Kojève bejaht sie mit Dostojewski gegen Dostojewski, und damit sie sich in der Wirklichkeit vollende, ist ihm jedes Mittel recht.

Keine Geschichtsphilosophie kann der Indizes entraten, die im Hier und Jetzt dem »Ende« die Spur legen. Auch ist denkbar, daß Kojève im Jahr 1936, während die ideologische Großkonfrontation zwischen dem Nationalsozialismus (den er als anachronistische Erscheinung klassifizierte) und dem Sowjetkommunismus den Höhepunkt erreichte, deshalb für die »Avantgarde« Stalins optierte. Es gelangte dennoch nie zur öffentlich verantworteten Deutlichkeit, blieb vielmehr verschlossen in der *esoterisch* geschützten Kameralistik des Interpreten.

Und Hegels Interpret wollte er denn doch sein. Für eine Rezension von Henri Niels Buch »De la Médiation dans la philosophie de Hegel« (Paris, 1945), erschienen im August/September-Heft von »Critique«, also *vor* der eigenen Publikation der »Introduction«, stellte Kojève ohne Zögern heraus, daß mit der »Phänomenologie des Geistes« die definitive Versöhnung aller früheren historischen Antagonismen erkannt sei. »Nach dieser ›Versöhnung‹ ist das Hegelsche Ich dem Napoleonischen Ich nicht mehr wirklich ›entgegengesetzt‹. Einmal, weil im homogenen Weltstaat der Staatsbürger Hegel und der Kaiser Napoleon aufhören, Deutscher und Franzose zu sein, um schlechthin Menschen zu werden. Zum anderen, weil die Philosophie *Hegels* ein Bewußtwerden *Napoleons* ist. Indem Hegel Napoleon als die Vollendung der Geschichte begreift, begreift er den *Menschen* als solchen und damit den Menschen, der er selbst ist: das Bewußtsein fällt so mit dem Selbstbewußtsein zusammen.«[54] Und mit Blick auf Hegels Deutung der christlichen Fleischwerdung: »Der daseiende Christus, der sich den Menschen tatsächlich offenbarende Gott, der wahrhaft Fleisch gewordene Logos, das ist die Diade Napoleon-Hegel, das ist der Mensch, der durch einen blutigen Kampf die geschichtliche Entwicklung vollendet, gekoppelt mit dem Menschen, der durch seine Rede den Sinn dieser Entwicklung offenbart.«[55]

Solches kann nicht mehr überboten werden, weder im anthropologischen Sinn noch historisch. Es ist die endgültige Metamorphose der göttlichen Offenbarung zur Diesseitigkeit des sterblichen Gottes. Noch Wladimir Solowjew hatte in Abrede gestellt, daß ein »geistiger Fortschritt« *post Christum natum* möglich sei, da mit dessen Erscheinen die Vollendung im Spirituellen erreicht war.[56] Kojève verweltlicht diese Vollendung, indem er sie dem Menschen zumutet, und es soll Hegel gewesen sein, der den Prozeß als erster nicht nur erkennen, sondern auch *er-leben* konnte.

Stalin bliebe nur die Funktion eines Beschleunigers, die Aufgabe, ins Totale fortzusetzen, was Napoleon begonnen hat. Ist er aber von der persönlichen Physiognomie wie von der realen Machtfülle her der Promotor, den endgeschichtlichen Auftrag zu erfüllen? Scharfsinnig bemerkt Raymond Aron in seinen Memoiren, daß ein Widerspruch herrschte zwischen Kojèves stalinistischem Bekenntnis der dreißiger Jahre und seiner Lehre vom Ende der Geschichte. Kojève habe unter Freunden nie geleugnet, wie vulgär, brutal und kulturlos das Moskauer Regime operierte. Folglich sei er im Ernst kaum der Meinung gewesen, Stalin könne jenen Weltstaat der universalen gegenseitigen Anerkennung herbeizwingen. »Restait-il en lui un patriotisme russe caché et rationalisé? Je n'en doute pas.«[57] Sollte es nur versteckter Patriotismus des Exilrussen gewesen sein, der, »rationalisiert«, zu Stalin drängte?

Das wäre freilich zu einfach. Auch der Hinweis des Freundes und langjährigen Arbeitskollegen im französischen Wirtschaftsministerium, Oliver Wormser, Kojève sei ihm als »fort réactionnaire« erschienen, erklärt wenig für die theoretische Ebene. Man muß die Frage vor dem Hintergrund des Wechselverhältnisses zwischen Geschichtsphilosophie und Praxis sehen. Was erstere in ihrem Kern betrifft, so hat Hegel alles Wesentliche erschlossen. Nun gilt es, dies auf die moderne Welt zu applizieren; näherhin zu *beschreiben.* Aber dem Pathos der Beschreibung — das Kojève als zwangloses Produkt der Unumstößlichkeit von Hegels Wahrheit gewinnt – eignet per se der Bezug zu den Realitäten. Im Wirklichen (nur tendenziell auch im Möglichen) muß die Wahrheit ausgewiesen werden. Keine andere Wirklichkeit indessen scheint dem Interpreten der »Phänomenologie des Geistes« deren Einsicht schlüssiger zu bestätigen wie die von Lenin und Stalin erreichte.

Sogleich jedoch wäre hinzuzufügen: zur Zeit der dreißiger Jahre. Schon kurz nach dem Zweiten Weltkrieg beurteilte Kojève die Lage anders. Der Weltgeist hatte sich nicht in Moskau niedergelassen, und Amerika war bereits die führende Wirtschaftsmacht des Globus. Deshalb – unter dem Druck der realen Veränderungen – blieb nur der Kurswechsel in Sachen Applikation: er brachte über verschiedene Stufen und Übergänge schließlich überraschende Perspektiven. – Es ist der späte Kojève, aus dem Francis Fukuyama seine Version vom Ende der Geschichte extrapoliert. Das mag, bis zu einem gewissen Grad, Berechtigung haben. Doch ist auch festzuhalten, daß der russische Hegel-Kommentator niemals so weit vorausdachte, den *Etat universel et homogène* mit einer liberalen Weltunion zu identifizieren. Am »sozialistischen« Prinzip änderte sich nichts.

*

Hegels Diktum, daß Philosophie ihre Zeit, in Gedanken gefaßt, sei, trifft auch die Wahrheit der *Geschichts*philosophie. Aber wer nach dem *Sinn* der Geschichte forscht, ist nicht primär an den Temporalstrukturen der Historie interessiert. Diese sind bloß die Mittel – oder die »Vermittlungen« –, aus welchen sich der Zweck hervorbildet: der Endzustand, der durch alles Vorherige erwirkt wird.[58] So fallen zwar die Bedingungen der Möglichkeit des Endes (des »Sinns«) in die Zeit, doch das Ende selbst ist ihr enthoben. Oder um es zugespitzt zu fomulieren, nicht der Geschichte gilt die Frage nach dem Sinn, sondern dem, was durch sie geschaffen wird.

Kojève treibt solches ins Extrem, und weniger Hegel als vielmehr Karl Marx bietet dafür die theoretische Vorgabe. Wie Marx die chiliastische Erwartung im Paradiesgemälde des erlösten Proletariers zusammenzieht – »morgens jagen, mittags fischen, abends Viehzucht treiben, nach dem Essen kritisieren«, klingt es in der »Deutschen Ideologie«[59] –, prophezeit auch Kojève *la fin de l'histoire* als das Jenseits der geschichtlichen Zeit. Den quantitativen Akkumulationen des Vorlaufs folgt der qualitative Umschlag in die *posthistoire*.

Aber in Hegels Philosophie findet sich diese Verdichtung des Eschatologischen nirgends, weder in der »Phänomenologie des Geistes« noch in der »Rechtsphilosophie« oder in den späten Vorlesungen über die Philosophie der Weltgeschichte. Zwar ist es tatsächlich ein eschatologischer Horizont, vor welchem das Pensum der »Phänomenologie« abgewickelt wird, und der erfüllte Zweck ordnet alles, was ist, vom Anfang her zu sich hin. Doch soll die Bewegung des Begriffs – als Selbstbewußtsein, als Vernunft und schließlich als Geist – bis an den Punkt zur Darstellung gelangen, wo das »erscheinende Wissen« mit dem absoluten Wissen zusammenfällt: um den *Erkenntnis*prozeß geht es. Daß er zugleich dem Weg einer Bildungs*geschichte* entspricht, erweist die historische Dimension. Vorrang hat gleichwohl die strukturelle Entfaltung. Themen wie die Begierde, der Kampf um Anerkennung oder das Verhältnis von Herrschaft und Knechtschaft müssen deshalb primär mit dem Blick auf die prozessuale Logik gesehen sein, welche die Wahrheit des Geistes zum Ziel hat.

So will die »Phänomenologie« lehren, wie sich am Ende das Selbstbewußtsein als Geist begreifen kann, und in eins damit wird die geschichtliche Wirklichkeit beschrieben, welche dieser letzten Stufe gleichsam angemessen ist. Sie erreicht den Zustand der »Sittlichkeit«, in dem das Ich als *allgemeines* sich versteht und die Antagonismen aufgehoben sind. Hegel hat das in der »Rechtsphilosophie« und, bis zu seinem Tod, in den Vorlesungen über die Philosophie der Geschichte erläutert. Zuvor aber – und hier verschränkt sich die Struktur-

»Geschichte« ebenso mit der Realgeschichte – herrscht das »unglückliche Bewußtsein«. Es negiert das andere, indem es auf Vergegenständlichung drängt; das Ziel der Begierde beruht auf der Aufhebung des anderen Wesens – wobei freilich zum Problem wird, daß dadurch die Anerkennung verhindert wird oder mindestens unbefriedigend verläuft: denn Anerkennung von Seiten des unterdrückten Knechts kann nicht wirkliche Anerkennung sein.

Dadurch entsteht das »Unglück« im Bewußtsein. Der Knecht erhält die Gestalt der Dingheit. Anderseits bleibt zu beachten, daß Hegel den Akt der Negation – vermittels dessen ein Mangel behoben werden soll – als menschliches Konstituens betrachtet. Das seiner selbst gewisse Ich will sich die Gegenstände aneignen, wozu es deren Verformung erwirkt; doch sucht es dabei nicht den Besitz, sondern sich selbst. Selbstvergewisserung ist also die eigentliche Triebkraft, und sie geschieht in der Weise, daß sie über ein anderes vermittelt wird. Mit der negierenden *Tat* kehrt das Ich zu sich selbst zurück. Der wahre Konflikt bildet sich indessen erst heraus, wo die Sphäre der natürlichen Welt überschritten wird und – immer *via negationis* – die Anerkennung des Menschen durch den Menschen das Ziel ist. Jetzt steht das eine Selbstbewußtsein dem anderen gegenüber, bis zum Kampf auf Leben und Tod. Das Ende bringt entweder die Auslöschung oder die Knechtschaft.[60] Gegen Kojèves vorzüglich historisierende Interpretation dieses Vorgangs muß hervorgehoben werden, daß er in der »Phänomenologie« – weniger rigoros dann in der »Enzyklopädie«[61] – primär als Strukturmoment der Gesamtbewegung des Geistes erforscht wird. Gleichwohl soll das Verhältnis von Herr und Knecht zugleich zum Verstehen der geschichtlichen Wirklichkeit herangezogen werden. Der Knecht gewinnt, im Dienst der Unterwerfung, die Funktion des Arbeiters. Nun kann er nicht mehr negierend über die Dinge verfügen, muß sie vielmehr zum Genuß des Herrn bearbeiten. Deshalb bezeichnet Hegel die Arbeit als »gehemmte Begierde«. Doch weiter: durch Arbeit, Furcht, Gehorsam und Dienst trägt der Knecht nicht nur zur Bildung der historischen Welt bei; er erhält allmählich auch das Bewußtsein des Fürsichseins – während der Herr zunehmend unselbständiger wird, da er in der Abhängigkeit der fremden Leistung lebt. Das ist der Sinn des Satzes: »Die *Wahrheit* des selbständigen Bewußtseins ist demnach das *knechtische* Bewußtsein.«[62]

Die Entwicklung hin zur Symmetrie gegenseitiger Anerkennung stellt Hegel wiederum in der Doppelung von strukturellem Prozeß und historischer Konkretion dar. Das Ziel der »begriffenen« Geschichte ergibt sich aus der Einsicht, daß alle welt- und gedankengeschichtlichen Ausfaltungen der »Phänomenologie« *versachlichte* Bewußtseinsgestalten sind. So geht die Linie vom Stoizismus über den Skeptizismus zur Wahrheit des Christentums. Für den Stoizismus gilt, daß sich der Knecht nur denkend, nicht handelnd vom Herrn distanziert. Im Skeptizismus erreicht der Knecht die Macht, alles Vorhandene in seiner Zufälligkeit zu sehen; er setzt die Wirklichkeit der Vergleichgültigung aus und konstruiert sich mit der Fiktion eines absoluten Wandels den eigenen Ruhepunkt als Identität. Dennoch findet er dabei statt der erstrebten Seelenruhe bloß »Schwindel« und »Verwirrung«.

Erst mit dem religiösen Bewußtsein beginnt der Ausweg aus der »unglücklichen« Vereinzelung, indem in der Vorstellung Gottes das Unwandelbare faßlich wird. Wenn trotzdem die Spur der Entzweiung noch dominiert, so liegt dies daran, daß die himmlische und die irdische Welt unvermittelt sind. Den Durst der Seele nach Gott befriedigt schließlich das Christentum. Mit Christus *erscheint* das Ewige in der Gestalt des Einzelnen auf Erden, und mit der christlichen Kirche etabliert sich die Instanz der Vermittlung zwischen Diesseits und Jenseits. Die Mediation ist jedoch gefährdet, wo – wie Hegel schreibt – »die Gegenwart Christi nicht wesentlich in die Vorstellung und den Geist gesetzt wird«.[63] Der Vorwurf bezieht sich auf den liturgischen Kultus der katholischen Kirche, näherhin auf die sinnliche Verdinglichung in der Hostie; weiter auf das Reliquienwesen und, geschichtlich ausgreifend, auf die Kreuzzüge. In allen diesen Konkretionen kommt die göttliche Idee schief zum Ausdruck, und es bleibt der Reformation vorbehalten, die Korrektur ins Geistige hinein vorzunehmen. Erst die von den Fetischzwängen gelöste *Freiheit* des Christenmenschen ist auch Bildung des

Selbstbewußtseins zur Vernunft. Der nachreformatorischen Geschichtszeit ist aufgegeben, sie zu objektivieren, im Recht, in der Sittlichkeit, in den Eigentumsverhältnissen und in der Staatsverfassung. Dann ist die »Form der Allgemeinheit« erreicht.

Es kann hier nicht darum gehen, die Denkbewegungen der »Phänomenologie« als Prozesse des erscheinenden Wissens im einzelnen zu zerlegen. Schon den frühen Kommentatoren fiel freilich auf, wie deutlich diese Prozesse in die Parallele der christlichen Offenbarungswahrheit gebracht sind. Ludwig Feuerbach statuierte, Hegels Philosophie sei die Wiederherstellung des untergegangenen Christentums durch das System.[64] So weit muß man nicht folgen, um gleichwohl zu erkennen, daß Kojèves überscharf atheistische Lesart ihrer Vorlage nicht hermeneutisch gerecht wird. Sie knüpft viel eher bei Marx an. Schon Marx wollte überspielen, daß die Dialektik der Entzweiungen und der Kampf um Anerkennung aus der Bewegung des Begriffs – also aus der Strukturgeschichte des zu sich selbst gelangenden Geistes – hervortreten. Ihm erschien die Zerissenheit als Produkt der bürgerlichen Gesellschaft. Daraus präparierte er die allein »praktisch« zu leistende Aufhebung durch das Proletariat, und deshalb konnte sie auch Züge einer aufs Diesseits bezogenen, *endgeschichtlichen* Eschatologie annehmen.

Bei Hegel findet sich ein solches Ende nicht. Es findet sich auch nirgends die Marxsche Forderung, daß der Mensch aus dem Rahmen eines Prädikats Gottes sich befreien und die Geschichte selbst übernehmen solle.[65] Und es findet sich schließlich nirgends die Substitution des christlichen Erlösers, wie sie Kojève appliziert: daß der Weise (»le sage«) durch das Wissen (»le savoir«) die – von Napoleon inkarnierte – Wirklichkeit enthülle und deshalb der Fleisch gewordene Gott sei, von welchem die Christen träumten (»il est donc, si l'on veut, ce Dieu incarné dont rêvaient les Chrétiens«).[66] Ein einziges Mal formuliert Hegel, mit dem Blick auf die Historie, einen »End«satz, und zwar in den Vorlesungen über die Philosophie der Weltgeschichte, in dem Kapitel »Die Einteilung der Weltgeschichte«; wobei selbst das dem philologischen Zweifel unterliegt, da der betreffende Passus aus den von Lasson kompilierten Nachschriften stammt. »Die Weltgeschichte geht von Osten nach Westen; denn Europa ist schlechthin das Ende der Weltgeschichte, Asien der Anfang.«[67]

Daraus läßt sich noch wenig Chiliastisches schlagen. Doch ist von Nutzen, die »Vorlesungen« im Gesamt auf ihr geschichtsphilosophisches Wasserzeichen zu befragen, da sie einerseits Hegels biographisch letzte Position angeben, anderseits exoterisch an ein breiteres Publikum adressiert sind. Auch hier bleiben die Unwägbarkeiten für die von Lasson bearbeiteten Partien.

Hegel erkennt am Menschen einen »Trieb der Perfektibilität«. Allerdings wäre es unbefriedigend, ihn sich nur naturhaft als ewiges Streben ohne Ziel und Zweck vorzustellen. Zum »Gedankenlosen« gehört, was im Fortschreiten lediglich Quantität ist. »Das Ziel muß gewußt werden, das erreicht werden soll.« So wird den Vorgängen der Natur die Entwicklung des Geistes entgegengesetzt, wo jede Veränderung zugleich Fortschritt ist, sowohl nach der Seite der Erkenntnis als auch nach der Seite der Historie. Die berühmte, authentische Formel dafür lautet: »Die Weltgeschichte stellt nun den *Stufengang* der Entwicklung des Prinzips dar, dessen Gehalt das Bewußtsein der Freiheit ist.«[68]

Es entspricht dem Charakter der Vorlesungen, daß sie die in der »Phänomenologie« dargelegte Strukturbewegung des Geistes bis zum absoluten Wissen nicht mehr explizit machen, sondern nur einspiegeln – das Hauptthema sind die geschichtlichen »Stufen«. Deren drei benennt Hegel. Die erste kennzeichnet die Welt des alten Orients, als nur einer frei war, der Despot. Die zweite betrifft die griechisch-römische Welt, als einige frei wurden. Erst die dritte erreicht die Ebene der Allgemeinheit: der Mensch als Mensch ist frei. Dieser historische Raum beginnt mit dem Christentum und dessen Freiheits*vorstellung* und führt bis in die neueste Welt, da aus der Vorstellung schließlich geschichtliche Wirklichkeit wird. – Philosophisch gilt, »daß die Vernunft die Welt beherrscht«; in der Weltgeschichte »erweist sie sich nur«.[69] Doch eben dieser Realisierung denkt Hegel nach, weniger ihrem Beginn, der (wie es gegen Friedrich Schlegels Paradiesesmystifikationen gewendet ist) »im Dämmerlichte der hypothetisierenden Reflexion« versinkt, als der Durchführung in concreto. Der Anfang entsteht jedenfalls »aus menschlicher Dumpfheit«.

Nicht von den personalen Taten, von den individuellen Leistungen soll der geschichtsphilosophisch redigierte Bericht handeln, sondern vom Gang des Geistes, von seinem »an und für sich seienden Endzweck«. Hegel sieht den absoluten Geist stufenweise inkarniert in der »Bestimmtheit des Geistes eines Volkes«. Während für die frühe Historie – etwa der Inder – festgestellt wird, daß dort das »Wüten ohne einen Endzweck des Fortschreitens und der Entwicklung« herrschte, formiert sich bei den Griechen und Römern, vor allem dann im christianisierten Europa ein Volksgeist, der mit der Idee des Staates konform geht. Erst der Staat, als politisch verfaßtes Gemeinwesen, vermag sich den Kontingenzen und Untergängen »naturaler« Lebenswelten entgegenzustemmen. »Erst im Staate mit dem Bewußtsein von Gesetzen sind klare Taten vorhanden ...«[70] Dessen Apologie betreibt Hegel weniger vor dem Hintergrund der Erfahrungen, die ihm der Terror der totalen Subjektivität zur Zeit der Französischen Revolution vermittelte. Wichtiger hierfür ist ihm der Gedanke des verwirklichten Allgemeinen, wie es in der »Sittlichkeit« sich konkretisiert. »Das Volk muß das Allgemeine wissen, worauf die Sittlichkeit des Volkes beruht und wodurch das Partikuläre verschwindet ...«[71] Realisierte Sittlichkeit und Suspension der Partikularinteressen gelingen allein im Staat.

Natürlich bricht da eine Dissonanz auf. Im Metaphysischen ist es die Kluft zwischen Hegel und Kant, näherhin zwischen der *Moralität*, wie sie Kant als Freiheits- und Verantwortungsbewußtsein des Einzelnen festgeschrieben hat, und der Sittlichkeit, welche nach Maßgabe Hegels der Integration der Individuen in eine konkrete Gemeinschaft entspricht. Wer bei der Moralität verharre, ohne deren geschichtliche Verortungen zu beachten, halte sich bei »abstrakten Kategorien« auf und tue »auf bestimmten Inhalt« Verzicht. Das ist Hegels Vorwurf gegen den Lehrer des Kategorischen Imperativs. Und er treibt ihn noch weiter, wenn er – aus der Perspektive des Endzwecks der Geschichte, das heißt auch: der Zweck-Mittel-Relationen, die ihn dialektisch einholen sollen – jenen die Urteilskompetenz gegenüber historischen Taten und Tätern abspricht, deren Kriterium allein die Moral sei. Vom weltlichen Standpunkt aus dürften »gegen welthistorische Taten und deren Vollbringer nicht moralische Kreise Anspruch erheben, denen sie nicht angehören«.[72]

Wer von der Einsicht in den sinnvoll gerichteten Weg der Geschichte zum Bewußtsein der Freiheit überzeugt ist, akzeptiert, mehr noch: bejaht auch die Instrumente, welche für dessen Verwirklichung »nötig« sind. »Durch die Arbeit der Weltgeschichte« soll sie erreicht werden, und schon in der metaphorischen Sättigung des Wortes »Arbeit« klingt an, daß es ohne Qual und Leistung nicht abgeht. Da enthüllt sich, wenn man so will, der »totalitäre«, jedenfalls der totalisierende Kern von Hegels Geschichtskonstruktion. Daß sie gleichwohl mehr und anderes ist, als was ihr spätere Adepten von Feuerbach über Marx bis zu Kojève aus ihr ziehen werden, belegt vielleicht am deutlichsten Hegels Verhältnis zur Französischen Revolution.

Hegel hat dem Prinzip der Revolution die Anerkennung bis in die letzten Lebensjahre erhalten. Was sich zwischen den Jenenser Jugendschriften, der »Phänomenologie des Geistes« und den Vorlesungen zur Philosophie der Weltgeschichte modifiziert, betrifft die Einschätzung ihrer Folgen: daß es Napoleon am Ende nicht gelang, die neuerliche Politisierung der Gesellschaft und die Formalisierung »der Atome, der Einzelwillen« durch den Liberalismus zu verhindern.[73] – Die Revolution also war notwendig: das Werk der Vernunft, die letzte geschichtliche Stufe zur Erlangung der allgemeinen Freiheit. Sie brach mit dem Ancien Régime und seinen Partikularismen und leitete eine neue – nach Hegels Ansicht: die letzte Etappe der Weltgeschichte ein.

Sie führte freilich mit der Phase der jakobinischen Schreckensherrschaft das Element des Terrors, genauer des Gesinnungsterrors, ein. Im Namen der allgemeinen, universellen Freiheit erhob sich eine bestimmte Gruppe, mit moralischen und dann mit handgreiflicheren Mitteln darüber zu befinden, wer den rechten Glauben hatte und wer liquidiert werden mußte. So erschien ein einzelner Wille im Gewand des Gesamtwillens, und die neu errungene Freiheit des Individuums fiel der Politisierung anheim. – Man darf die Partien der »Vorlesungen«, welche diesen Vorgang analysieren, ausführlicher in Erinnerung bringen. »Von Robespierre wurde das Prinzip der Tugend als das Höchste aufgestellt, und man kann sagen, es sei diesem Menschen mit der Tugend Ernst gewesen. Die Tugend ist hier ein einfaches Prinzip und unterscheidet nur solche, die in der Gesinnung sind und solche, die es nicht sind. Die Gesinnung aber kann nur von der Gesinnung erkannt und beurteilt werden. Es herrscht somit der Verdacht; die Tugend aber, sobald sie verdächtigt wird, ist schon verurteilt ... Es herrschen also jetzt die Tugend und der Schrecken; denn diese subjektive Tugend, die bloß von der Gesinnung aus regiert, bringt die fürchterlichste Tyrannei mit sich. Sie übt ihre Macht ohne gerichtliche Formen, und ihre Strafe ist ebenso nur einfach, – der Tod.«[74]

Es bedurfte deshalb Napoleons Militärgewalt, diesen Terror zu brechen, die Ideologen und Prinzipienmänner auszuschalten – und die von der Revolution gestifteten »liberalen Einrichtungen« in ganz Europa zu verbreiten. Hegel betrachtet den General als Vollstrecker jenes universalen Freiheitsprinzips, das fortan jeder Rechts- und Staatsordnung zugrunde liegen muß. Insofern verfährt Kojève in seiner Exegese korrekt. Dennoch fällt es schwer, daraus einen politisch-gesellschaftlichen Endzustand abzuleiten. Es ist vor allem das Verdienst Joachim Ritters, gezeigt zu haben, wie besorgt der Systemdenker *als Empiriker* der Zukunft des bürgerlichen Zeitalters entgegenblickte.[75]

Denn während sich die Stufenfolge zum Freiheitsbewußtsein einerseits zielbezogen entwickelt, gilt doch anderseits, daß die universalisierte, auf den Menschen als Menschen gewendete Freiheit die alten geschichtlichen Substanzen – von Gewohnheit, Tradition, Gemeinschaftssinn – negiert und irrealisiert. Herkunft und Zukunft kommen in ein Spannungsverhältnis. Die Revolution leitet das Ende der bisherigen Geschichte ein. Diese »Zerrissenheit«, temporal faßbar als Diskontinuität, prägt die neue Welt, von den sozialen und kulturellen Erfahrungen bis zum Umgang mit der Religion.

Sie hat die alten Götterhaine zu totem Holz, die Tempel zu »Klötzen und Steinen« gemacht. Sie bestimmt die moderne Industriegesellschaft der industriellen Arbeitsteilung. Und sie fördert so auch die Struktur der materiellen Bedürfnisse.

Hegel weiß, daß der Prozeß der Versachlichungen irreversibel ist und zur Ubiquität drängt. Auch kann er, geschichtlich, charakterisiert werden als ein Vorgang von zunehmender Geschichtslosigkeit, indem er den Einzelnen aus den sittlichen und religiösen Zusammenhängen herauslöst. Umgekehrt aber wird gerade dadurch die Subjektivität als das Recht der Besonderheit freigesetzt. Es obliegt dann dem Staat, zwischen Herkunft und Zukunft zu vermitteln, sowohl die geschichtliche Substanz wie auch die individuelle Freiheit in Rechtsverhältnissen zur Geltung zu bringen. Darauf beruht die philosophische Anstrengung von Hegels »Rechtsphilosophie«: der in der Bewegung des Geistes schon angelegten Bestimmung der Sittlichkeit konkrete Form zu geben. Auch die symmetrisch gewordene, den Kampf zwischen Herr und Knecht schließlich suspendiert habende Anerkennung bietet noch keine Gewähr für eine befriedete Welt. Und wenn das bürgerliche »System der Bedürfnisse« künftig vielleicht – und virtuell – alle materiellen Wünsche erfüllen wird, mag in den Bereichen der »geistigen« Ansprüche noch manches – und um so mehr – als Mangel empfunden werden. Der in der »Phänomenologie« Anno 1807 eröffnete Ausblick in die Zeit, da der Weltgeist zu sich selbst gelangt, erfährt beim späten Geschichtsdeuter eine Verschattung. Daran ändert das große Schlußwort der zu Berlin gehaltenen »Vorlesungen« nichts: daß nur die Einsicht, daß alles, was geschehen sei und alle Tage geschehe, Gottes Werk sei, den Geist mit der Weltgeschichte und der Wirklichkeit versöhnen könne. Fast dürfte man meinen, es spreche aus dem Dunkel des Sollens.

*

Auf solche Zweifel und Unsicherheiten wollte sich Alexandre Kojève nicht einlassen, als er dem Schülerkreis der Pariser Ecole pratique des hautes études die Lehre vom Ende der Geschichte als Konsequenz aus Hegels philosophischer Erkenntnis präsentierte. Was aber an anthropologischer Verformung über den Historizismus hinaus bis zur Sprengwirkung gesteigert wurde, ist bisher noch zu wenig gewürdigt worden.

Es betrifft das Bild vom Menschen, wie es in Erscheinung treten muß, nachdem der universale und homogene Staat alle möglichen Konflikte absorbiert und die totale Gleichheit hergestellt hat. Nun, am Ende der Geschichte, verschwindet der Mensch als Mensch. »La fin de l'Histoire est la *mort* de l'Homme proprement dit.« Der Mensch ist tot; und es bleiben nur noch lebende Körper – von menschlicher Form, doch ohne den Geist: ohne die Zeit oder die schöpferische Kraft. »... des corps vivants ayant forme humaine, mais privés d'Esprit, c'est-à-dire de Temps ou de puissance créatrice.«[76]

Weshalb? Das Skandalon wird provoziert durch die anthropologische Grundannahme, daß das *spezifisch* Menschliche auf der negierenden Tätigkeit des Selbstbewußtseins in der Begegnung mit einem anderen Selbstbewußtsein beruht. Das spezifisch Menschliche ist der Kampf um Anerkennung. Daraus folgen die geschichtlichen Aktionen und Kriege, die ihrerseits – dialektisch – den Fortschritt konstituieren. Doch diese essentiell *verzeitlichte* Anthropologie trägt ihre eigene Auslöschung in sich, wenn der Punkt erreicht ist, da die Anerkennung universal wird. Denn nun gibt es keinen Widerstand mehr, an dem sich das Ich noch und weiterhin zu erzeugen vermöchte. Das Ende der Geschichte als das Ende des Kampfs um Anerkennung bedeutet deshalb zwangsläufig auch das Ende des Menschen.

Über so viel »Dialektik« mag man staunen. Es ist aber von den Prämissen her ganz konsequent. Kojève erörtert die unheimliche Metamorphose in einer Fußnote seiner »Introduction«. Das »Verschwinden« des Menschen sei weder eine kosmische noch eine biologische Katastrophe, schreibt er. Der Mensch existiere ja – als Tier in der Einheit der Natur. Eine Rückkehr in die Naturimmanenz findet statt im Moment, wo die Kriege und die blutigen Revolutionen verschwinden. Und es gibt dann auch keine Philosophie mehr; es bedarf ihrer nicht, wenn keine echten historischen Veränderungen mehr möglich sind. »Mais tout le reste peut se maintenir indéfiniment; l'art, l'amour, le jeu, etc., etc., bref, tout ce qui rend l'Homme *heureux*.«[77] Das übrige bleibe und vermöge sich ins Unendliche fortzusetzen, die Kunst und die Liebe, das Spiel – alles, was den Menschen »glücklich« mache.

Kojève selbst verweist darauf, daß eine ähnliche Entwicklung schon von Marx prophezeit worden sei, und zwar im Zusammenhang der Theorie des Übergangs vom »Reich der Notwendigkeit« in das »Reich der Freiheit«, wie sie das 48. Kapitel des dritten Buchs des »Kapitals« enthalte. Seine eigene Prophetie ist allerdings viel hintergründiger. Soll das nun das durch lange Kämpfe erwirkte Glück gewesen sein, da der Mensch rückfällig wird, um im Schoß einer zweiten Natur dem Genuß der Liebe und des Spiels zu frönen? Soll Geschichte als menschliche Selbstschöpfung lautlos kollabieren in eine post-moderne Welt von Automaten? »... des corps vivants ayant forme humaine«: soll die Freiheit, nachdem sie durch Krieg und Arbeit endlich allgemein geworden ist, die Freiheit des Roboters sein, der im stillen Winkel seiner a priori gedeckten Bedürfnisse lebt?

Und wäre es bloß Ironie – nämlich das ironisierte Säkularparadies, die satirisch zu Ende erzählte Eschatologie aus jüdisch-christlichen Anfängen –, es hätte, nach Auschwitz, den Charakter der Per-version. Aber mehr als Ironie ist beabsichtigt: die mindestens mögliche Deskription einer »Zukunft«, die Zukunft schon deshalb nicht sinnvoll noch sein kann, weil die *Stasis* auch die Zeit (»le Temps«) aufzehrt. Für die philosophische Logik des Prozesses beruft sich Kojève auf Hegel. »Hegel zufolge ist der Mensch nichts anderes als Begierde nach Anerkennung (›Der Mensch *ist* Anerkennen‹, Jenenser Realphilosophie, 2. Band, S. 206, Z. 26), und die Geschichte ist nur der Prozeß der fortschreitenden Befriedigung dieser Begierde, die völlig befriedigt wird in dem und durch den allgemeinen und homogenen Staat (den Hegel im Reich Napoleons sah).«[78] Als politischer Ideologe jedoch zieht er die Vision einer Wirklichkeit heran, die, als Weltimperium, alle und alles verwaltet und jenes Reich der Freiheit inszeniert, das in Wahrheit mit dem materiellen Güterumschlag herrscht.

Ausdrücklich heißt Kojève dieses Reich den »perfekten Staat« (»l'Etat parfait«). Und ebenso entschlossen definiert er den Menschen, der darin lebt, als absolut und definitiv befriedigtes Wesen. Daher denn im universalen und homogenen Staat nichts mehr sich ändere und nichts mehr sich ändern könne. »Il n'y a plus d'Histoire, l'avenir y est un passé qui a déjà été; la vie y est donc purement biologique.«[79]

Damit werden noch die kühnsten Erwartungen von Marx überboten und einer Anthropologie zugeführt, die den Namen im Grunde nicht mehr beanspruchen darf. Als geschichtliche endet auch sie, wo der qualitative Umschlag der Historie in die zeitliche Ewigkeit stattgefunden hat. – Bis heute ist wissenssoziologisch wenig geklärt, welche Reaktionen Kojève bei seinen Zuhörern, dann bei den Lesern der ersten Ausgabe der »Introduction« im Detail provozierte. Wenn etwa Vincent Descombes in seinem Überblick über die Philosophie in Frankreich zwischen 1933 und 1978 davon ausgeht, daß der Hegel-Interpret den Schülern eine »terroristische Auffassung der Geschichte« vermacht habe, trifft das nur zum Teil zu; wird deren hermeneutische Kompetenz dabei nicht unterschätzt? Denn man mag zwar das dialektische Element der *Bewegung* – Kampf um Anerkennung, über viele »Stufen« hinweg – mit dem »unvernünftigen Ursprung des Vernünftigen« in eine Linie bringen. Doch läuft die Entwicklung dieser verweltlichten Theodizee, bei Hegel wie bei Kojève, primär als »objektiver« Prozeß, und weder der Meister noch sein Exeget rufen zur politischen Selbstermächtigung auf, ihn handelnd zu übernehmen.[80]

Sogar hebt Kojève die *Beobachterrolle* der Philosophie vehement hervor. Was den Weisen (*le Sage*) gegenüber jedem Typus des philosophierenden Aktivisten auszeichnet, soll die Tugend der schieren Wahrnehmung sein. Sie ist am Ende der Geschichte ohnehin die einzige Tätigkeit, die vernünftigerweise verbleibt, will aber schon im Vorraum des Endes erworben sein. Dabei muß man den »terroristischen« Einfluß nicht ausschließen. Das zeigt sich in der Weise, wie Maurice Merleau-Ponty argumentierte, als er 1947 mit seinem Essay »Humanisme et Terreur« zu den Moskauer Schauprozessen und zur Zukunft des Kommunismus Stellung bezog, und zwar aus der Perspektive eines marxistisch engagierten Existentialismus.

Da wird die Lage der Opfer, welche sich plötzlich vom historischen Verlauf desavouiert und von den Machthabern ausgestoßen sehen, durchaus nicht verharmlost. Anderseits bleibt die Legitimität der Diktatur unangetastet, und folglich findet auch der Terror als Mittel ihrer Durchsetzung die – zögernde – Akzeptanz. Entscheidend für Merleau-Pontys Bekenntnis ist die Option im Ideologischen: es gibt keine Alternative zum Marxismus, allein eine von Marx ausgehende Gesellschaftstheorie vermag den Dualismus zwischen dem Herrn und dem Knecht zu erkennen und die gedanklichen Instrumente zu liefern, welche schließlich seine reale Überwindung ermöglichen. So gerät der Terrorismus in den Dienst des Humanismus. Es fällt nicht schwer, die geschichtsphilosophische Struktur auf Kojèves Lehre zu beziehen. Als ehemaliger Beisitzer des Hegel-Seminars, dem die Stalin-Apologie des Exilrussen kaum verborgen bleiben konnte, greift Merleau-Ponty die Vorstellung von der Zwangsläufigkeit auf, der die historischen Ereignisse unterliegen sollen. Was kommen *muß*, bedarf der Rechtfertigung: aber nur noch im Bereich der Mittel.

Nicht Merleau-Ponty, sondern Georges Bataille ließ sich von Kojèves *beschreibender* Eiseskälte zur Empörung bringen. Er hatte die Kurse an der Ecole pratique mit Aufmerksamkeit verfolgt, zuvor schon versucht, in die Gedankenwelt Hegels einzudringen.[81] Was ihm im Seminar, nach eigenem Bekenntnis, widerfuhr, war eine »erschütternde Entdeckung«; »rompu, broyé, tué dix fois: suffoqué et cloué« sei er jedesmal daraus entlassen worden.[82] Aber bereits ein Brief vom 6. Dezember 1937 an Kojève zeigt, daß das Entdeckungserlebnis wie auch der Zustand des gebrochenen Zuhörers die Ambivalenz nicht verleugnen konnten.

Wie wird es kommen, fragt Bataille in diesem Brief, wenn am Ende der Geschichte nichts mehr zu tun ist? Nach Hegel (und nach Kojève) werde der Mensch durch negierendes Tätigsein bestimmt. Verschwinde es, oder erhalte es sich als »Negativität ohne Beschäftigung« (*négativité sans emploi*)? Dann spricht der Schriftsteller, wenig überraschend, von sich selbst. »J'imagine que ma vie – ou son avortement, mieux encore, la blessure ouverte qu'est ma vie – à elle seule constitue la réfutation du système fermé de Hegel.«[83] Sein eigenes Leben, genauer: die offene Wunde, die es sei, bedeute die Zurückweisung von Hegels geschlossenem System. – Bataille versagt der Automatenwelt die Anerkennung. Der Blick in den Spiegel zeigt ihm – indirekt – die Unmöglichkeit einer posthistorischen Realität der bloßen Kontemplation, der suspendierten Negation. Es kann nicht sein, wovon die systematisierte Geschichtsphilosophie so lakonisch berichtet: daß eine Welt der Sorglosigkeit, des ewigen Friedens, der heiteren Spiele sich etablieren wird.

Es kann nicht sein, und es darf nicht sein. An der Ausbreitung der Vernunft war Georges Bataille nie gelegen. So diente ihm auch die intensive, über Jahrzehnte des Studiums erworbene Hegel-Kenntnis vor allem dazu, die eigene Position als das scharfe Gegenüber zu gewinnen. Im Jahr 1945 gründete Bataille die Zeitschrift *Critique*. Dem Beirat gehörten unter anderen Maurice Blanchot, aber auch Pierre Prévost, Eric Weil und Raymond Aron zu. »Critique« sollte ein Ideenforum sein, das neben Buchrezensionen längere Autorenporträts und Essays aufnahm. Von Anfang an war Kojève eingeladen, mit Kritiken mitzuwirken. Als Bataille im Sommer 1948 vom *Figaro littéraire* zu dem Thema interviewt wurde, lobte er Kojèves Besprechung des Buchs von Henri Niel (»De la Médiation dans la philosophie de Hegel«), die unter dem Titel »Hegel, Marx et le Christianisme« im August/September-Heft 1946 erschienen war. Sie markiere aufs genaueste die Intentionen der Zeitschrift, welche die Philosophie, die Literatur, die Religion und die politische Ökonomie vermitteln wolle. Darüber hinaus sei Kojève zur Zeit der bedeutendste Denker.

Doch die intellektuelle Freundschaft erfuhr Anfang der fünfziger Jahre eine Wendung ins Bittere. Im Frühling 1950 ersucht Bataille den Meister um ein Vorwort zur Neuausgabe seines Buches »L'Expérience intérieure«. Kojève kommt der Bitte nach und schreibt die Préface, in der er erklärt, daß bei Hegel alles gesagt sei, was die moderne Welt betreffe: er verkünde den »alltäglichen Glauben«, »den man den gesunden Menschenverstand nennt«. Nun gehe es nur noch darum, die Vernünftigkeit des Wirklichen diskursiv zu vertiefen. Sinnlos sei deshalb jede Haltung, die sich auf die Bedeutung der Ekstase – oder des Schweigens kapriziere. Das richtet sich direkt gegen Batailles Überhöhungen der inneren, »existentiellen« Erfahrung. Und polemischer noch: »Wenn es nur eine mögliche Art gibt, die Wahrheit zu sagen, so gibt es doch zahllose Arten, zu schweigen.«[84]

Kojève weist Batailles Apologie des »Schweigens«, der Annihilation von Wahrheit und Sinn entschieden zurück. Daß dieses Vorwort nie gedruckt wurde, kann deshalb nicht erstaunen. In einem späteren Brief lenkt er etwas ein. Freilich schwingt auch da mindestens Ironie mit. »Nicht daß das ›diskursive‹ Schweigen etwas Neues wäre, aber Sie sind der einzige mir bekannte Mensch, der es praktiziert.«[85] – Der Konflikt steigerte sich zwei Jahre darauf, als Kojève drei Romane des Freundes und Herausgebers der »Introduction« Raymond Queneau für »Critique« interpretieren sollte. Die Überschrift des Essays – »Les romans de la sagesse« – gibt schon die gedankliche Richtung vor. Queneau habe es in diesen Romanen verstanden, den Lebensalltag darzustellen: in der Banalität, in der absoluten Durchschnittlichkeit; und zugleich im bizarren Eigensinn, welchen die Figuren dabei realisierten. Deren »Weisheit« aber beruhe darauf, daß die Identität von Diskurs und Wirklichkeit herrsche. So wie sie handelten und räsonnierten, gebe es keine Kluft mehr, keine Entfremdung zwischen einer abstrakten Sehnsucht nach dem »anderen« und dem Hier und Jetzt, worin sie existierten.

Folglich hat Raymond Queneau literarisch abgespiegelt, was den Zustand am Ende der Geschichte definiert. Es ist die von Hegel erkannte Welt; eine Welt ohne Zerrissenheit, ohne Gefährdung, ohne Kampf. Und man erinnert sich jenes »retour à l'animalité«, der als anthropologisch letztes Substrat in der »Introduction« geschildert ist. – Das mußte Georges Bataille als indirekte Wiederholung des früheren Angriffs aufstoßen. Als Herausgeber von »Critique« druckt er den Text ab. Als Autor und Denker refüsiert er ihn. Wenn die ganze Weisheit sei, was Queneau erzählend ausbreite, sei das

Ganze lächerlich (*une sagesse ridicule*), und das gelte demnach auch für Kojèves Artikel. Wenn die Anstrengung des Begriffes in solcher Erkenntnis münde, könne man die Philosophie nur bedauern.[86]

Es lohnt, hier etwas näher auf Batailles Welt- und Menschenverständnis einzugehen. Zu dieser Zeit hat der Schriftsteller bereits das Thema der »Souveränität« (*la Souveraineté*) entwickelt, mit welchem er jeder Façon von vereinheitlichender Geschichtsphilosophie entgegenzutreten gedenkt. Souverän ist der Mensch allein in der Dissoziation zum Gegebenen. Anarchische Distanz, wie sie das Lachen (*le rire*), der erotische Trieb, der Kampf und die Verschwendung realisieren, verbürgt erst die Autonomie des Einzelnen gegenüber den Zwängen und Eingliederungsmaßnahmen der Gesellschaft. Im Augenblick der spontanen Geste staut sich der lineare Geschichtsprozeß, in der unbegrenzten Freiheit zum Guten und mehr noch zum Bösen entäußert sich die authentische, kreative Potenz. Nicht Hegel, sondern Sade hat die menschliche Wahrheit entdeckt: als die – später von Nietzsche philosophisch vertiefte – Wahrheit des Übermenschen. Seine Befriedigung ist die Lust des Moments, die Verabschiedung »diachroner« Verantwortlichkeit zugunsten der totalen Entäußerung – immer vor der Doppelfaszination, die Eros und Thanatos, der Lebenswille und der Todestrieb, inthronisieren.[87]

Diese emphatische, ganz am Ausdruck und an der emotionalen Deutlichkeit orientierte Lebenskunst tritt an als Widerpart der Lebenswelt – der zur Banalität des Vorhersehbaren geronnenen, nicht mehr von Fragen erschütterten, das Selbstverständliche hegenden Realität, wie sie Kojève aus seiner Hegel-Lektüre projiziert. Aber man kann noch weiter gehen. Was Bataille dabei vorschwebt, ist der Zersetzungsprozeß »normaler« Individualität. In der erotischen »Verschwendung« oder im Lachen, in der souveränen Feier des Bösen oder in Zuständen rauschhafter Trance verliert sich das konventionelle, durch Normen und Werte gesetzte »Ich« zugunsten der animalischen Seite. Lehrt Kojève nicht ähnliches, wenn er das Ende der Geschichte als die notwendige Preisgabe der Individualität und damit der Humanität beschreibt: »l'abandon nécessaire de l'individualité, c'est-à-dire en fait de l'humanité«?[88]

Die Parallele ist da. Doch soll Batailles »animalité« stets noch der einsamen Selbst-Erfahrung, der Ich-Stilisierung dienlich sein. Davon hat sich der »objektive« Automatismus von Kojèves Szenario völlig gelöst, indem *es* einfach geschieht, und natürlich in einer Form von »Animalität« sich niederschlägt, welche das »Spiel« kampfloser Friedlichkeit ohne Anstrengung erreicht: kein Verbrauch der Existenz ist dafür nötig. – Die Parallele ist da, als Differenz. Man kann Batailles Rückzug ins Interieur der Selbst-Ermächtigung *auch* als Arbeit an und gegen Hegel verstehen, wie er durch Kojève dem Autor präsentiert wurde. Gegen die Hegelsche Inhalts- und Abbild-Ästhetik will Georges Bataille eine Ästhetik der Emotion, der Erschütterung, der Diskontinuität erzeugen. Hunderte von Aphorismen und Spruchweisheiten kreisen um diese Herausforderung. »Das Bewußtsein steht gänzlich auf seiten der Regel. Erst an diesem Punkt, wenn das Bewußtsein fehlt, könnte die Philosophie beginnen.« Oder, wider Hegels »Werden« gewendet: »Ich wachse, also bin ich noch nicht, ich verschwende, also bin ich.«[89] Oder, als Annäherung an die Definition der Souveränität: »Jeder für sich selbst erlebte Augenblick ist souverän, aber der Gedanke desjenigen, der ihn erlebt, kann gerade in diesem Augenblick indirekt der Knechtschaft zuweisen (zum Beispiel in der Gestalt eines Vorhabens literarischer Übertragung).«[90]

Batailles Lehre von der Souveränität ist so eine Lehre vom Ausnahmezustand. Aber dieser Ausnahmezustand, wenn man den Begriff etwa mit der Deutung von Carl Schmitt (»Souverän ist, wer über den Ausnahmezustand entscheidet«[91]) konfrontiert, erscheint nicht als Form von gleichsam objekthafter Verfügbarkeit. Er wird eher empfangen als hergestellt, und er richtet sich sogleich *gegen* den Empfänger: als Selbstverzehrung. Souverän ist folglich – in dialektischer Umpolung der Herrschaftsverhältnisse –, wer an sich die »Verschwendung« geschehen läßt, den bewußtseinslosen »Verzehr«, die Zerstörung der klassischen Subjekt-Objekt-Relation.

Der Nutzen muß daher als die krudeste Profanierung jener

geheiligten Welt sich erweisen, die Bataille als das Paradies feiert. Er bringt ohne Schonung die funktional verkettete Tätigkeit des homo faber zum Ausdruck, repräsentiert das verwerfliche Denken in Mitteln und Zwecken und tötet jede emotionale Freiheit. Allerdings stellt Bataille – anläßlich einer Würdigung von Johan Huizingas Buch »Homo Ludens« – klar, daß die Entwicklung vom spielerischen Menschen zum »Arbeiter« nicht aus materieller Not erfolgt sei, sondern aus Vernunftgründen. Die rationale Bemächtigung verdrängt im Lauf der Geschichte die Triebstrukturen und richtet eine Wirklichkeit ein, die die Regulation der sachlichen Beziehungen erzwingt. Darin habe selbst Marx, als Kritiker von Hegel, leider nichts Anstößiges gesehen. Der Vorwurf lautet, daß der Analytiker der kapitalistischen Ökonomie deren »anthropologische« Fixierungen unangetastet lasse: niemals spreche Marx »vom *souveränen* Menschen, der im Augenblick seiner Souveränität über diesen Augenblick hinaus keinen Nutzwert hat«.[92]

Batailles späte Schriften, von der unvollendeten »Phänomenologie der Erotik« bis zur ebenso fragmentarischen Souveränitätsdoktrin, bezeugen auch da noch den Widerstand gegen die Hegel-Welt, wo scheinbar unsystematisch nur die literarische oder die künstlerische Überschreitung des Normalen gefeiert wird – bei Proust, bei Sade, bei William Blake. Denn jede ästhetische Emphase repliziere indirekt auf den Zwang der Alltäglichkeit, auf den Terror, den die ökonomische, soziale und politische Vernunft ausübt. – Georges Bataille, der seit dem Sommer 1951 im Schatten der Kathedrale von Orléans lebte und im Amte des Kustos der öffentlichen Bibliothek stand, verteidigte schon drei Jahre zuvor die Literatur gegenüber den Geisteswissenschaften. Ohne Umwege kann es literarischer Imagination gelingen, Momente der Existenz einzuholen, während die »diskursive Artikulation des Denkens« bereits einen Abfall hinter sich hat – einen Verlust an Authentizität, an unvermittelter und schöpferisch frischer Eingebung, der durch die Abstraktionen bewirkt worden ist.[93] – So äußert sich ein verquerer ästhetischer Vitalismus; das Verquere beruht darauf, daß auch die »negierenden« Tätigkeiten des Menschen als Lebenssteigerung bejaht werden. An William Blake lobt Bataille die Kraft, die die Poesie ganz auf das Böse reduziert habe, und sogleich entsteht daraus das Apophtegma von »der« Poesie, die »nur aufständisch wahr« sein könne.[94] Bei Sade transzendiere die Sexualität auf paradoxe Weise ihre natürliche Funktion, indem sie zur »Verneinung« des Partners fortschreite. Proust habe vor Augen gebracht, wie das Prinzip der künstlerisch fruchtbaren Erinnerung – der *mémoire involontaire* – sich Geltung verschaffe: als Epiphanie, die jenseits des Willens und der Arbeit liege und zugleich den linearen Zeitfluß zerschneide.

Vielleicht ist es die Idee von der suspendierten Zeit, die Bataille in die deutlichste Nähe von Kojève führt und ihn auch, in eins damit, in die größtmögliche Distanz zum Meister setzt. Der diskursive Verstand verneine im Dienst der Zukunft die Zeit. Gemeint ist dabei die Zeit des Moments, des erfüllten Augenblicks. Und resigniert philosophiert der Schriftsteller weiter – immer noch gegen Hegels Geschichtsphilosophie –, daß vor solcher Wahrheit das Spiel der Begierden niemals gelebt werden könne, »da die Zeit ohne Unterlaß uns uns selbst entzieht«.[95] – Das mutet, in Ansehung dessen, was Bataille durch Kojève über die Lehre vom Ende der Geschichte doch längst hätte erfahren haben müssen, befremdlich an: nicht ewiges Werden und fortwährende Gegenwartstilgung soll ja die Quintessenz dieser Geschichtsphilosophie sein, sondern der *Zustand* des absoluten Wissens, die erfüllte Zeit.

Das Mißverständnis klärt sich nur, wenn man Batailles Widerstand und Widerwille gegen die von Kojève vorgeschlagene Façon von Endzeit berücksichtigt. Die Menschen der »fin de l'histoire« sind von ihren Begierden – *erlöst.* Und zwar sind sie gerade deshalb erlöst, weil keine eigentliche Geschichtszeit – als Spannung zwischen Wunsch und Erfüllung, zwischen Begehren und Anerkennung – mehr ist. Sie fallen freilich in die Animalität zurück: unerotische, berechenbare Geschöpfe ohne Souveränität. – Das kann der Prediger des existentiellen Einsatzes niemals akzeptieren, und so tut er etwas, was für einmal seinen Realitätssinn belegt. Er disloziert Kojèves Szenario in eine ferne, eventuell gar unmögliche Zukunft. Wo ist denn die Welt der totalen Befriedigung? Wo sind die Menschen, die solchermaßen wunschlos glücklich sein sollen? Im Hier und Jetzt dagegen kann noch immer und mit Macht geschehen, daß die Uhr der Zeit als Entzug und Veränderung, als reißendes Fortdrängen den Moment der Lust zur verschwindenden, wenn auch kostbaren Episode stempelt.

Erst sieben Jahre vor seinem Tod äußerte sich Bataille in der Öffentlichkeit ausführlicher über den einstigen Lehrer. Es ist bezeichnend, daß er nicht den Theoretiker des Endes der Geschichte und auch nicht den Anthropologen der posthistorischen Automaten in erster Linie porträtierte, sondern den Denker der Negation, den Interpreten der – *noch unaufgelösten* – Hegelschen Dialektik von Herr und Knecht. Auf der Negation (des Alltäglichen, der »naturhaften« Funktionen, der institutionellen Sicherungen) basiert Batailles »ästhetische Existenz«, und so wollte er auch die Erinnerung an Kojève, der sie ihm exegetisch eröffnet hatte, darauf fixiert haben. »Das weitgehende Einverständnis Kojèves mit der negierenden Heftigkeit des Tuns versieht ihn selbst mit einem Mal der Endlichkeit oder des Todes. Wenn man ihn hört, scheint es so, daß der Tod selbst diese flüssige, eindringliche Sprache gesprochen hat, erfüllt von einer unaufhaltsamen Bewegung: seine Rede besitzt die Ohnmacht und im gleichen Moment die Allmacht des Todes.«[96]

*

Daß Alexandre Kojève über solches gelächelt hätte, ist bisher nicht überliefert worden. Er hatte allerdings anderes über den Tod – im Kontext des Kommentars zur »Phänomenologie des Geistes« – zu lehren versucht, als es Bataille pathetisch einforderte: »Den Menschen verlangt es danach, sich in der Gestalt des Todes eine Perspektive des Nichtwissens zu verschaffen.«[97] Perspektiven des Nichtwissens mußten am Endpunkt der Geschichte, nach der Apokalypse allen historischen Sinns, ausgeschlossen sein. Schon deshalb lag viel daran, den Tod von metaphysischen Verlängerungen zu befreien und ihn der nachgeschichtlichen Wirklichkeit als unhintergehbare und zugleich der Problematisierung unbedürftige Normalität einzugemeinden. Der Mensch der *posthistoire* hat den Tod vollkommen »begriffen«.[98]

Gleichwohl wird man nicht behaupten wollen, daß in der »Introduction« Kojèves letztes Wort zum Ende der Geschichte wie zur Verfassung des von diesem Ende absorbierten Menschen ausgesprochen wäre. Man muß stets die Verzögerung sich vorhalten, die zwischen dem mündlichen Vortrag der Kurse (1933 bis 1939) und ihrer durch Queneau besorgten Redaktion zur Buchform (1947) spielt. Noch in der Spätphase des Zweiten Weltkriegs arbeitete Kojève an zwei Schriften, die zwar dem Horizont der großen Hegel-Interpretation verpflichtet sind, ihn aber auch erweitern. Der »Essai sur une doctrine de la politique française«, abgeschlossen am 27. August 1945 in Vanves (und bis heute unpubliziert), sollte Richtlinien einer möglichen französischen Politik nach dem Sieg der Alliierten skizzieren und wurde zugleich zur Vorbereitungsübung für die Übernahme des Berateramts im Wirtschaftsministerium seit dem Herbst 1945. Große Teile der monumentalen »Esquisse d'une phénoménologie du droit« (erst 1981, dreizehn Jahre nach dem Tod des Autors, veröffentlicht) waren bereits im Sommer 1943 im südfranzösischen Dorf Gramat geschrieben worden.

Die Frage, weshalb es einer »Phänomenologie des Rechts« noch bedarf zu einer Zeit, die nach der Analyse ihres Philosophen der *Stasis* unaufhaltsam entgegenarbeitet, läßt sich nicht ohne weiteres abweisen. Wollte Kojève ein Pendant zu Hegels nachrevolutionärer Institutionenlehre, der »Rechtsphilosophie«, vorlegen? – Wie diese beschreibt die »Phénoménologie du droit« einen Integrationsprozeß, und wie bei Hegel kulminiert der Vorgang – geschichtlich und systematisch – in der Idee des Staates. Doch hat der Begriff jene Drehung ins Universale erfahren, welche bereits die »Introduction« erfassen wollte: Hegels Nationalstaat ist in den Weltstaat, den *Etat universel et homogène*, übergeführt.

Das kann nach der zwischen 1933 und 1939 Zug um Zug verstärkten Geschichtslogik kaum verwundern. Sogar darf man unterstellen, daß die »phänomenologische« Seite von Kojèves Rechtstheorie gleichfalls von diesem *Entwicklungs-*

danken her definiert wird. Kojève historisiert das Recht. Dessen Essenz zeigt sich nicht in Annäherungen an eine platonische Wesensschau, sondern viel konkreter in den historischen Ausformungen. Doch muß dabei der Verdacht der puren Kontingenz abgewehrt werden. Also soll gelten, daß das Recht teleologisch sich vom Partikulären zum Allgemeinen hin öffnet, vom positiven Zustand einer nationalen Eigenheit zum universalen der gelungenen Anerkennung. Alles partikulare Recht aber – *le droit actuel* – tritt auf als Staatsrecht. In dieser Aktualisierung wohnt ihm ein Widerspruch inne: unter der Voraussetzung, daß Recht nicht bloß ein gesellschaftliches Regelsystem zur Konfliktverhinderung ist, sondern auf die Herstellung von Gerechtigkeit zielt. Gerechtigkeit aber ist nicht, wo die Ökonomie die Ungleichheit des Besitzes zum Herrschaftsverhältnis erhebt, und auch da nicht, wo zwei Staaten in Zuspitzung des Politischen miteinander im Kampf liegen. Das Ziel der egalisierenden Gerechtigkeit muß daher einen Zustand anstreben, der solche Dissonanzen – der wirtschaftlichen, der sozialen, der politischen Widerständigkeit – harmonisiert. Es ist erfüllt allein und erst im allgemeinen und homogenen Staat. Erst der *Etat universel et homogène* schafft die totale Verrechtlichung der Lebensverhältnisse, im Inneren so, daß Partikularinteressen ausgeglichen werden und keine Differenz mehr besteht zwischen Herrschenden und Beherrschten, nach außen in der Weise, daß jeder andere Staat in ihm aufgegangen ist. Es gibt keine Verhältnisse von Freund und Feind mehr, das Recht ist ubiquitär. In Kojèves eigener Formel: » ... seul l'Etat universel et homogène est censé de ne plus varier, vu qu'il n'y aura plus, par définition, ni guerres extérieures, ni révolutions intestines. Son Droit ne variera donc pas non plus. Or cet Etat implique l'humanité tout entière.«[99]

Beständigkeit muß das geschichtliche Merkmal dieses Staates sein, unveränderbare Dauer prägt sein Recht. Weder äußere Kriege noch Revolutionen im Inneren erschüttern ihn je. Der Grund ist mit einem lakonischen Satz bezeichnet: er impliziere die ganze Menschheit. – Kojève beschreibt nirgends konkret den historischen Weg, der zu ihm hinleitet. Alles, was an »Aktionen« oder »Bewegungen« denken lassen könnte, ist ausgespart: als ob nicht sinnvoll in Zweifel stehen dürfte, daß es so kommen muß. Insofern spielt der geschichtsphilosophische Entwurf der »Introduction« die institutionellen Passungen zu. Weniger die Genealogie des Rechts von seinen »positiven« Anfängen bis zur universalisierten Geltung interessiert als vielmehr die legale Infrastruktur, die den die Historie beendenden Weltstaat auszeichnet.

Dabei weiß Kojève, daß es nicht nur einfach um juristische Vereinheitlichungen im Sinne von bestimmten Abkommen zwischen Staaten gehen darf. Eine »unification politique« ist gefordert, sie allein kann die Homogenität provozieren. »Dans une Société *homogène* (c'est-à-dire socialiste) la spécificité des membres est diminuée, vu leur égalité réelle.«[100] In einer homogenen Gesellschaft ist die Besonderheit ihrer Mitglieder vermindert zugunsten der realen Gleichheit. Die Fußnote enthält allerdings einen Zusatz: den in Klammern gebrachten Hinweis, daß es sich dabei um eine sozialistische Gesellschaft handle. Und wie eine Ermahnung gegenüber Mißverständnissen heißt es am Ende, die Gleichung von der anderen Richtung her vollziehend: »N'oublions pas, d'ailleurs, que l'Empire socialiste est un Etat *universel* et *homogène* ...«[101] Da kann kein Mutmaßen mehr sein: Kojève identifiziert hier seinen Staat des Endes der Geschichte mit einem sozialistischen Imperium, und es ist – wie eine Anmerkung verdeutlicht – das Reich Stalins, das als »erscheinende Gestalt« dieses Imperiums auftritt.[102]

Was zeichnet das »Empire« gegenüber dem Staat aus? Es hat das Politische – die Unterscheidung in Freund und Feind – neutralisiert. Es hat den alten, für die Zeitalter der Staatlichkeit geltenden Dualismus aufgelöst: durch Integration. Ein Nationalstaat vermöge niemals alle seine Feinde zu absorbieren oder sich von ihnen völlig fern zu halten. Diese Grenze transzendiere erst der universale Staat – als Imperium. Und dann: »Mais alors il n'y a plus d'›ennemis‹, c'est-à-dire plus de domaine *politique*.« Und weiter: »l'Empire n'est donc plus une entité *politique* au sens propre du mot: il n'y a pas d'*histoire* politique.«[103] Ohne Feinde keine Politik mehr, ohne Politik keine eigentliche Geschichte mehr. – So läuft der Prozeß der Herrschaft-Knechtschaft-Dialektik im Endstadium der nationalstaatlichen Verwindungen, wo »innen« und »außen« keine vernünftigen Distinktionen mehr sein können: alles ist zum Innenraum geworden. Für die Physiognomie des solchermaßen vollständig sozialisierten Menschen und Bürgers findet Kojève die von Marx schon aus der Idylle des ewigen Friedens abgeschöpften Worte, und es ist nur das in den Verben wie eine unauffällige Ironie eingelagerte Futurum, das dem Entwurf einen Stich ins Surreale gibt. Nicht mehr Krieger werde der Bürger des Imperiums sein, noch jemals Herrschender oder Beherrschter. Bürger werde er allein in seiner und durch seine Gleichheit mit den anderen sein, mit allen anderen, mit allen Menschen.[104]

Da weht ein kalter Wind von Utopie, kaum einmal gemildert durch ein Zögern, ein Innehalten, ein Zweifeln. Im Weltstaat ist die Politik zu Ende. Es beginnt die geschichtlich nicht mehr strukturierte, homogene Zeit der Verwaltung mit einer Unausweichlichkeit, wie sie nicht einmal Auguste Comte sich hätte ausmalen wollen. Die Stärke solcher Prophetie ist freilich auch ihre Schwäche: nämlich eine fast totale Inhaltsleere, eine Abstinenz gegenüber jenem freudigen Erschrecken, mit welchem die Utopisten von Morus und Campanella bis zu Saint-Simon und Fourier ihre Visionen konkretisierten. So, in der Restriktion auf Begriffe und Wörter, die wie mathematische Formeln wiederholt werden, behält das »Ende der Geschichte« die Suggestion einer Möglichkeit; doch zugleich reduziert sich in der Vorstellung das menschlich Lebbare auf jene *animalité*, der auch die »Introduction«, übrigens wenig begeistert, die Spur weist.

Als Kojève diesen umfangreichen und elaborierten Text hätte zur Publikation bringen können, arbeitete er bereits als Beamter eines Nationalstaats. Empfahl es sich da nicht, den Sprengstoff in der Schublade zu lagern – zumal ein Exposé schon geschrieben war, das die französische Politik nach 1945 zum Thema hatte und in eine weniger apokalyptische Richtung führte?[105] Konnte denn der Funktionär, der die Interessen seines Landes bei der Verwirklichung des Marshall-Plans vertrat und darauf an der Formung der Europäischen Gemeinschaft beteiligt war, eine so provokative, den Globalsozialismus gegen das Nationale aufbietende Rechtsphilosophie noch propagieren? – Mit dem »Essai sur une doctrine de la politique française«, abgeschlossen im August 1945, wird Kojève erstaunlich konkret. Als ob der Weltstaat-Apokalypse noch eine Frist gelassen würde, stellt sich der Philosoph – als Politologe – den unmittelbaren Herausforderungen der Nachkriegsära. Er denkt für Frankreich und sieht dabei zwei Gefahren. Zum einen soll im Fall eines Großkriegs zwischen der Sowjetunion und Amerika die strikte Neutralität erklärt werden; das Land könnte sich niemals mehr von den Schäden erholen, die militärische Verwüstungen bringen würden. Zum anderen gilt es, gegenüber einem ökonomisch – mithin auch politisch – möglicherweise wieder erstarkenden Deutschland die Vormacht zu halten.

Das mutet jedenfalls realistischer an als der Ausblick, den die »Esquisse d'une phénoménologie du droit« gewagt hatte. Freilich ließ dort schon der Begriff des *Empire* aufhorchen. Ein Reich ist nicht die Welt. Was damals wie eine verhüllte, vielleicht vom Autor selbst kaum bedachte Perspektive *gegen* den *Etat universel et homogène* aufbrach, erfährt jetzt, in dem »Essai«, die Wendung zur Deutlichkeit. Ein temporaler Übergang wird eingeschoben. Zwar sei nicht mehr die Zeit des Nationalstaates, aber auch *noch* nicht jene des Weltstaats. Und so heißt es denn, abschwächend: »Avant de s'incarner dans l'humanité, le *Weltgeist* hégélien, qui a abandonné les nations, séjourne dans les empires.«[106] Bevor sich der Hegelsche Weltgeist in der Menschheit inkarniere, verweile er bei den Imperien.

Großimperien sind das »orthodoxe« Reich Josef Stalins und das »reformerische« der anglo-amerikanischen Welt. Ein Reich dieser Art – von politisch weiträumigen Einfluß-Sphären und ideologisch verallgemeinerndem Anspruch – sei, als Anachronismus, das Dritte Reich Hitlers *nicht* gewesen. – Und Frankreich? Das ist hier tatsächlich die Frage: wie könnte sich die »Grande Nation« zu einer Machtgestalt von vergleichbarem »imperialen« Zuschnitt aufschwingen? Mit den Mitteln ihrer kulturellen Leistungen! – Das verblüfft. Da wechselt der Großkommentator des Weltgeists mit wenigen Sätzen in die Niederungen »bourgeoiser« Werte. An der Spitze eines »Empire latin« soll Frankreich marschieren und damit den politischen, ökonomischen und militärischen Rangverlust ausgleichen. – Es handelt sich um eine echte Kompensationsidee. Gegenüber den kommenden technischen und sozialen Nivellierungen bleibt die Kulturpflicht, an das Menschliche zu erinnern, eine »humanisation« zu betreiben, welche die großen Testate der Vergangenheit lebendig erhält. Doch nicht nur an Künftiges denkt Kojève. Viel bedrohlicher als die Standardisierungen durch hypothetische Realitäten erscheinen ihm nun – plötzlich – aktuelle Tendenzen der »Amerikanisierung«, die bereits das eigentliche Gesicht (*le visage même*) Frankreichs zu entstellen begännen. Die Furcht des Wahlfranzosen, daß von der anderen Seite her – vom liberalen Konsumregime der Vereinigten Staaten – schleichend und ohne Parolen die Universalisierung eingeleitet werden könnte, legt sich als böser Verdacht über die Zivilisationsdiagnose.

Immer noch zur Diagnose zählt die Bemerkung, mit der Konzentration auf die »individualistische« und »bourgeoise« Lebensweise habe Frankreich die notwendigen Bedürfnisse der Staatsräson vernachlässigt; und sei so – nach Phasen einstiger Vorläuferschaft auf allen Gebieten – dem allgemeinen Mittelmaß, der Verspätung und der Dekadenz verfallen. – Was tun? Eine einzige vernünftige politische Idee bietet sich an: »C'est l'idée-idéal de l'Empire latin, où le peuple français aurait pour devoir le maintien de son rang de primus inter pares.« Als »Ideen-Ideal« wird das zwar bezeichnet, und auch im weiteren Kontext, wo ein Verbund von Italien, Spanien und Frankreich gefordert wird, dem es obläge, die Lebenskünste (*douceur de vivre*) gegenüber dem Druck der Arbeitswelt und der ökonomischen Gesetze zu mobilisieren, dominiert der Ton der Utopie. Doch ist auch Handfesteres impliziert. Es darf schon befremden, wie der Weise der Endzeit so direkt zum Chauvinismus übergeht und im gleichen Atem »Schönheit und aristokratischen Lebensgenuß« rühmt, »qui dépassent le simple bien-être bourgeois«.[108] Könnte es sein, daß da eine atavistische Sehnsucht nach höheren Werten, nach den Verfeinerungen des Ancien Régime dem Zwang der Automaten-Zukunft repliziert? Kein anderer Text von Kojèves Hand wirkt so erratisch (und so enthüllend?) inmitten der Landschaft, die das Ende der Geschichte schaffen soll.

Aber nicht genug. Kulturelle Stilarten allein vermögen nicht ein Imperium (*l'Empire latin*) zu gründen. Notwendig ist eine Institution, die der lateinischen Mitte eine Struktur gibt. Eine solche Superstruktur liefert – die katholische Kirche. Man wäre geneigt, bei Nennung solcher Macht an einen Rückfall in die – von Hegel doch angeblich längst überwundene – religiöse Transzendenz zu denken. Doch geht es nicht um das Kreuz und seine Offenbarungswahrheit. Der weltliche Aspekt der Una Sancta ist bedeutsam: der Universalismus, die Aufforderung zur Solidarität und die Lehre der Gleichheit aller Menschen vor Gott. – In einem zeitnah verfaßten Kurzbericht, der den Essai in gedrängter Art zusammenfaßt und den der Autor mit dem Titel »Projet Kojevnikov« versah, verschärft sich diese Optik zum Pessimismus. In einer Welt, da titanische Mächte sich erhöben, sei nur noch der Vatikan ein Fels der Sicherheit und des Friedens. Daß der »Essai« schließlich einen detaillierten Wirtschaftsplan entwirft, wie das »Empire latin« seine Position gegenüber Deutschland zu definieren habe (von der Kohlen- und der Stahlindustrie ist die Rede), und daß fast beschwörend De Gaulle die entscheidende Rolle (*le facteur décisif*) für das Schicksal Frankreichs zugetragen wird, muß denn doch erstaunen nach den stoischen Panoramablicken des Geschichtsphilosophen der *fin de l'histoire*.[109]

Kojève ist nicht bei dieser – aus der Verzweiflung über das Inferno von 1945 erzeugten? – Option stehengeblieben. Auch wurde sie niemals publik gemacht. Sie gab aber Anstöße zu wichtigen Modifikationen der aus dem Hegel-Kommentar extrahierten Generalthese. Schon nach der internationalen Handelskonferenz von 1948 in Havanna, wo der Funktionär die französische Delegation beriet, entschloß er sich zu einer Korrektur. Ihm wurde offenbar, daß die amerikanische Wirtschafts- und Militärdominanz eine »Evolution« hervortrieb, die dem sozialistischen Plan zuwiderlief und Vereinheitlichungen erzwang, die nicht über die Homogenisierung politischer Differenzen, sondern über die aufs Individuum zugeschnittenen Mechanismen des Marktes spielten. Jetzt rückte die Möglichkeit eines neo-kapitalistischen Endes der Geschichte in die Nähe. Das irritierte den aristokratisch vorgeprägten Marxisten – praktisch so, daß er entsprechend intensiver die europäische Idee (etwa im Bereich des Schuman-Plans) zu stärken versuchte und dabei sogar einem – wenngleich »humanisierten« – Kolonialismus das Wort redete; theoretisch so, daß er das dialektische Moment der geschichtlichen Gesamtbewegung um eine weitere Variation ergänzte.

Diese Variation findet sich in einer langen Fußnote, welche Kojève für die zweite Ausgabe der »Introduction à la lecture de Hegel« präparierte. Sie ist in der Ich-Form abgefaßt, weil es offenbar auch im rein argumentativen Zusammenhang auf die Authentizität persönlicher Erfahrungen ankommen sollte. Im Jahr 1946 – während der Redaktion der Vorlesungsmanuskripte für die Veröffentlichung der »Introduction« – sei ihm die Rückkehr des Menschen zur Animalität als Zukunftsperspektive nicht undenkbar erschienen. Schon zwei Jahre später habe er begriffen, daß Hegel richtig geurteilt habe: Jena bedeute das Ende der Geschichte, damals sei – durch eine militärisch-politische Avantgarde – das Ziel virtuell erreicht worden, »la fin de l'évolution historique de l'homme«.[110] Was seither geschehe, könne nur als Ausdehnung der revolutionären Energien gedeutet werden, die »Robespierre-Napoleon« im historischen Raum entfesselt hätten. Die Funktion der beiden Weltkriege habe darin bestanden, die rückständigen Zivilisationen auf die Linie der fortgeschrittenen zu bringen. Weiter sei Westeuropa durch die »chinesisch-sowjetische Verwirklichung von Robespierres Bonapartismus« gezwungen worden, Anachronismen zu überwinden und Beschleunigungen einzuleiten. Amerika hingegen habe sich schon rascher entwickelt. Und dann: »On peut même dire que, d'un certain point de vue, les Etats-Unis ont déjà atteint le stade final du ›communisme‹ marxiste ...«[111]

Amerika hat das Endstadium des marxistischen »Kommunismus« bereits erreicht. Amerikas Gesellschaft ist weitgehend klassenlos, und der Erwerb von Gütern steht jedermann frei. Das soll wie ein Paradox klingen, und es klingt auch wie ein Paradox. Aber Kojèves Ironie hat ihre ernstere Seite. Mehrere Reisen – zwischen 1948 und 1958 – in die Sowjetunion einerseits, in die Vereinigten Staaten anderseits hätten ihm den Eindruck vermittelt, daß die Amerikaner eigentlich nur »reiche Sinosowjets« seien, während die Russen und die Chinesen *noch* als arme Amerikaner gelten könnten. Und weiter schält sich dabei heraus, wie der *American way of life* Schritt für Schritt in die künftige »ewige Gegenwart« (*le futur ›éternel présent‹*) vordringt: er ist »le genre de vie propre à la période post-historique«.[112]

Folglich bestätigt sich die Rückkehr des Menschen zur Animalität als »une certitude déjà présente«? Man muß antworten: ja und nein. Und man möchte hinzufügen: was nicht sein darf, ist nicht. Die Unwilligkeit, jenen amerikanischen Lebensstil als die definitive Façon von Existenz am Ende der Geschichte hinzunehmen, zwingt zu Alternativen. Kojève nimmt dafür eine höchst ungeschichtliche Funktionalisierung vor – wobei in Ansehung der Skurrilität noch etwas anderes hervorsticht: daß wohl doch *auch* das Unbehagen gemildert werden sollte, das die These von der Rückkehr zur *animalité* selbst ihrem Entdecker bereiten mußte. – Nach einer längeren Reise durch Japan im Jahr 1959 habe er seine Meinung in dieser Hinsicht radikal geändert. Und zwar habe er zu verstehen gelernt, daß das Land jahrhundertelang – nämlich seit dem Untergang des Feudalismus bis in die Schlußphase der freiwilligen Isolation – das Ende der Geschichte gelebt habe: ohne Kriege und Aufruhr; und dennoch nicht der Animalität verfallen sei. Weshalb? Weil es dabei Formen des Snobismus kultivierte (das Nô-Theater, die Tee-Zeremonien, das Blumenstecken, auch den ästhetisch veranlaßten Suizid), die »tierischer« Daseinsweise völlig widersprächen.

Man darf wirklich nicht vergessen, daß dies alles einer Anmerkung anvertraut wurde. Doch ist das Gedankenspiel bis zur Inversion des vormaligen Befunds in Sachen Anthropologie durchgezogen. Ein »menschliches« Ende ist möglich – durch die Japanisierung der westlichen Welt (»les Russes y compris«): durch die Kultur jenes Snobismus, der alle Formen von ihren Inhalten ablöst und sie dem Menschen wie Kostüme anlegt, durch die er sich sich selbst und anderen entgegensetzt. Das ist die Schwundstufe der Negation; doch Negation muß sein, will sich der Mensch als Mensch erhalten.

Mag sein, daß solches, bis ins Phantastische des Implantats japanischen Lebensstils in den okzidentalen Rationalismus, der Trauer des einstigen Aristokraten über so viel Homogenisierung und Banalisierung des Lebens entsprang. Zwei Jahre vor seiner fernöstlichen Erleuchtung war Kojève nach Düsseldorf gereist, um einen Vortrag zum Thema »Le colonialisme dans une perspective européenne« zu halten. Schon dort ließ er die mit Abwehr gepaarte Faszination heraushören, zu der ihn der amerikanische Progreß aufstachelte. Er brachte auch das später der Fußnote eingegliederte Paradox vom »Kommunismus« der Vereinigten Staaten zum Ausdruck. Und er wußte schließlich, daß er vor deutschen »Kapitalisten« referierte. Also trat er für einen »intelligenten« Kapitalismus ein: für einen »capitalisme donnant«, der Teile seines »Mehrwerts« den unterentwickelten Ländern zufließen lassen sollte. Dann nämlich werde – wie von Marx für die Ära des erreichten Kommunismus reklamiert – das Ende des Klassenkampfs kommen: durch globale Industrialisierung und globale Umverteilung. Und dann hätte sich Marx mit seiner Prognose vom Untergang der Bourgeoisie geirrt – weil sich der Kapitalismus selbst korrigierte (»parce que ce capitalisme a lui-même supprimé ses défauts socio-économiques ou, si l'on préfère, ses contradictions internes«[113]). – Zwar habe sich diese Selbstkorrektur mehr oder weniger anonym vollzogen; doch sei ein großer Ideologe zu nennen, der sie nach außen propagiert habe: Henry Ford. »Cet idéologue s'appelle, comme on le sait, Henry Ford. Et nous pouvons donc dire que Ford fut le seul grand marxiste authentique ou *orthodoxe* du XXe siècle.«[114]

Weder von Lenin noch von seinem den imperialen Anspruch vollstreckt habenden Nachfolger Josef Stalin ist mehr die Rede. Was mit der »Orthodoxie« des Marxismus vereinbar ist, ja sie als wahres Abbild erfüllt, bemißt sich – am praktischen Erfolg. Dahinter verbirgt sich ein Hegelscher Gedanke, die prototypisch in der Einleitung zur »Rechtsphilosophie« niedergelegte Idee von der Vernünftigkeit des

Wirklichen. Dem unbefangenen Beobachter könnte freilich zumindest als eigenartig begegnen, wie der französische Beamte die der neueren liberalen Wirtschaftslehre längst vertraute »Ideologie« vom teilweisen Rückfluß des Gewinns ins Pathetische drehte. Doch auf diese Art nur, in der Abhebung vom – allerdings mythisch gewordenen – Manchester-Liberalismus, gewann sie die Scheinnähe zu Marx. Die durfte Kojève schon deshalb nicht preisgeben, weil sonst die Valenz des *Etat universel et homogène* unterhöhlt worden wäre: in die Richtung einer kulturell zwar vielleicht einförmigen, politisch aber pluralistischen, ohne egalisierende Zentralmacht versehenen Welt. Die »Wahrheit« vom Ende der Geschichte zieht noch das Widerstrebende – in der Form kapitalistischer Ökonomie – an sich.

III.
Argumente der »Aufhalter«: Carl Schmitt, Leo Strauss

An einer solchen liberalen, pluralistischen Welt konnte sich noch viel weniger als der Düsseldorfer Vortragsgast der Mann erfreuen, der den Auftritt vom 18. Januar 1957 diskret arrangiert hatte: Carl Schmitt. Daß sich die Extreme anziehen, ist im Fall der Begegnung zwischen dem Pariser Hegel-Spezialisten und dem durch sein Engagement auf seiten des Nationalsozialismus kompromittierten Staatsrechtler nur die halbe Wahrheit. Es gab Gemeinsamkeiten.

Kojève, hellhörig für alles Apokalyptische, gerade auch wenn es im Gewand »politischer Theologie« daherkam, kannte schon lange vor dem Treffen in Düsseldorf wichtige Schriften Carl Schmitts. Den öffentlich gemachten Beweis dafür gibt die »Esquisse d'une phénoménologie du droit«, 1981 posthum bei Gallimard, Paris, publiziert, geschrieben jedoch schon im Sommer 1943 im südfranzösischen Gramat. In seinem rechtsphilosophischen Traktat bezieht sich der Autor im zweiten Kapitel des ersten Teils, wo von der Rechtswirklichkeit mit Blick auf die Gesellschaft und den Staat gehandelt wird, ausdrücklich auf – *Karl Schmidt*. Die falsche Orthographie kann nicht in die Irre leiten, denn erwähnt ist Schmitts »Begriff des Politischen«, und zwar im Kontext von Kojèves eigener Definition des Staates – Staat sei eine Gesellschaft, deren Mitglieder »Freunde« seien und die jedes Nicht-Mitglied als »Feind« behandelten. »Freund« und »Feind« bedeuteten dabei stets »politischer Freund« und »politischer Feind«; der »Freund« sei der Waffenbruder, der Feind der kriegerische Gegner, der weichen oder sterben müsse. Und dann folgt ein Satz, der sowohl den Status der Selbstverständlichkeit für die Unterscheidung verlangt, als auch die Bekanntheit ihres Urhebers voraussetzt. »Mais je suppose connues ces deux catégories fondamentales, spécifiquement politiques.«[1] In der Fußnote heißt es dazu: »Cf. Karl Schmidt, Der Begriff des Politischen«.

Es ist bisher ungeklärt, ob der greise Jurist im Plettenberger Exil den Vermerk noch registrieren konnte. Dankbar für fast jede intelligente Form von Rezeption, wäre er in diesem Fall wohl wenig überrascht gewesen; wenig überrascht auch darüber, daß der Rezipient zwar zustimmend zitierte, aber die Zustimmung nur für einen »historischen« Zeitraum, nämlich für die Ära der Staatlichkeit, gelten ließ. Es ging ja Kojève schon damals – 1943 – um die These, daß der *Etat universel et homogène* alle Freund-Feind-Gruppierungen auflösen würde: als virtueller Weltstaat hätte er eine Homogenisierung der Gesellschaft erreicht, die jede Feindschaft und jeden Krieg vollkommen neutralisieren müßte. Ohne Feinde keine politische Domäne mehr, ohne das Politische keine echte Geschichte mehr – das war die aus Hegels Philosophie destillierte Erkenntnis, die auch die von Carl Schmitt herauspräparierten existentiellen Kategorien (*catégories existentielles*) obsolet werden ließ: *nach* der endgültigen Anerkennung, nach der Verwindung des Dualismus von Herr und Knecht.

Man darf darüber spekulieren – und Jacob Taubes hat es getan –, ob nicht schon Kojèves Pariser Seminar-Interpretation von diesem »Begriff des Politischen« sowohl attrahiert wie zurückgestoßen worden war.[2] Ob nicht Carl Schmitts Dezisionismus, einerseits als wertfrei ausgegeben und mit ebenso universalem Anspruch *die* Definition des Politischen behauptend, anderseits polemisch auftretend und mit konservativer Stoßrichtung das Gespenst einer absolut entfeindeten, humanisierten Welt beschwörend, den Gang der Hegel-Lektüre bis hin zu ihrer geschichtsphilosophischen Summe beeinflußte. Bei Kojève wie bei Carl Schmitt stand die angemessene »Besetzung« des Eschatologischen auf dem Spiel.

Das zeigt selbst der flüchtige Blick in Texte des Staatsrechtlers, die teils implicite, teils ausdrücklich das Apocalypticum vom Ende der Geschichte berücksichtigen. Dabei geht es immer um Aus- und Einschließungsverhältnisse, niemals um Prozesse der Integration. Besonders aussagekräftig ist der erstmals im August 1923 publizierte Essay »Römischer Katholizismus und politische Form«. Carl Schmitt versucht darin grundsätzliche Züge der Una Sancta aufzuzeigen. Dazu zählt, als Strukturmerkmal, ein »politischer Universalismus«, der als fortgesetzte Form des römischen Gedankens vom Imperium verstanden werden könne. Sogleich aber behauptet ihr Apologet die »formale Überlegenheit« der Kirche »über die Materie des menschlichen Lebens«.[3] Was das heißt, soll im Rekurs auf die Idee von der Repräsentation veranschaulicht werden.

Die römische Kirche, durchaus an der normativen Leitung

der sozialen Lebenswelt und des individuellen Lebensganges interessiert, bezieht die Legitimität dieses Auftrags von höherem Ort. Wiewohl ihr bei dessen Ausführung die Kraft des Rationalismus eignet, ist sie weit mehr als eine Anstalt im Dienst materieller Ordnungen. Ihre spezifisch politische Physiognomie beruht darauf, daß sie einer *Idee* verpflichtet ist, deren Wahrheit sie repräsentiert. »Sie repräsentiert die civitas humana, sie stellt in jedem Augenblick den geschichtlichen Zusammenhang mit der Menschwerdung und dem Kreuzesopfer Christi dar, sie repräsentiert Christus selbst, persönlich, den in geschichtlicher Wirklichkeit Mensch gewordenen Gott.«[4] – Darauf kommt es an. Oder genauer: darauf käme es an, in einer Epoche, die Carl Schmitt weitgehend verlassen sieht vom Vertrauen in die Macht des Glaubens. Der untergründige Duktus des Essays zielt nämlich auf eine Definition ex negatione: der Kirche und der politischen Form, die sie zur Ausstrahlung bringt. Überall herrschen die Haltungen vor, die dem Katholizismus wesensmäßig widersprechen; primär durch die Erhellung solcher Antagonismen soll das Bild an Schärfe und Verschärfung gewinnen, das Schmitt von der Kirche zeichnen will. Was ist der Widerpart des Politischen? Der Idee, die als Glaubenswahrheit zur Stellungnahme herausfordert? Es ist das Ökonomische, und im Verbund damit die Technik.

Die ökonomische Welt hat alle metaphysischen Ideale entzaubert, ihr gilt nur der unmittelbare Zweck der Bedürfnisbefriedigung, niemals der höhere Zweck einer Repräsentation. Die ökonomische Welt ist eine eindimensionale Welt. Sie hat sich allen sozialen Traditionen entfremdet, sie verlangt eine »Realpräsenz der Dinge«. Die Menschen, die in ihr leben, haben jede repräsentative – stellvertretende – Funktion eingebüßt, sind »immer mehr zu Bedienern der großen Maschine geworden«.[5] – Das ist das Schicksal der Moderne. Und erst vor dem hochdramatisierten Hintergrund des Sinn- und Heilsverlustes erhält die Ergründung des römischen Katholizismus ihr kulturkritisches Gewicht. Daß es dabei nicht in erster Linie um die Vergegenwärtigung der *Substanz* zu tun ist, aus welcher die Kirche ihre Repräsentanz bezieht, ist allerdings von hoher Bedeutung.

Denn nur an zwei Stellen des gesamten Textes darf diese Substanz – als die Offenbarung des Erlösers auf Erden – ausdrücklich aufscheinen. Viel interessanter sind Schmitt die Ableitungen, die daraus sich ergeben. Sie betreffen das Politische. Der Schlüsselsatz dazu, der freilich bereits die Wendung ins Abstrahierende vollzieht, lautet: »Zum Politischen gehört die Idee, weil es keine Politik gibt ohne Autorität und keine Autorität ohne ein Ethos der Überzeugung.«[6] Da wirkt die christliche Wahrheit nur noch latent, und als Gegenrealität wider die ökonomisch-technischen Neutralisierungen tritt, mindestens tendenziell, jede Wirklichkeit an, die noch echte Überzeugungen – und das heißt zugleich: echte Unterscheidungen im Sinne des Politischen – fördert. Man ginge wohl zu weit, wenn man in solchen Substitutionen der Substanz durch bloße Form-Verhältnisse schon den Stich ins Nihilistische wittern wollte. Es meldet sich noch immer auch die apokalyptische »katholische Angst« vor der totalen Ökonomisierung, es dominiert das »Grauen« vor dem Untergang der Repräsentation, es spricht der Eifer des politischen Theologen; und es nagt der Verdacht, ob es nicht »amerikanischen Finanzleuten« zusammen mit »russischen Bolschewisten« – »im Kampf gegen die Politiker und die Juristen« – möglich werden könnte, eine »elektrifizierte Erde« als Großunternehmen herzustellen. Schrecklich wäre ein solches Ende der Geschichte. »... gelänge es dem ökonomischen Denken, sein utopistisches Ziel zu realisieren, einen absolut unpolitischen Zustand der menschlichen Gesellschaft herbeizuführen, so bliebe die Kirche die einzige Trägerin politischen Denkens und politischer Form; sie hätte ein ungeheuerliches Monopol, und ihre Hierarchie wäre der politischen Weltherrschaft näher als jemals im Mittelalter.«[7]

Was wie eine gesteigerte Vorwegnahme von Kojèves Vision des »Empire latin« anmutet, hat die Funktion einer Gegenbeschwörung und die unbeabsichtigte Wirkung einer Prophetie. Das Ende des Politischen darf nicht sein. Das bedeutete – auf dem Boden des katholischen Glaubens – die Einführung der *Indifferenz* in eine Schöpfung, die seit dem Sündenfall und bis zum Jüngsten Gericht essentiell dualistisch angelegt ist und das Prinzip der Unterscheidung in Freund und Feind, in Gut und Böse enthält. Daß anderseits bei der Abwehr der Neutralisierungen der Kerngehalt des Christlichen zurücktritt zugunsten der institutionellen, »repräsentierenden« Macht und ihres »Ethos«, ist unübersehbar. Diese Abwehr leitet ihrerseits eine Neutralisierung ein: nämlich an der Botschaft des Evangeliums mit dem Profit für die »sichtbare Institution«. Zweimal wird in dem Essay auf Dostojewskis Parabel vom Großinquisitor angespielt. Kann es ernstlich erstaunen, daß Carl Schmitt die ur-christliche Freiheit zurückweist und die Partei des Verfolgers, des Häretikers im Dienst der bedürftigen Menschheit ergreift? Daß er das antirömische Entsetzen des russischen Schriftstellers zwar anerkennt, doch gleichwohl verwirft? »Die Kirche wird, wie jeder weltumfassende Imperialismus, wenn er sein Ziel erreicht, der Welt den Frieden bringen, aber darin erblickt eine formenfeindliche Angst den Sieg des Teufels.«[8]

So kann man es auch sehen, und so muß man es sehen, wenn einem der Anarchismus des Glaubens oder der Freiheit, der Ökonomie oder der Technik als das größte Weltenübel erscheint. Da steckt ein Chiliasmus – man kann nun nicht mehr sagen: im Gottvertrauen, sondern im Vertrauen auf die Institution. Und es ist so stark, daß es sogar mit dem *säkularen* Geschichtsende spielt. Ob sich Carl Schmitt des Verrats bewußt war, als er, Stück um Stück von der Botschaft des Evangeliums sich absetzend, die *Form* zum Katechon, zum Aufhalter wider die modernen Versachlichungen erklärte? Formbewußt und mythenbewehrt trat zehn Jahre nach der Publikation des Essays über »Rom« der Nationalsozialismus seine Terrormacht an. War es wirklich nur inhaltsleerer Opportunismus, wie Schmitt sich seit 1933 dem »Führer« andiente? Oder glaubte er plötzlich eine geschichtliche Mission hier zu erkennen, die nochmals die ganze Emblematik der Repräsentationen aufbieten wollte? Der Schritt zum »Kronjuristen« wird kleiner, wenn man in Betracht zieht, daß Spuren schon in dem scheinbar rein »katholischen« Bekenntnis von 1923 wirken: der puren Institution sich auszuliefern.

Ein Jahr vor Hitlers Inthronisierung präsentierte Carl Schmitt die zweite Auflage seiner berühmtesten und bis heute umstrittensten Schrift, »Der Begriff des Politischen«, in welcher dessen Bestimmung »im Sinne eines Kriteriums« definitiv formalisiert ward. »Die spezifisch politische Unterscheidung, auf welche sich die politischen Handlungen und Motive zurückführen lassen, ist die Unterscheidung von *Freund* und *Feind*.«[9] – Es geht mir hier weder um eine »letzte« Interpretation dieser Definition im Licht von Schmitts Werk und dessen komplexen Voraussetzungen noch um eine Beurteilung des Erkenntnisstatus, der in Hinsicht auf soziale Realitäten reklamiert ist. Nur vom Eschatologischen soll die Rede sein, das die angeblich so »existentiellen Kategorien« in seinen Bann zieht.

Darauf deutet der Verfasser selber hin, wenn er davon spricht, daß aller Geist bloß gegenwärtiger Geist sein könne – ein Hegelscher Gedanke, dem freilich der Ausblick auf die »Synthese« verwehrt bleibt. Vor der Folie der kulturkritischen Klage des Essays über den römischen Katholizismus bietet sich die Erweiterung der Polemik gegen das liberale Zeitalter dar: gegen die »allgemeine Ökonomisierung des geistigen Lebens«, die auf dem Glauben an das technisch Machbare beruhe und diesem Glauben entsprechend das Politische zu negieren trachte. Kann es denn mit Erfolg negiert werden? Das vermag sich Carl Schmitt nicht vorzustellen. Alle »Neutralisierungen und Entpolitisierungen« (so der Titel eines Vortrages vom Oktober 1929 in Barcelona, der die These in den Grundzügen weiter entwickelte[10]), die den elementaren Tatbestand zu verschleiern suchen, spielen ihm schließlich wieder zu, wenn die Macht der Sondierung von Freund und Feind von neuem aufbricht. Deren Wahrheit ist eine anthropologische Wahrheit – die Einsicht, daß der Mensch von Natur aus »böse« ist, »daß alle echten politischen Theorien den Menschen als ›böse‹ voraussetzen, d. h. als keineswegs unproblematisches, sondern als ›gefährliches‹ und dynamisches Wesen betrachten«.[11]

Das wäre auf der Ebene von Überzeugungen ein schwer widerlegbares Argument, und nur Überzeugungen sind hier zur Disposition. Doch hieße das gleichzeitig, daß jeder Eifer gegen die Neutralisierer und ihre Neutralisierungen – der Lehre entsprechend – überflüssig, jedenfalls unnötig würde. – Es war das Verdienst des jungen Leo Strauss, *diese* Überzeugung in ihrer »anthropologischen« Façon hinterfragt zu haben. Noch im Erscheinungsjahr der zweiten Auflage des »Begriffs des Politischen«, 1932, verfaßte Strauss im 67. Band des »Archivs für Sozialwissenschaft und Sozialpolitik« eine ausgreifende Rezension, »Anmerkungen zu Carl Schmitt, Der Begriff des Politischen«, in welcher er dem politischen Theologen – unausgesprochen – nahebrachte, die *verdeckten* Prämissen der Definition zu eröffnen.[12] Denn Leo Strauss zweifelte an der Gültigkeit der »naturalen« Festlegung – für Carl Schmitt. Er meinte herauszuhören, daß den Klagen über einen möglichen Weltstaat und über einen virtuell entpolitisierten Zustand der Menschheit eine andere Vorstellung zugrunde war als diejenige vom »gefährlichen« Menschen.

Um dies zu illuminieren, zitiert die Rezension ausführlich Sätze, die – wider die Unumstößlichkeit des anthropologischen Befunds – Visionen einer unpolitisch gewordenen Realität gestalten. Schmitt schreibt: »Eine Welt, in der die Möglichkeit eines solchen Kampfes restlos beseitigt und verschwunden ist, ein endgültig pazifizierter Erdball, wäre eine Welt ohne die Unterscheidung von Freund und Feind und infolgedessen eine Welt ohne Politik. Es könnte in ihr mancherlei vielleicht sehr interessante Gegensätze und Kontraste geben, Konkurrenzen und Intrigen aller Art, aber sinnvollerweise keinen Gegensatz, auf Grund dessen von Menschen das Opfer ihres Lebens verlangt werden könnte und Menschen ermächtigt werden, Blut zu vergießen und andere Menschen zu töten.«[13] Und weiter, im Satzrhythmus schon Kojèves Quintessenzen aus der Hegel-Lektüre antizipierend: »Sind die verschiedenen Völker, Religionen, Klassen und andere Menschengruppen der Erde sämtlich so geeint, daß ein Kampf zwischen ihnen unmöglich und undenkbar wird, kommt auch innerhalb eines die ganze Erde umfassenden Imperiums ein Bürgerkrieg selbst der Möglichkeit nach für alle Zeiten tatsächlich nie wieder in Betracht, hört also die Unterscheidung von Freund und Feind auch der bloßen Eventualität nach auf, so gibt es nur noch politikreine Weltanschauung, Kultur, Zivilisation, Wirtschaft, Moral, Recht, Kunst, Unterhaltung usw., aber weder

Politik noch Staat. Ob und wann dieser Zustand der Erde eintreten wird, weiß ich nicht.«[14]

Unterhaltung statt Unterscheidung, Zivilisation statt Krieg – so formierte sich das neutralisierte Ende der Geschichte, und es wäre für den Staatsrechtler zugleich Albtraum und »unehrliche Fiktion«. Es ist aber, seinem eigenen Bekenntnis nach, nicht absolut auszuschließen. Da kehrt die »katholische Angst« des früheren Essays wieder: die Angst vor dem »Antichrist und der Apokalypse«. Da schleicht sich die Furcht ein: vor einer Welt ohne Ernst, ohne den moralischen Sinn für das Böse und für die Sünde. Da orakelt nicht mehr der Jurist, sondern der politisch gewordene Theologe. – Das war es, was Leo Strauss vermutete und worüber er von Schmitt Deutlichkeit zu erlangen hoffte. Carl Schmitt, so führt Strauss aus, *wolle* das Politische. Seine Distinktionen verrieten weniger die propagierte Wertfreiheit des kalten Beobachters als den Einsatz dessen, der *sein* Menschenbild zu verteidigen trachte. »Wenn daher gesagt wird, das Politische sei ein Grundcharakter des menschlichen Lebens, m.a.W. der Mensch höre auf, Mensch zu sein, indem er aufhört, politisch zu sein, so ist damit auch und gerade gesagt: der Mensch hört auf, menschlich (human) zu sein, wenn er aufhört, politisch zu sein.«[15] Und schließlich werde klar, weshalb Carl Schmitt das Politische bejahe: »weil er in seiner Bedrohtheit den Ernst des menschlichen Lebens bedroht sieht. Die Bejahung des Politischen ist zuletzt nichts anderes als die Bejahung des Moralischen.«[16]

Kann es noch reiner Zufall sein, wenn etwas später Alexandre Kojève genau dasselbe – nur mit anderen Vorzeichen, und mit der vollen Lakonik des Hegel-Weisen – statuieren wird, wie es Carl Schmitt vorausgedacht hatte: daß das Menschliche am Menschen verschwinden muß, wenn der allgemeine Zustand der Anerkennung erreicht sein wird? – Leo Strauss beließ seine Bohrungen in den Bereich der verdeckten Prämissen bei diesem Hinweis auf das Moralische, obwohl er dabei das Theologische – die von Carl Schmitt *nicht mehr* in Anschlag gebrachte christliche Eschatologie – im Auge hatte. Hier darf noch ein Stück weiter gefragt werden. Welches Menschenbild war es denn, das die Behauptung des Politischen so entschieden nahelegte? Welche Welt war es, die zur Radikalisierung ihres Ernsts gegen den »Massenglauben eines antireligiösen Diesseits-Aktivismus« drängte?

Es ist nochmals und wieder eine Welt der katholischen Verschärfung, und es ist abermals das Menschenbild nach dem Sturz in die Erbsünde. Aber es ist zugleich – und verräterisch – eine manichäische Welt: die nicht dem Erlöser die volle Verantwortung für sein Erlösungswerk zugesteht und überläßt, die nichts wissen will von der durch die Menschwerdung gestifteten Feindesliebe und der wie apokryph vorkommen muß, was die Bergpredigt verlangt. Es ist eine Welt, die sich – ganz nach der Logik des so ausgewiesenen Politischen – gegen sich selbst kehrt, indem *hienieden* und von *Menschen*geist zwischen Freund und Feind entschieden werden soll.

Natürlich behauptet die Analytik, daß für die Distinktion allein der jeweils »öffentliche« Feind, der *hostis* im Gegensatz zum privaten *inimicus* gemeint sei. Sie bezieht sich dabei auf die geschichtsmächtig gewordene Vorgabe des *Jus Publicum Europaeum*, das seit der frühen Neuzeit bis ins 19. Jahrhundert hinein den »gehegten Krieg« als Krieg zwischen souveränen Staaten zur Durchsetzung brachte. Aber zugleich sieht Schmitt für das 20. Jahrhundert neue Formen des Bürgerkriegs entstehen; sie verwischen die Linie zwischen der öffentlichen und der privaten Sphäre und bewirken Politisierungen *diesseits* des Staates. Die Subjekte, welche die Unterscheidung nun vornehmen, sind nurmehr »menschliche Gruppen« – was der Terminologie wie der Sache nach einen Rückfall von den Kategorien der Staatlichkeit in jene der Sozialanthropologie bedeutet.

Es mag schon stimmen, daß Carl Schmitt, der selbsternannte Hüter des Ordnungsdenkens, diesen Rückfall in Bürgerkrieg und staatszersetzende Anarchie in besonderem Maß fürchtete. Das Wissen des Theologen um den Riß im Weltgefüge war dadurch nicht zu erschüttern. Als Hitler an der Macht war, zeigte sich schnell, wie der Bürgerkrieg mit dem Mittel der Menschenächtung ins Land getragen wurde; es gab allerdings keine andere Partei mehr, welche die Symmetrie noch hätte herstellen können. Nimmt man den »Begriff des Politischen« nur in seiner *exoterischen* Textur – mitsamt der im 3. Kapitel ausgesprochenen Warnung vor jenen Unterscheidern, die »den Feind gleichzeitig in moralischen und anderen Kategorien herabsetzen und zum unmenschlichen Scheusal machen«[17] –, so erscheint die Option für den »Führer« als widersinnig. Erkennt man jedoch den Schatten des Esoterischen, den schon von Leo Strauss vermuteten religiösen Untergrund, bedarf es kaum noch der Verlegenheitserklärung des reinen Opportunismus.

Was das impliziert, betrifft näherhin den zuerst latenten, zwischen 1933 und 1938 öffentlich bekannten Antisemitismus von Carl Schmitt. Der Antisemitismus konnte damals in keinem Fall als *politische* Distinktion ausgegeben werden; eventuell, mit den entsprechenden Verrenkungen, als »ökonomische« – vor allem als weltanschauliche Unterscheidung. Damit bewegte man sich indessen bereits auf dem Gebiet des ideologischen Bürgerkrieges, der sich rasch und genau in die Richtung der Warnung von 1932 entwickelte: den Feind als »unmenschliches Scheusal« zu bezeichnen, »das nicht nur abgewehrt, sondern definitiv *vernichtet* werden muß, also nicht mehr nur ein in seine Grenzen zurückzuweisender Feind ist«.[18] Seit 1933 lieferte Carl Schmitt diesem Prozeß die Argumente.[19] Er legitimierte damit – als »Theologe« des Rassismus – ein Regime, das dem manichäischen Wahn verfallen war, den Zustand der Feindlosigkeit zu schaffen: doch nicht in der Weise der Hegelschen Integrationen, sondern invers mit dem zuerst benennenden, dann verfolgenden, dann auslöschenden Instrumentarium der *Exklusion*. Das säkulare Gericht hielt Einzug, im Gewand der modernen Inquisition. Der Bewunderer katholischer Formen-Macht spielte mit.

Im Jahr 1942, als er, durchaus ohne eigenes Zutun, die Gunst der Machthaber bereits verloren hatte, legte Schmitt eine »weltgeschichtliche Betrachtung« mit dem Titel »Land und Meer« vor; einen geistreichen Essay über die geschichtsbildenden Funktionen von Erde und Wasser im Blick auf die Umgestaltung Europas seit dem 16. Jahrhundert und die wachsende Einflußnahme Amerikas seit dem 19. Jahrhundert. Auch dieses Buch hat einen esoterischen Kern. Er findet sich in der tiefen Ablehnung der angelsächsischen

Welt, die als Welt der durch Wirtschaft und Technik vorangetriebenen Expansion das »Land« – den »Raum« – verläßt, um sich planetarischer Größenordnungen zu bemächtigen.

Kann dagegen etwas getan werden? Die Frage ist so zu konkret formuliert. Philosophisch heißt es, eine folgerichtig vom Meer ausgehende, rein maritime Anschauung sei für den territorialen Betrachter »schwer verständlich«. »Unsere übliche Sprache bildet ihre Bezeichnungen ganz selbstverständlich vom Lande her.«[20] Zu solchen Bezeichnungen gehört der *Nomos* als präzise, einen bestimmten und begrenzten Raum identifizierende Ordnung. Sie wird, im Zug imperialer Ausgriffe, seit dem späten 19. Jahrhundert auch zum Großraum, überschreitet also die Grenzen der rein nationalen Staatlichkeit in den Horizont einer weiteren Einflußsphäre. In den vierziger Jahren ist es daher das »Reich«, welches als Landmacht eine Dominanz dieser Art beanspruchen können soll. Doch ist für den Kerngedanken die – wiederum der Ideologie des Nationalsozialismus zudienende – Legitimierung der Reichsprätention sekundär. Letztlich ginge es nämlich darum, die »Nomos«-Theorie als eine Lehre von der *Beschränktheit* jeder Herrschaftssphäre in Anschlag zu bringen: gegen die liberale Anschauung einer *weltweiten* Lebensordnung. Abermals ist der Begriff des Politischen in Gefahr, »neutralisiert« zu werden. »Jede Grundordnung ist eine Raumordnung ... Nun, die wahre, eigentliche Grundordnung beruht in ihrem wesentlichen Kern auf bestimmten räumlichen Grenzen und Abgrenzungen, auf bestimmten Massen und einer bestimmten Verteilung der Erde.«[21]

Das soll so sein. Zwischen der apodiktischen Behauptung und dem Verdacht, daß es doch mindestens anders werden könnte, spannt sich die geschichtsphilosophische Dramatik des Essays; daß es dem »occidentalen Rationalismus« möglich sein könnte, die Raumrelationen zu lockern, die Einflußgebiete zu vermischen, das Traditionsgefüge ins Wanken zu bringen – und die *politische* Freund-Feind-Unterscheidung im Ende der Geschichte aufzulösen. Mit dem säkularen »Ende« wäre zugleich die transzendentale »Rettung« hinfällig geworden, von der es heißt, sie sei »nun einmal der gegen jeden Begriff entscheidende Sinn aller Weltgeschichte«.[22] Nicht

Hegels verweltlichte Begrifflichkeit darf triumphieren. Das bedeutete die Parusie des Antichrists, ein Produkt der »weltgeschichtlichen Brüderschaft«, »die den politischen Calvinismus mit den aufbrechenden maritimen Energien Europas verbindet«.[23] – Das Land, das ist Heimat und Herkunft, Gabe und Auftrag. Lapidar will es der erste Satz von »Land und Meer«. »Der Mensch ist ein Landwesen, ein Landtreter.« Das Meer ist Entgrenzung und Unbestimmtheit. Das Meer ist ein *Medium*. An ihm und durch es vollzöge sich die Instrumentalisierung des Planeten durch Technik und Ökonomie. »Unser ganzes diesseitiges Dasein, Glück und Unglück, Freude und Leid, ist für uns das ›irdische‹ Leben und – je nachdem – ein irdisches Paradies oder ein irdisches Jammertal.«[24]

Drei Jahre danach war der Traum vom Reich zur vollendeten Katastrophe gereift. Für Carl Schmitt bestätigte sich die unfrohe Vermutung von den immer größer werdenden Großräumen. Was er schon 1923 widerwillig prophezeit hatte – die Liaison von Kapitalisten und Bolschewisten –, schien faßbare Gestalt gewonnen zu haben. Aber Schmitt hatte, bei allem eschatologischen »Unglück«, auch Glück. Indem sich diese Liaison zum Zerwürfnis mit globalen Implikationen verformte, blieb der *Gegensatz* des Politischen erhalten und wurde durch die polare Machtkonzentration sogar noch sinnfälliger. Und es gab keinen politischen Versucher mehr, der Schmitt die Rolle des geschichtstheologischen Beobachters durch Verführung zur Parteinahme entwunden hätte.

Davon – von solcher Entfernung von allem konkret Politischen – zehrt maßgeblich das Pathos der späteren Schriften. 1950 erschien im Kölner Greven-Verlag das Buch »Ex Captivitate Salus. Erfahrungen der Zeit 1945/47«. Es leitete für die Öffentlichkeit die – freilich als Reprise zu verstehende – »katholische« Wende und zugleich die Selbststilisierung zum reinen Zuschauer und Opfer der Zeitläufe ein. Es präzisierte jedoch auch – und da sehr folgerichtig – die Furcht vor weiteren Entpolitisierungen. – Zustimmend ist die große Prognose vom Antagonismus zwischen Rußland und Amerika zitiert, welche Tocqueville am Schluß des ersten Bandes seiner »Démocratie en Amérique« gab. Wunderbar sei es, wie

Tocquevilles Blick die Vordergründe der Revolutionen und Restaurationen durchdringe, um den schicksalhaften Kern der Entwicklung zu sehen, die sich hinter den widersprechenden Fronten und Parolen vollziehe – »eine Entwicklung, die sich aller Parteien von Rechts und Links bedient, um die Dinge weiterzutreiben, zu immer weiterer Zentralisierung und Demokratisierung«.[25]

Doch schnell verwischen sich Schmitts eigene Analysen und Distinktionen. Im Sog von Zentralisierung und Demokratisierung erblickt Carl Schmitt zugleich die ziehenden Mächte eines grenzenlosen Bürgerkriegs. Dieser weltgeschichtlichen Klassifizierung bedurfte es, damit die Schuld des Juristen zu dessen »Situationsgebundenheit« entlastet werden konnte. Selbstsicher bekennt der Verfasser, er sei »der letzte, bewußte Vertreter des Jus Publicum Europaeum, sein letzter Lehrer und Forscher in einem existentiellen Sinn« – was in Anbetracht des nationalsozialistischen Engagements einer biographischen Fälschung gleichkommt.[26] Aber es hat auf der theoretischen Ebene System. Es schafft den einsamen Standpunkt dessen, der – aus »katholisch« getragener Überlegenheit? – zeitgeschichtlich die völlige Symmetrie im Moralischen zu agnoszieren glaubt: im Bürgerkrieg sind *alle* schuldig; es kann keine moralische Selektion geben.

Diese Überlegenheit habe Tocqueville, dem großen Empiriker, gefehlt. »Ihm fehlte der heilsgeschichtliche Halt, der seine geschichtliche Idee von Europa vor der Verzweiflung bewahrte.« Worin könnte dieser Halt näherhin bestehen? »Europa war ohne die Idee eines *Kat-echon* verloren. Tocqueville kannte keinen *Kat-echon*. Statt dessen suchte er kluge Kompromisse.«[27] Da ist dem prophetischen Historiker die liberale Erbsünde bezeichnet. Er verschenkte Einsichten und bemühte sich um hilflose Mediationen – weil er nicht die Vorstellung eines Katechon aufbrachte. – Sie ist ursprünglich verzeichnet im 2. Thessalonicher-Brief (Kapitel 2, Vers 7) und meint den »Aufhalter«. Als Aufhalter konnte so das Imperium Romanum gesehen werden, das sich durch seine Existenz dem apokalyptischen Ende der Zeiten entgegenstellte. – Carl Schmitt läßt den Begriff merkwürdig schillern, indem er ihn den historischen Situationen entsprechend funktionalisiert. In »Land und Meer« wird das byzantinische Reich als vielhundertjähriges Bollwerk gegen den Ansturm des Islam »katechontisch« ausgewiesen, und in derselben Schrift bezeichnet der Verfasser auch Kaiser Rudolf II. als »Verzögerer« der Glaubensspaltung und des Dreißigjährigen Krieges – was suggerieren könnte, daß der Aufhalter, vor dem Hintergrund der Paulinischen Quelle, ein von Gott bestelltes Herrschaftsgefüge jeweils sei. Von England heißt es indessen, daß es nicht in der Lage gewesen sei, den Verfall der europäischen Ordnung aufzuhalten.[28]

Damit scheint das »Heilsgeschichtliche« des Haltes – dessen Tocqueville entbehrt haben soll – stillschweigend preisgegeben. Je näher die Geschichte der eigenen Zeit kommt, um so stärker tritt die glaubensmäßige Bestimmung des Katechon zur Seite, zugunsten der Funktion reiner Ordnungssicherung wider Anarchie und ökonomische Herrschafts- und Herkunftsauflösung. So könnte selbst das »Dritte Reich« die Aufgabe eines Aufhalters gehabt haben, wiewohl es absurd gewesen wäre, dabei an Eschatologisches zu denken. – Hier wird, wie oft bei Carl Schmitt, alles mehrdeutig. Der politische Theologe wechselt das Gewand, übernimmt die Rolle des »Kronjuristen«, um schließlich nach verlorener Schlacht einen anderen vorzuschieben, dem es an Heilsvertrauen gefehlt habe. Zwischen Säkularisierung und Re-Theologisierung von Positionen und Begriffen wird vieles möglich. Kann Carl Schmitt nach 1945 noch einen Aufhalter benennen? *Das* nun erscheint – fast – unmöglich: auch und gerade wenn er selbst in Rechnung stellt, daß die von Tocqueville prognostizierte Welt die Welt der Zukunft sein wird. Man muß indessen immer fragen: Katechon gegen was? Von der Antwort hängt Entscheidendes ab.

Es ist die Realität von »Weltanschauung, Kultur, Zivilisation, Wirtschaft, Moral, Recht, Kunst, Unterhaltung usw.«, deren totale Verwirklichung verzögert werden soll. Ein solches »Amt« kann nicht mehr Amt einer Institution sein. Die Logik des Politischen aber übernimmt es, die dem Menschen unaufhebbare Distinktion von Freund und Feind. »Heilsgeschichtlich« fundiert ist es insofern – und nur insofern –, als damit die Geschichte noch stets in der Abhängigkeit der

»Schöpfung« – also auch des Sündenfalls, der Inkarnation, der Auferstehung und der Rettung am Schluß der Zeiten – verläuft. Darin wurzelt das »Heil«; die Geschichte vermag sich niemals selbst als innerweltliche aufzuheben. – Die Finalpartien von »Ex Captivitate Salus« lassen dieses geschichtstheologische Palimpsest zur Deutlichkeit changieren. »Adam und Eva hatten zwei Söhne, Kain und Abel. So beginnt die Geschichte der Menschheit. So sieht der Vater aller Dinge aus. Das ist die dialektische Spannung, die die Weltgeschichte in Bewegung hält, und die Weltgeschichte ist noch nicht zu Ende.« Und mit leicht ironischer Brechung, im Grunde aber den Gedanken intensivierend: »Vorsicht also, und sprich nicht leichtsinnig vom Feinde.«[29]

Weniger dramatisch, doch mit derselben Intention – des Nachweises von der Unhintergehbarkeit des Politischen – komponierte Carl Schmitt einen Aufsatz, der drei Jahre nach »Ex Captivitate Salus« erschien und Ergebnisse des Buches »Der Nomos der Erde im Völkerrecht des Jus Publicum Europaeum« von 1950 unter der Überschrift »Nehmen/Teilen/Weiden« synthetisiert. Auch hier soll es um »Grundkategorien« gehen; darum, »die Strukturen verschiedener Sozialordnungen und Doktrinen zu erkennen«.[30] – Bis zur industriellen Revolution des 18. Jahrhunderts sei das *Nehmen* – die Landnahme – die Voraussetzung für die daraus folgenden Prozesse des Teilens und Produzierens (Weidens) gewesen. Doch als Joseph Chamberlain hundert Jahre später die Lösung der sozialen Frage mit dem Imperialismus, der kolonialen Expansion, identifizierte, habe Lenin darin nur noch anachronistische Raub- und Beutepolitik gesehen: dem russischen Revolutionär sei Herrschaft als Konsequenz aus der Produktivität, aus einer »elektrifizierten« Erde vor Augen getreten. Das verbinde ihn mit dem Liberalismus, dessen Geschichtsphilosophie gleichfalls auf dem Vertrauen in die Entfesselung der Produktivkräfte beruhe.

Ist also die historische Phase des Nehmens abgelaufen? Carl Schmitt lenkt den Blick zunächst tatsächlich auf die Vorgänge des Teilens und Weidens. Er erwähnt dafür den Sozialismus von Proudhon und Fourier, der primär eine Neuverteilung der Lebensgüter angestrebt habe. Er erwähnt auch Karl Marx und dessen Angriff auf das bürgerliche Verteilungssystem: daß die Enteigner enteignet werden sollten. Dann allerdings bricht der Essay – nicht ab. Doch mit den geschichtlichen Herleitungen und den zeitgeschichtlichen Beobachtungen ist es plötzlich vorbei – zugunsten eines dunklen Schlusses. – Er wirft die »Frage nach dem heutigen Stande der Einheit der Welt« auf. Und man weiß jetzt, nach allem, daß es mit dem Nehmen, der ur-politischen Aktivität, noch kein Ende haben darf. Carl Schmitt rätselt, ob denn wirklich nichts mehr zu nehmen sei, alles nur noch im Raum von Teilung und Verteilung sich ordne? Oder ob vielleicht überhaupt nur noch produziert werde? – Und dann: »wer ist der große Nehmer, dieser eine große Teiler und Verteiler unseres Planeten, der Lenker und Planer der einheitlichen Weltproduktion? Schon diese Art der Frage ist geeignet, uns vor manchem ideologischen Kurzschluß zu bewahren. Weit verbreitete und überaus schlagkräftige, aber wissenschaftlich durchaus oberflächliche Vereinfachungen sind hier am Werk. Sie suggerieren uns fiktive Einheiten. Ihre Vereinfachungen lassen sich nur durch die tiefere Einfachheit ursprünglicher Begriffe überwinden.«[31]

Zu solchen Begriffen – aber das führt Carl Schmitt nicht mehr aus – zählt der Begriff des Politischen. Damit ist die Frage nach dem »Lenker und Planer der einheitlichen Weltproduktion« eine rhetorische Frage. Chimärisch muß die Vorstellung eines Zentrums sein: ein »Betrug« an der Wahrheit des Politischen – was im übrigen der zeitgeschichtlich hochvirulente Gegensatz von Ost und West, von Kommunismus und Kapitalismus nur bestätigte. – Doch kommt ein Mann, der das Rhetorische überhaupt nicht apperzipiert und Carl Schmitt die Karikatur der Antwort in die unbeirrte Ernsthaftigkeit, nämlich in die Lehre von der künftigen Einheit der Welt wendet: Alexandre Kojève. Zwei Versionen von »Endzeit« ziehen sich dabei an, um nur um so heftiger sich gegenseitig abzustoßen.

*

Am 2. Mai 1955 schreibt Kojève von seinem privaten Wohnsitz in Vanves nach dem westfälischen Plettenberg und bedankt sich für die Zusendung des »glänzenden« »Nomos«-Aufsatzes – den er allerdings schon zwei Jahre zuvor im Novemberheft der Zeitschrift »Gemeinschaft und Politik« gelesen habe.[32] Er gehe mit dem Inhalt im großen und ganzen einig. Das Einverständnis gilt jedoch nicht für den Schluß des Textes, also für Carl Schmitts Frage »nach dem heutigen Stande der Welt« und ihre Beantwortung der Art, daß es mit dem »Nehmen« noch kein Ende haben könne. Im Gegenteil, so führt der Hegel-Interpret aus, gebe es schon seit Napoleon »an sich« kein Nehmen mehr. »Für uns«, das heiße für das »absolute Wissen«, existiere inzwischen nur noch das »Produzieren«, während »für das Bewußtsein selbst« – also für jene Stufe des Geistes, die noch nicht die endgültige Erkenntnis der Wahrheit gewonnen hat – das »Teilen« vorherrschend sein soll: Kojève konkretisiert solche Emanationen des Selbstbewußtseins mit dem Hinweis auf die Vereinigten Staaten und die Sowjetunion. Schließlich folgt zum Schluß ein Satz, der Carl Schmitts schlimmste Befürchtungen zu besiegeln scheint und – wohl halb aus Höflichkeit, halb aus geteiltem Unbehagen – einstimmt in die Klage des Juristen gegenüber der möglichen »Einheit der Welt«. »Das Ziel ist – leider! – *homogenes* Verteilen. Wer es – in seiner Welthälfte – *zuerst* erreicht, wird ›der Letzte‹ sein.«

Der letzte, der definitive Regisseur der Weltgeschichte und ihrer Produktion: das ist die Antwort dessen, der vor »letzten Fragen«, wie sie Carl Schmitt vorlegt, nicht beeindruckt ist, sie vielmehr zum Anlaß nimmt, seine Fassung von Geschichtsphilosophie *nach* Hegel zu erläutern. Auch »neutralisiert« Kojève die von Schmitt nur unterschwellig angedeutete Apokalypse des Antagonismus zwischen den beiden Großmächten auf das Phänomen eines primär ökonomisch geführten Wettlaufs um die Teilung und Verteilung der Herrschaftssphären: derjenige habe gewonnen, der »in seiner Welthälfte« zuerst den wirtschaftlich-politischen Status des Endes der Geschichte erreicht habe.

Das mutet, fast vierzig Jahre später, prophetisch an, ist jedenfalls in der nüchternen Ausklammerung »theologischer« Eschatologie moderner als das von Carl Schmitt explizierte Gegenstück. Höchst bezeichnend aber ist, daß die Replik – vom 9. Mai 1955 aus Plettenberg – über einen raffinierten Umweg geführt wird. Mit einem Minimum an Präliminarien dringt sie ins Zentrum von Kojèves Philosophie vor, genauer: benennt sie das Skandalon, das dessen Hegel-Lektüre auszeichnen soll. »Alles Entscheidende steht auf Seite 215 Ihrer Introduction à la lecture de Hegel.« Diese Stelle müßte »die ganze bisherige Philosophie verändern«.

Und wie das? Angesprochen sind die Passagen, welche der Einleitung des siebten Kapitels der »Phänomenologie des Geistes« gelten, wo Hegel »Die Religion« für den Stufengang erörtert. Kojève unterwirft Hegels Gedanken einer atheistischen »Reduktion« und deutet sie in der Weise, daß der Mensch im Medium der Religion unbewußt (*inconsciemment*) ein Bewußtsein von sich selbst gewinne, das allerdings durch die Transposition auf Gott schief sei: Anthropologie in Gestalt der Theologie, verformt durch die »oppositionelle« Beziehung zum Jenseits (*hors du monde*). Doch sei der Gott der Theologie stets ein »Ideal«, eine mehr oder minder vollständige »Abstraktion«. »Bref, l'Homme qui cherche à se comprendre pleinement en tant qu'*Esprit*, ne peut se satisfaire que par une anthropologie *athée*. Et c'est pourquoi le Schicksal, le Destin de toute Théologie, de toute Religion, est en fin de compte l'athéisme.« Theologie sei nichts anderes als eine »*Vorstellung*«, die als falsche Projektion in den Begriff aufgelöst werden müsse.[33]

Sollte das die gesamte bisherige Philosophie verändern, nachdem im Jahrhundert zuvor schon Feuerbach und Marx die radikal atheistische Interpretation Hegels geleistet hatten? Und Carl Schmitt wäre sich dessen nicht bewußt gewesen? Seine Bemerkung zielt, mit der tückischen Mischung aus Bewunderung und Ironie, auf nichts anderes als auf die Zurückweisung dieses Atheismus. In ihm enthüllt sich nach Schmitt die Strategie jener »oberflächlichen Vereinfachungen«, die am Schluß des »Nomos«-Aufsatzes bereits abgewiesen worden waren. Die Suggestion »fiktiver Einheiten«: das ist es, was Kojèves Re-Projektion Gottes auf den Menschen impliziert. Der politische *Theologe* spricht es nicht aus; oder nur indirekt und unter Auslassung aller argumentativen Zwischenglieder: indem er das Einverständnis gegenüber der These verweigert, daß das Nehmen seit Napoleon aufgehört habe. »Ich bin ... nicht Ihrer Meinung, daß das ›Nehmen‹ seit Napoleon aufgehört habe, und daß heute nur noch produziert (geweidet) werde.« – Zuletzt kündet er Kojève die Übersendung seines Aufsatzes »Die geschichtliche Struktur des heutigen Weltgegensatzes von Ost und West – Bemerkungen zu Ernst Jüngers Schrift ›Der Gordische Knoten‹« an – »in dem ... ein Anspruch angemeldet ist, für den ich auf der heutigen Erde keinen andern kompetenten Schiedsrichter anerkenne als Sie, Herr Kojève«.

Nun wird der Theoretiker des Endes der Geschichte, nochmals Ironie, zum Urteilsfinder in einer Sache bestellt, bei der er selbst längst Partei ist. Zugleich soll ihm dabei evident werden, daß der Kritiker der Vision von der Welt-Einheit in solchen Dingen kampferprobt sei. Er hat schon einmal dasselbe gedanklich ausgefochten – gegen Ernst Jünger. Denn das war die Pointe des in der Festschrift zu Jüngers 60. Geburtstag publizierten Essays gewesen: es kann, Jüngers Ausblick auf eine durch »Erdvergeistigung« sich anbahnende »Weltstaat«-Ordnung zum Trotz, solches niemals geben, weil es der Unumstößlichkeit des Politischen und seiner Unterscheidungen widerspräche.[34]

Das Bemerkenswerteste des Briefwechsels ist vielleicht, wie gewissenhaft Kojève die Herausforderungen annimmt; mit der vollen Präsenz des alten Lesers von Carl Schmitt, der seine Überzeugungen auch in der widerständigen und widerstehenden Rezeption erworben hat. Er antwortet am 16. Mai 1955 auf sechs eng beschriebenen Seiten. – Aber bevor er die von Carl Schmitt aufgeworfenen Fragen verhandelt, weist er sich als Schmitt-Kenner aus (»... ich kannte einige Ihrer Schriften«) und weist er die Kommentare zurück, die seine Hegel-Interpretation als eine Variation der existentialistischen Philosophie definiert haben. Ihm mißfalle der Ausdruck *commentaire existentialiste* sehr, wahr daran sei nur, daß er versucht habe, eine »mise à jour« Hegels zu erreichen. »Wenn ›existentialistisch‹ soviel wie ›modern‹, ja sogar ›à la mode‹ heißt, so bin ich einverstanden.« Dann, nach dieser

Abwehr schiefer Zuordnungen, bestätigt Kojève, daß alles Wesentliche auf Seite 215 seines Buches stehe. »In meinem Kurs habe ich von Hegels *anthropo*-théisme gesprochen, aber dabei unterstrichen, daß es sich nicht nur um einen *sterblichen*, sondern eigentlich um einen sterbenden (und vielleicht schon gestorbenen) Gott handelt.« Das sei allerdings außer Carl Schmitt und einem englischen Kritiker niemandem aufgegangen.

Der Briefschreiber umgeht dabei – absichtsvoll?, ahnungslos? – die Möglichkeit, daß die so säkularisierte »Vermenschlichung« von Hegels Theologie hätte Widerstand in Plettenberg provozieren können – freilich den Widerstand dessen, der sogleich erkannt hatte, was da vollzogen wurde. Kojève umgeht sie, indem er, scheinbar ganz unbefangen, den vorgeschlagenen Anthropotheismus noch verstärkt. Es sei wirklich »allerhand«, so der indirekte Selbstkommentar, wenn plötzlich auf die Menschen projiziert werde, was sie während Jahrtausenden über Gott sagten; das pure Verstehen der Inversion sei so schwer, »daß sogar nach meinem Buche nur ganz wenige es wissen«. – Auch die politischen Implikationen der These werden gestreift. Zur Zeit des Pariser Seminars habe er »innerlich« statt Napoleon immer Stalin gelesen; oder in Schmitts Terminologie: »Stalin = Alexander unserer Welt = industrialisierter Napoleon = Welt(Land)reich.« Da biegt die Argumentation auf die Linie ein, die einerseits durch Carl Schmitts Essay »Nehmen/Teilen/Weiden«, anderseits durch den Aufsatz in der Festschrift für Ernst Jünger, »Die geschichtliche Struktur des heutigen Welt-Gegensatzes von Ost und West«, vorgegeben ist. Dort hatte der Jurist als Ideengeschichtler es versucht, Jüngers Weltschau von der geistigen Begegnung zwischen Osten und Westen, dokumentiert in der Betrachtung »Der Gordische Knoten«, mit einer eigenen Version von politischerem Zuschnitt zu replizieren: Die dringendste Frage richte sich heute auf den Kern des Weltgegensatzes von Ost und West, unter anderem mithin auch darauf, wer der moderne Alexander sei, der komme und den Knoten östlicher Verwicklungen und Mystizismen zertrenne. Carl Schmitt glaubt die Antwort zu erkennen, doch macht sie ihm keine Freude. – Er nimmt dafür eine geopolitische Bestimmung vor. Über allen Besonderheiten und Konfrontationen zwischen Ost und West im Lauf der Jahrhunderte werde heute »eine einfache elementare Verschiedenheit« sichtbar: »der Gegensatz von Land und Meer«.[35] Was Osten genannt werde, sei eine zusammenhängende Masse festen Landes mit Rußland, China, Indien. Als Westen müsse hingegen die Hemisphäre der Weltmeere, die vom Atlantischen und vom Pazifischen Ozean geprägte Welt angesehen werden. Dann definiert der Verfasser seine Bestimmung noch näher: nämlich vor dem *geschichtlichen* Hintergrund des Politischen. »Der heutige Welt-Dualismus und sein Gegensatz von Land und Meer hat in seinem strukturellen Kern keine geschichtliche Parallele.«[36]

Er darf sie auch nicht haben. Das auf Einmaligkeit und Unwiederholbarkeit der Weltgeschichte gestimmte Geschichtsbild des politischen Theologen, letztlich unversöhnlich dem kreisförmigen oder mindestens spiraligen Wiederkunfts-Denken Ernst Jüngers entgegengestemmt, muß in Anerkennung der christlichen Schöpfungslehre auch im Menschlichen – von der anthropologisch gegründeten »Urschuld« abgesehn – fortlaufende, auf das Ende ausgerichtete Singularitäten statuieren. Virulent also wird der nur scheinbar naturhafte Gegensatz zwischen Land und Meer erst als konkrete Situation: als historisch distinkte, seit dem 17. Jahrhundert sich ausformende Spannung zwischen den Mächten der Erde und jenen des Wassers. »Das geschichtliche Denken ist Denken einmaliger Situationen und damit einmaliger Wahrheiten. Auch alle geschichtlichen Parallelen dienen vernünftigerweise nur der schärferen Erfassung dieser Einmaligkeit; sonst werden sie hoffnungslos zu Ansätzen einer allgemeinen Geschichtlichkeit, eines funktionierenden Ablaufs, den es in der Geschichte nicht gibt.«[37] Und auch hier gilt: es darf ihn nicht geben, denn *solange* es ihn nicht gibt, solange es dem Menschen noch nicht gelungen ist, über die Geschichte zu entscheiden und sie, mit der Konsequenz der Abschaffung, zu funktionalisieren, so lange herrschen noch die christliche Eschatologie der Kontingenz hienieden und die Wahrheit des Politischen.

Der Preis, den Carl Schmitt für die Festschreibung des

Dualismus entrichtet, liegt aber darin, daß er anerkennen – und dämonisieren muß, wie die Mächte der See auf dem Vormarsch sind. Der Verteidiger des Landes und der tellurischen Gebundenheit, der Mythologe des »Hauses« und des »Weidens«, erblickt darin das Verhängnis, das der technischen Zivilisation entströmt. Doch wichtiger ist noch immer, daß der Gegensatz bestehen bleibe. Er bedeutet die Option für die Geschichte, gegen die »Naturalisierung« der Welt. »Wären Land und Meer im heutigen Welt-Dualismus nur eine polare, auf Ausgleich und Wiederkehr angelegte Verschiedenheit, dann müßten wir die beiden Elemente als ein Stück Natur ansehen. Die Elemente im Sinne der Natur trennen und verbinden, mischen und entmischen sich.«[38] Nicht von solcher naturaler Gesetzmäßigkeit soll der Nomos der Erde bestimmt sein, sondern von historischen Herausforderungen und von »geschichtlicher Freundschaft oder Feindschaft«.

Dafür bürgt der Mensch. In scharfer Abhebung von Theorien, die den Menschen mit seinen »natürlichen« Konditionierungen definieren, erklärt ihn Carl Schmitt von seiner Ausnahmestellung her als das Wesen, das anders als alle anderen Lebewesen mit Willen und Bewußtsein zur Feindschaft fähig ist. Diese Disposition beruht auf einer das rein Gegebene überschreitenden, das Schema von Reiz und Reaktion sozusagen ins Metaphysische hinausprojizierenden Bewegung des Geistes. »Die Feindschaft zwischen den Menschen enthält eine Spannung, die das Natürliche bei weitem transzendiert. Beim Menschen schlägt das Transzendierende immer durch, gleichgültig, ob man transzendent oder transzendental sagt.«[39] Das wird nicht anthropologisch begründet, und schon gar nicht auf die theologische Überzeugung, die dahinter sich entfaltet, fixiert. Es soll so gelten, als unhinterfragbare Faktizität, wie auch das Verhältnis des Menschen zur Geschichte als ein Verhältnis von Frage und Antwort absolut gelten soll. »Eine geschichtliche Situation ist unverständlich, solange sie nicht als ein von Menschen vernommener Anruf und zugleich als Antwort der Menschen auf diesen Ruf verstanden wird. Jedes menschliche Wort ist eine Antwort.«[40] Frage und Ruf schlagen die Menschen in den Bann der »Geschichtsmächtigkeit«, die zugleich als ein »Gericht« verstanden werden könne. »Mit einem Wort: sie treten aus dem Naturzustand in den Stand der Geschichtlichkeit ein.«[41]

Carl Schmitts »historische Anthropologie« historisiert menschliches Tun im Maß, daß von den anthropologischen Qualitäten nur noch wenig Bestand haben kann. Und wie ihm daran, an der »Natur«, nicht gelegen ist – und diese Natur ihm für die Sicherung der christlichen Offenbarungswahrheit auch nicht gelegen käme –, so refüsiert er zugleich die Vorstellung von geschichtlichen Gesetzmäßigkeiten. »Uns liegt nicht an allgemeinen Gesetzen der Weltgeschichte.« In der Tat; sie müßten ja die Strukturen der Einmaligkeit von Frage und Antwort zerstören und jenes Moment von Überraschung ausschalten, das die von Gott allein verwaltete Eschatologie induziert. An Hegels Geschichtsdialektik zeigt Carl Schmitt deshalb, daß der Meister das historisch Singuläre nicht aus den Augen verloren habe – was sich in dem Satz von der Menschwerdung des Gottessohnes manifestiere, welche die Achse der Weltgeschichte sei. Umgekehrt verfallen nach Schmitt von Comte über Marx bis zu Spengler – und mit der Ausnahme Tocquevilles – fast alle Geschichtsdenker des 19. Jahrhunderts dem »Vergesetzlichungs-Wahn«. Er ist ein metaphysisches Übel, gleichzeitig aber der Reflex auf eine bestimmte Realität.

Um welche Wirklichkeit handelt es sich? Um jene, die den Gegensatz von Land und Meer scheinbar endgültig zugunsten des Meeres entscheidet. Es ist die – von Carl Schmitt seit den frühen zwanziger Jahren beargwöhnte und perhorreszierte – Wirklichkeit von Technik, Wissenschaft und Kommerz. Sie hat ihren Anfang im England des 18. Jahrhunderts genommen und dringt seither als »globale« Herausforderung auch in die alten Stammbereiche vor. Sie hat die Tendenz, die staatlichen Lebensordnungen zugunsten der gesellschaftlich-*universalen* zu verdrängen und damit die »klassische« Symmetrie von Freund und Feind aufzulösen. Ihr Angriff ist der Angriff auf das Politische. Dafür zitiert Schmitt – Hegel. Im Paragraphen 247 von Hegels »Rechtsphilosophie« sei der große Antagonismus mit den entsprechenden Zuordnungen gültig ausgesprochen. »Wie für das

Prinzip des Familienlebens die Erde, fester Grund und Boden, Bedingung ist, so ist für die Industrie das nach außen sie belebende natürliche Element das Meer.«

Erst auf den Schluß-Seiten seiner Betrachtung deutet der Warner vor der »entfesselten Technik« den Verdacht an, daß es mit dem Zeitalter der sich öffnenden Ozeane, der »Nahmen« im Dienste der Produktivkräfte vorbei sein könnte. – Genau an dieser Einfallstelle knüpft Alexandre Kojève als Leser des Essays und als von Carl Schmitt bestellter Schiedsrichter an.

Früher habe er stets »Stalin« gelesen, wenn Hegel Napoleon genannt habe. Jetzt glaube er, daß Hegel völlig recht hatte, daß die Geschichte bereits mit dem historischen Napoleon beendet sei. Was habe Napoleon gewollt? Den Staat zugunsten der Gesellschaft »aufzuheben«, und zwar durch einen totalen Sieg in einem totalen Krieg – indem nämlich durch diesen totalen Krieg der Staat als solcher – »Staat = kriegsführende territoriale Einheit« – »zur Vollendung« gebracht und also »aufgehoben« werde. Marx habe später mit seinem »Reich der Freiheit« auch nichts anderes gewollt, und die Angelsachsen wollten, heute wie damals, dasselbe – »wohl mit mehr Erfolg«. – Rhetorisch fährt Kojève mit der Frage fort, ob es denn heute noch Staaten im eigentlichen Sinn des Wortes gebe, Regierungen, die mehr und anderes seien als bloße Verwaltungen und Polizeisysteme? Er skizziert den weltgeschichtlichen Horizont. Amerika, Europa, Asien, Afrika – überall sei das Verständnis des Politischen am Verschwinden, oder, wie im Fall von Amerika, gar nicht erst entstanden (»Die Amerikaner haben niemals gewußt, was Krieg, Politik und Staat bedeuteten ...«). Wenn die Welt einmal den American way of life erreicht haben werde, werde es keine Gelegenheit mehr geben, Krieg zu führen.

Doch mehr noch. Kojève ergänzt seine Diagnose mit persönlichen Erfahrungen. Als er als Beamter in die Funktionen des Wirtschaftsministeriums eingeführt worden sei, habe er nicht sogleich begriffen, daß da gar kein Staat mehr war. »Erst nach einigen Jahren« sei ihm aufgegangen, wie durch das Patt zwischen Regierung und Parlament eine »Neutralisierung« des Politischen zustande gekommen war, durch welche die Verwaltung unbehindert »verwalten« konnte: »(= das ›Weiden‹ organisieren, um Ihre Sprache zu sprechen)«. Innenpolitik gebe es nicht mehr, denn alle Leute seien zufrieden. Dazu in Klammern: »Die *unbefriedigte* Elite ist eine revolutionäre d. h. politische Macht nur wenn die Masse unzufrieden ist.« Und das außenpolitische Ziel bestehe darin, den Krieg aus der Welt zu schaffen. Erst als er diese Vorgänge gesehen und miterlebt habe, habe er auch verstanden, daß die Sowjetunion nur etwas moderner sei als die anderen und mit dem revolutionären Sturz des alten Regierungssystems eine Verwaltung etabliert habe.

Bei alledem scheint Kojève nicht die »theologische« Dimension aufgefallen zu sein, die in der Tiefe von Carl Schmitts als existentiell ausgegebenen Antagonismen damals wirkte. Man muß fast staunen, mit welcher Unbefangenheit der Wirtschaftsexperte sein Hegel-Arkanum gegen die Schmitt-Welt wendet – das vollziehend, was dem Briefpartner der bösartige Zug politischer Neutralisierungen ausmachte. Doch wie Carl Schmitt gibt auch Kojève vor, nur Beobachtungen zu liefern. Es wird freilich für die politische Theologie nur noch schlimmer. Es gehe jetzt und fortan um die rationale Verteilung der Rohstoffe und Industriewaren, um »Weiden« ohne »Ausweiden«. Es gehe weiter um den Einkommensausgleich. »Und nach 10-20 Jahren wird wohl auch ein ›Nicht-Hegelianer‹ merken, daß Osten und Westen *dasselbe* nicht nur wollen (wohl seit Napoleon), sondern auch *tun*. Dann wird das ›Gleichschalten‹ leicht sein.«

Was es nach solchen endgültigen Auflösungen des »Gegensatzes« von Osten und Westen noch zu ergänzen gibt, betrifft allein noch die geopolitischen Implikationen von Land und Meer. So gibt also Kojève pflichtgemäß das Urteil des Schiedsrichters ab. »Ich bin mit *allem* einverstanden ... außer mit der *Zeit*-Frage. Das *war* so, *ist* aber nicht mehr. Und das sagen Sie ja selber, S. 166.« »Äußerlich« könne man dies in die Richtung ausdrücken, daß es wirtschaftlich gesehen keinen Ozean mehr gebe, sondern nur noch Binnengewässer. »Strategisch« beurteilt seien »Land und Meer« in Hegels Sinn in Luft »aufgehoben« – wobei zum Angriff ohnehin keiner mehr Lust habe. »Und wo alle sich nur noch ›verteidigen‹ wollen und können, gibt es keine Geschichte mehr und also keinen ›Alexander‹.« – Kojève schließt mit der Entschuldigung für den »langen und wirren« Brief – und mit der hintersinnigen Anspielung, daß auch er seine zeitgemäßen Betrachtungen einem kompetenten Schiedsrichter unterbreiten wollte.

Dieser Schiedsrichter – der stets die Schwierigkeit hat, nicht in den Gang der Argumentation einfließen lassen zu können, was ihn im letzten bewegt: die katholisch redigierte Apokalypse – antwortet am 26. Mai 1955 ausweichend. Er habe Kojèves Brief auf einer Reise in Süddeutschland erhalten und wolle demnächst darauf eingehen. Jedoch sei veranlaßt worden, daß Kojève die zweite Auflage seines Buches »Land und Meer« erhalte, da dieser Text in dem Ost-West-Essay vorausgesetzt sei. Also noch kein Wort über den ökonomischen Neutralisierer und seine Einebnungen politischer Unterscheidungen, kein Kommentar zur eschatologisch entleerten Diesseits-Vision vom Ende der Geschichte, die zwischen Ost und West, zwischen Kommunismus und Kapitalismus keine unüberwindlichen Differenzen mehr zulassen will. Und keine Replik auf die ignorierende Suspension der Dichotomie von Land und Meer. – Das gibt aber Kojève Gelegenheit, zwei Tage später, am 28. Mai, seine These nochmals auszuführen, nun auch in Kenntnis des Buches »Land und Meer«. Carl Schmitt, so heißt es, beherrsche die Kunst, wichtige Fragen einfach zu formulieren. Dann wiederholt Kojève, daß er »für die Vergangenheit« einverstanden sei mit der Lehre von den »Elementen«. Aber das gilt nicht für die Gegenwart und für die Zukunft.

Darauf reagiert schließlich Schmitt am 7. Juni. Er bezieht sich zunächst auf das Thema des Endes der Staatlichkeit. Mit dem Staat sei es vorbei – »das ist wahr, dieser sterbliche Gott ist tot, daran ist nichts zu ändern; die heutige, moderne Verwaltungsapparatur der ›Daseins-Vorsorge‹ ist nicht ›Staat‹ im Sinne Hegels, nicht ›Regierung‹ ...; keines Krieges und auch der Todesstrafe nicht mehr fähig, daher auch nicht mehr geschichtsmächtig«. Droht demnach doch Ernst Jüngers »Weltstaat«? Das kann und darf Carl Schmitt nicht einräumen. Die »majores homines« – die Führer der modernen Weltmächte – würden sich künftig in den Großräumen auseinandersetzen. Als Großraum gilt dabei eine Macht- und Einflußsphäre, die sich vom reinen »Planungs«-Raum abhebt – und die zugleich den »Sinn« haben soll, Pluralität »und damit eine sinnvolle Feindschaft« zu ermöglichen: einen »Gegensatz« wider die »Einheit der Welt«, »d. h. gegen die Annahme, daß der Kreislauf der Zeit bereits zu Ende sei. Das ist es, was ich *nicht* glaube. Le cercle n'est pas encore parcouru«. Und weiter: »Der heutige Welt-Dualismus (von Ost und West, von Land und Meer) ist *nicht* der Endpunkt für die Einheit d. h. das Ende der Geschichte. Er ist vielmehr der Engpaß, durch den der Weg zu neuen, ›zeitgemäßen‹ magni homines führt.«

Wie er selbst bekennt, sucht Carl Schmitt den neuen Nomos der Erde, eine »Geo-Nomie«. Das »ungeheure ›Messen der Kräfte‹« sei evident. »Ich fürchte (und sehe), daß das ›Nehmen‹ noch nicht aufgehört hat.« Das variiert, etwas deutlicher, die dunklen Schlußfragen des Essays »Nehmen/Teilen/Weiden« nach dem Regisseur der Weltplanung: es kann keinen einzelnen geben, stets bedarf es mindestens eines ideologischen und politischen Dualismus, damit sich die Grundstruktur von Freund und Feind bewahrheitet. – Als Kojève am 11. Juli 1955 – nach längeren Reisen in Sizilien, Tunesien und Marokko – darauf antwortet, lenkt er anfangs insofern ein, als er Genugtuung darüber äußert, daß die beiden Briefschreiber über den »sogenannten Staat« dasselbe dächten. Aber dann zitiert er ein Menetekel, das auf grausame Weise das katechontische Ringen Carl Schmitts gegen das verweltlichte Ende der Geschichte durch Planung und Verwaltung unterlaufen soll. »Ich sehe jedoch nicht ein, wie Sie trotzdem von einer künftigen politisch-militärischen ›Auseinandersetzung‹ sprechen können. Für mich ist der Cowboy-Hut Molotow's ein Zukunftssymbol.«

Mit der gesamten Apparatur seiner Hegel-Exegese, aber auch mit der kaum verhüllten Sympathie des Emigranten für Josef Stalin und dessen Sowjetunion negiert Kojève den Antagonismus zwischen Ost und West im Prinzipiellen. Er soll auf der Ebene, die der Weltgeist ausmißt, nicht mehr existieren. Das mutet nicht weniger »gläubig« an als das pathetische Beharren des Juristen auf seiner Auslegung des Politischen, und es fällt auch nach dem Jahr 1989 schwer, darin Hellsichtigkeit aufzuspüren: nicht durch gegenseitige »Annäherung« gelang schließlich die Überwindung des großen Gegensatzes, sondern durch die schnelle Implosion des real existierenden Sozialismus. – »Für mich sind Revolutionen selbstverständlich ebenso unmöglich geworden, wie Kriege. Beide setzen ja Staaten voraus, die es eben nicht mehr gibt«, schreibt zuversichtlich Kojève am 1. August 1955. – Als Carl Schmitt – erst am 14. Dezember – reagiert, scheint er sich damit abgefunden zu haben, daß Einigkeit über das Politische und über das Ende der Geschichte niemals zu erreichen ist. Er weicht ins Philologische aus, mit einer Frage, die den Feind-Begriff bei Hegel angeht. Schmitt erwähnt die betreffende Stelle in dem Kapitel über das »unglückliche Bewußtsein« der »Phänomenologie des Geistes«, wo »der Feind in seiner eigensten Gestalt« zur Sprache kommt. Wer dieser Feind sei? Weshalb es möglich sei, daß er sich in seinen tierischen Funktionen zeige? »Was hat er dort zu suchen?« Schmitt läßt durchschimmern, weshalb ihn solches beschäftigt. Es geht ihm um dem möglichen Zusammenhang mit einem Vers Theodor Däublers, den er in seiner Schrift »Ex Captivitate Salus« als geschichtsphilosophisches Orakel zitiert hat: »Der Feind ist unsre eigne Frage als Gestalt.«[42] Er flicht noch die Anekdote ein, daß ihm ein deutscher Harvard-Besucher später seinen Eindruck geschildert habe, wie Amerika keinen Feind haben könne, weil es keine Gestalt habe – um dann zu präzisieren: »Es ist ja allgemein – ähnlich wie bei der Frage nach der Möglichkeit einer ›Diktatur‹ im System der Hegelschen Philosophie – die Frage, ob es einen ›Feind‹ bei Hegel überhaupt geben kann. Denn: entweder ist er nur ein notwendiges Durchgangsstadium der Negation, oder aber nichtig und wesenlos.«

Von Hegel immer wieder attrahiert und zugleich – mit dem Instinkt des Theologen für die unvermittelbaren Gegensätze – enttäuscht, will Carl Schmitt sich abermals fragen, ob der Meisterdenker des Deutschen Idealismus vielleicht doch noch als Bundesgenosse seiner Feind-Theorie zu gewinnen wäre – indem er jenen Hegel-Kenner fragt, dessen

Posthistoire-Lehre gefährdet würde, wenn denn Hegel den Feind tatsächlich als »unaufhebbar« bestehen ließe. – Wie lautet der Passus im Original? Hegel erläutert den Prozeß des Bewußtseins in seinen verschiedenen Gestalten. Jenes Bewußtsein, das aus dem Zustand des »inneren Gemüts« herausgetreten ist und im »äußeren Tun und Genießen« sich als verwirklichtes erfahren hat, hat die Stufe erreicht, »an und für sich zu sein«. »Darin ist aber nur der Feind in seiner eigensten Gestalt aufgefunden.«[43] Weshalb? Weil in solcher Rückkehr des radikalen Fürsichseins zu sich selbst die »tierischen Funktionen« des Genusses gleichsam einen Bewußtseinsstatus erhalten, statt in der geistigen Bedeutungslosigkeit zu verschwinden. Hegel fährt also fort: »Seiner als *dieses wirklichen Einzelnen* ist das Bewußtsein sich in den tierischen Funktionen bewußt. Diese, statt unbefangen als etwas, das an und für sich nichtig ist und keine Wichtigkeit und Wesenheit für den Geist erlangen kann, getan zu werden, da sie es sind, in welchen sich der Feind in seiner eigentümlichen Gestalt zeigt, sind sie vielmehr Gegenstand des ernstlichen Bemühens und werden gerade zum Wichtigsten.«[44] Es ist eine »sich bebrütende, ebenso unglückliche als ärmliche Persönlichkeit«, die solchermaßen ihren »Feind« aus sich erzeugt, indem sie die »tierischen Funktionen« in den Stand der Reflexion erhebt und sich vom Allgemeinen um so mehr absondert.

Kojève antwortet – nach der Rückkehr aus Tunis, wo er an Verhandlungen zum Zollverein mitwirkte – am 4. Januar 1956 in einem zweiten sehr langen Brief. Daß er die Explikation der problematischen Hegel-Passage nicht aus der Systemlogik der »Phänomenologie« gewinnt, sondern sogleich eine exoterische, auf den Atheismus hinlaufende Erklärung vorschlägt, kann nach dem Duktus der »Introduction« nicht mehr verwundern. Der »Feind«, so legt er Carl Schmitt dar, »ist wohl der Teufel, genauer der christliche Teufel, der sich eben in den ›tierischen Funktionen‹ zeigt«. Für Hegel seien diese Funktionen deshalb nichtig, »weil der Mensch sie negiert und nur als deren Negation allein Mensch und nicht nur Tier ist«. Und weiter: »Da aber das ›unglückliche Bewußtsein‹ (d. h. der religiöse Mensch, genauer der Christ) als *Knecht* vor dem Tod und dem Wagen des Lebens im Kampf für die Anerkennung erscheint und dem Kampf ausweicht, so ist ›für es‹ das Tierische nicht ›nichtig‹, sondern mächtig, d. h. eben ›teuflisch‹.« Folglich sei der eigentliche Feind – als »Todesfeind«, der töten und getötet werden könne – der Körper. Wenn man bereit sei, ihn zu töten (»wenn man bereit ist, sein eigenes Leben zu wagen«), »so ist der Feind ›nichtig‹ und kann (wenigstens als Feind) vernichtet werden«.

Womit der christliche Mensch, gefangen in der Angst des Fleisches, befangen in der Furcht vor dem Lebenseinsatz, unfähig zur Negation der »tierischen Funktionen«, nicht nur vom eigentlichen Menschsein ausgeschlossen wäre, sondern auch die Wahrheit des Politischen stets nur auf der Seite der Knechtschaft, des passiven Erleidens erführe. Das ist wohl die härteste Opposition, die dem kämpferischen Aktivismus politischer Theologie entgegengebracht werden kann. Aber das Ganze muß für Carl Schmitt um so irritierender werden, als Kojève in einer zweiten Argumentationsreihe zur »dialektischen« Weiterführung dieser Interpretation drängt. »›Ob es einen Feind bei Hegel überhaupt geben kann‹, fragen Sie. Wie immer: Ja und Nein.«

Es gebe einen Feind insofern und so lange, als es den Kampf um Anerkennung – Geschichte – gebe. Weltgeschichte sei die Geschichte der Feindschaft zwischen den Menschen, die es – und da greift Kojève eine Bemerkung Schmitts aus dem Essay für die Jünger-Festschrift auf – unter den Tieren überhaupt nicht gebe. Es gebe keinen Feind mehr, sobald die Geschichte als Kampf um Anerkennung im absoluten Wissen »aufgehoben« sei. »So ist letzten Endes die Feindschaft nur ein ›Moment‹ der ›Logik‹, d. h. der menschlichen Rede. Die voll-endete Rede des Weisen (des Abs. Wissens) redet auch (in der Phän. des G.) *über* die (vergangene) Feindschaft, aber der Weise spricht nie *aus* Feindschaft, noch *an* Feinde. Oder, anders ausgedrückt, die Feindschaft ist im gegenseitigen Anerkennen aufgehoben, d. h. vernichtet; aber man kann nur einen (gewesenen) *Feind* wirklich *anerkennen*, so daß die Feindschaft im Anerkennen auch aufbewahrt (aufgehoben) ist, allerdings in einer sublimierten (aufgehobenen) Form.« – Und um den Gedanken bis ins letzte zu ziehen, wagt es Kojève, eine Prognose zu stellen.

Man könne sich fragen, ob in fünfhundert Jahren die Rede des Weisen – Hegels – über die Feindschaft noch verstanden würde: schon jetzt verstünden nur noch wenige, was die Worte »Feind«, »Staat«, »Krieg« und »Geschichte« bedeuteten.

Carl Schmitt scheint, nach Lage der Dokumentation, auf Kojèves Apotheose der »Freundschaft« nicht mehr eingegangen zu sein. Man kann das verstehen. Es wäre sinnlos gewesen. Es hätte nichts mehr gebracht, der bis ins letzte ausformulierten Deutlichkeit der »Weisheit« nochmals die eigene Überzeugung von der Unaufhebbarkeit der Feindschaft diesseits der Zeiten entgegenzuhalten. Auch meinte der Apokalyptiker erkannt zu haben, daß sich Kojève von keinem Gegen-Urteil und von keiner Gegen-Distinktion erschüttern ließ – weder von der Opposition von Land und Meer noch von der Logik des Nehmens, Teilens und Weidens; weder von den ideologischen Welt-Gegensätzen noch von der Philosophie der Großräume. Hier war ein ebenbürtiger Gegner aufgetaucht, der seine Position auch dadurch festigte, daß er gewisse Prämissen einfach übersah.

Carl Schmitt bringt in einem Brief vom 11. Mai 1956 ein anderes Thema vor. Er skizziert kurz die These seiner Schrift »Hamlet oder Hekuba. Der Einbruch der Zeit in das Spiel« (1956), näherhin den Interpretationsvorschlag, Shakespeares Tragödie so zu lesen, daß sie auch in ihrer Geschichtlichkeit verstanden werde: es sei der Einbruch der zeitgeschichtlichen Gegenwart von 1600, der das Stück mitbestimme. Damit soll es, entsprechend der These Schmitts von der historischen Einmaligkeit jeder Frage und jeder Antwort, die ihr folgt, nicht nur in seiner ethisch-ästhetischen Universalität verstanden werden. – Dann schlägt er Kojève vor, einen Vortrag beim Düsseldorfer »Rhein-Ruhr-Club« zu halten – »vielleicht über das Problem der underdevelopped region«. – Darauf reagiert Alexandre Kojève zehn Tage später, und zum letzten Mal flackert die Kontroverse auf. Zuerst willigt er ein, den Vortrag in Düsseldorf zu halten, auch stimmt er bezüglich des von Schmitt proponierten Themas zu; er könne bei dieser Gelegenheit auch »meine ›hegelianische‹ Marx-Interpretation bekanntmachen: was im 19. Jhdt. das Proletariat war, das sind im 20. die ›underdevelopped‹ –, mit allem, was daraus folgt, als Theorie und Praxis.« – Im zweiten Teil des Briefes bezieht sich Kojève auf die Hamlet-Andeutungen und auf den Begriff des Tragischen. Hegel habe wohl die »Tragödie der Intellektuellen« nicht gesehen. Wenn er Hegel recht begreife, so sei *de facto* ein Bürger immer auch Bourgeois, der eigentliche Herr gehöre in die mythische Vor-Geschichte. »Wenn es denn so ist, dann macht der Staat (– jeder eigentliche Staat, wo die ›Autorität‹ an die Stelle des Kampfes um ›Anerkennung‹ kommt) der Tragödie ein Ende: eben weil es *im Staat* keine eigentlichen ›Herren‹ gibt (genauer: weil die ›eigentlichen Herren‹ doch nur todes-*würdige* Verbrecher sein können).«

Was Hegel jedoch nach Kojèves Meinung nicht gesehen hat, betrifft die Intellektuellen – die keine »Bourgeois« seien, weil sie keine Bürger seien. Sie lebten in einer autonomen – »immunen« – République des lettres: »Und in dieser Republik gibt es auch Tragödien.« So anerkennt Kojève einerseits Shakespeares Stück in seiner dramatischen Unauflöslichkeit als ein Stück um den »Intellektuellen«; anderseits billigt er die geschichtliche Lesart, die Carl Schmitt präsentiert. Doch nur zum Teil. Wohl gebe es tragische historische Situationen. »Nur würden Hegel und Marx bemerken, daß diese ›Situationen‹ nicht absolut tragisch sind, da es stets einen *revolutionären* (d. h. eben *blutigen*) Ausweg aus ihnen gibt.«

Das ist Alexandre Kojèves Schlußwort in einer Korrespondenz, deren Bedeutung aus dem Kampf um die Geschichte und ihr Ende lebt. Alles weitere betrifft nur noch technische Details der Vortragsvorbereitung. Am 23. Dezember 1956 erkundigt sich Carl Schmitt nochmals nach dem genauen Thema, am 24. Dezember sendet Kojève biographische Angaben und bestätigt, daß er über das Problem der unterentwickelten Länder reden wolle – »Doch muß ich, als Beamter, natürlich vorsichtig sein und mehr ›Prinzipien‹ als konkrete Fragen behandeln.« Am 18. Januar 1957 tritt Kojève in Düsseldorf auf, in Anwesenheit Carl Schmitts, am 23. Januar bedankt er sich aus Vanves nochmals für die »überaus freundliche und nette Aufnahme«. Am 31. Januar bedankt sich Carl Schmitt seinerseits. »Für mich bleibt die persönliche Begegnung mit Ihnen ein großer Moment meines Lebensabends. Die Lektüre Ihrer ›Introduction‹ und Ihrer Briefe wird dadurch zu einem Gespräch von unmittelbarer Lebendigkeit.«

Ist das alles? Soll das alles sein? Weder bei Kojève noch bei Carl Schmitt finden sich danach Spuren im Werk. Weder läßt sich der Hegel-Deuter von den Einwänden aus Plettenberg dazu verführen, die Denkfigur vom Ende der Geschichte als dem Ende der Feindschaft zu relativieren – wozu das Erscheinen der zweiten Auflage der »Introduction« hätte Gelegenheit geben können; ohnehin hat er sich längst einer anderen Herausforderung, der Darstellung eines »Système du Savoir« in der Perspektive von Hegels Philosophie zugewandt.[45] Noch nimmt Carl Schmitt die Gegenthese zu seiner politischen Theologie so auf, daß sie in seinen Schriften fortan aufschiene. Es bleibt auf dem Niveau von Fußnoten. Als 1958 ein Sammelband mit vorwiegend verfassungsrechtlichen Studien Schmitts erscheint, in welchen auch der Essay »Nehmen / Teilen / Weiden« aufgenommen ist, erwähnt Schmitt in dem kleingedruckten Ergänzungsteil den Namen von Kojève. Er erwähnt auch den Düsseldorfer Vortrag vom 18. Januar 1957 und die Vision vom »capitalisme donnant«. Aber das Schlußwort muß er selbst haben – in Form einer allerdings durch die Syntax diskret anonymisierten Selbst-Zitation. Sie beendet, nicht ohne Hintersinn, den ganzen Sammelband. »In einem Vortrag vom 18. Januar 1957 prägte Alexandre Kojève im Hinblick auf den neuen Nomos der Erde ... den Ausdruck ›gebender Kapitalismus‹. Damit sollte gesagt werden, daß der moderne, fordistisch aufgeklärte Kapitalismus, der auf die Steigerung der Kaufkraft der Industriearbeiter und industrielle Entwicklung der industriell unterentwickelten Gebiete bedacht ist, etwas wesentlich anderes bedeutet, als der nur nehmende Kapitalismus, den Karl Marx im Auge hatte. Es wurde Kojève erwidert, daß kein Mensch geben kann, ohne irgendwie genommen zu haben. Nur ein Gott, der die Welt aus dem Nichts erschafft, kann geben ohne zu nehmen, und auch er nur im Rahmen der von ihm aus diesem Nichts erschaffenen Welt.«[46]

*

Für letzte Worte war Carl Schmitt immer gut. Er war dazu prädisponiert: von einer Theorie her, die er selbst mit dem Anspruch absoluter Geltung versah und konsequent auch »veröffentlichte«. Es handelt sich um die Theorie von der Situationsgebundenheit, der geschichtlichen Einmaligkeit von Denken und Handeln. Daß sie, über die harmlose Fassung des Historismus und der verstehenden Hermeneutik hinaus, einen dichten theologischen Kern haben sollte, daß alle weiteren Ableitungen von der heilsgeschichtlich singulären Tatsache der Offenbarung durch Menschwerdung her bestimmt waren, verschwieg Carl Schmitt – oder drückte es in dunklen Anspielungen aus. Die wissenschaftliche Biographie schien dem auf beinah beunruhigende Weise zu entsprechen, so daß der Argwohn legitimerweise entstehen konnte, die »Theorie« habe *auch* dazu gedient, jene situativen Verfehlungen zu glätten, von denen Schmitt eigentlich am besten wissen mußte, daß sie die Bedingungen des Verrats – des wissenschaftlichen und des moralischen Verrats – erfüllten.

Da sie uns nun einmal zugänglich gemacht sind, mag es seinen Sinn haben, jene – fast – privaten Aufzeichnungen und Tagebuchblätter heranzuholen, die Carl Schmitt zwischen dem 28. August 1947 und dem 14. August 1951 unter dem Titel »Glossarium« verfaßt hat.[47]

Diese Notizen, wer wollte es leugnen, lassen Carl Schmitt nicht sympathischer erscheinen, im Gegenteil. Aber darum soll es hier nicht gehen, sondern nur darum, *wie* sich beinah alle Themen und späteren Diskussionen mit Alexandre Kojève schon da konstituieren, und zwar in der ungeschönten Direktheit der Empörung und des Ressentiments. Empörung gegen sich selbst, gegen die für immer verschattete Laufbahn des Staatsrechtlers wirkt dabei mit. Doch kann Schmitt ohne Verrenkungen oder biographische Verfälschungen das Ressentiment aufnehmen, das bereits in den zwanziger Jahren den »Neutralisierungen« ökonomischer oder technischer Provenienz wider das Politische gegolten hatte. Nur indem dieser »Anschluß« als Vergegenwärtigung einer Erkenntnis gebildet wird, kann es – *für Carl Schmitt* – gelingen, die Jahre des Nationalsozialismus ihrer Bedeutung nach zu »entlasten«: sie werden zum Durchgangsstadium, das zum Gesamtprozeß nihilistischer Umwertungen zwar etwas beitrug, aber nichts grundsätzlich Neues.

Am 1. September 1947 notiert der Tagebuchschreiber: »Die Frage ist, ob die Feindschaft aufhört, und sie hat leider nicht aufgehört.«[48] Er schreibt »leider«; die Klage klingt freilich nicht echt. Zur währenden Existenz des Politischen ist die Feindschaft notwendig, wie es notwendig ist, jedem Gedanken der Weltherrschaft jenen des Kriegs entgegenzuhalten. Der Staat lasse sich funktional dadurch definieren, daß er den Bürgerkrieg beende – das ist die von Hobbes übernommene Lehre seiner *raison d'être*. »Weltherrschaft ebenfalls Beendigung des Bürgerkrieges?« Die Antwort ist vorauszusehen. »Nein, sondern Kombination von völkerrechtlichem Krieg und Bürgerkrieg.« – Darum, nämlich um die Geschichtsphilosophie einer *a priori* in sich zerstrittenen Welt, kreisen die Aufzeichnungen, und dem historizistischen Pensum ist aufgegeben, sie zu evozieren. Immer wieder quäle ihn »das harte und unabänderliche Schicksal seit 1789«, bekennt er. Die Französische Revolution markiert ihm den Beginn eines Prozesses der Profanierung des Lebens, bei welchem die Juristen zwischen Theologie und Technik zerrieben würden. »... ich bin ein Theologe der Jurisprudenz; das Ergebnis ist Erfolglosigkeit in einem Zeitalter massiver Weltlichkeit ...«[49]

Daß sich solche Weltlichkeit – der Hegel die ironische Selbstverständlichkeit, die Verschmelzung von Ironie und Geschichte zugedacht habe – nicht ideologie-neutral gerieren kann, ist ihm durchaus bewußt. Doch kommt er in diesem und in anderen ähnlichen Zusammenhängen kaum auf die welt-beanspruchende Ideologie des Nationalsozialismus zu sprechen, vielmehr stets auf Doktrinen, die konform zu den einschlägigen Passagen im »Begriff des Politischen«[50] mit jenen Menschheitsfreunden in Verbindung gebracht werden, welche den Feind, zum Wohle der Gattung, definitiv auslöschen wollten, kurz: mit den modernen Apologeten des *bellum justum*. Es darf keinen gerechten Krieg geben. Das ist die Einsicht mit Blick auf die Folgen, welche dessen »Moralisierung« für den Gegner hätte: ihn als Verbrecher zu stellen.

Also konnte auch der Krieg gegen Hitler kein gerechter Krieg gewesen sein. Er wurde jedoch als ein solcher geführt. Also kann sich Carl Schmitt in der Rolle des Opfers fühlen. »Vernichtendes Gefühl des Betrogenseins, nicht einmal mehr einer ironischen Selbsthilfe fähig. Besiegt? O nein, vernichtet und zertreten. Der Besiegte des gerechten Krieges der anderen.«[51] Erörtert wird nicht, ob denn nicht zurecht von Verbrechen ausgegangen werden mußte – sie sind, in dialektischer Volte, schon *a priori* gesühnt, weil der Gerechte immer ein Betrüger ist.

Es zeigt sich da, wozu eine Doktrin antreibt, die, durchdrungen von der Vorstellung nihilistischer Säkularisierungen, die abstrakte Symmetrie von Freund und Feind allen ethischen Maßstäben gegenüber bevorzugt. Daß sie ein ethisches Moment bei der Bezeichnung des Feindes gleichwohl nicht völlig zu verdrängen und zu vergessen vermag, überliefert eine geistesgeschichtlich getönte Stelle in Schmitts Bekenntnisschrift »Ex Captivitate Salus«. Dort muß – und will – der Verfasser zubilligen, die »Theologen des christlichen Mittelalters« hätten die antiken Formeln vom Feind des Menschengeschlechts, vom *hostis publicus* und vom *hostis generis humani*, legitimerweise gebraucht. »Aber sie standen mit solchen Lehren und Begriffen ganz auf dem Boden und in den Institutionen der wohlorganisierten Ordnung einer *auctoritas* und sogar *potestas spiritualis*. Sie waren selbst, mit ihrer ganzen Existenz, Träger der potestas spiritualis der römischen Kirche. Ihre Lehren vom Widerstandsrecht, vom Gerechten Krieg und vom Tyrannenmord waren dem Sinne nach Mittel nicht des Bürgerkrieges, sondern einer bestehenden, anerkannten, überragenden Ordnungsmacht, die sich ihrer Ordnungspflicht auch keineswegs entzog.« Dann folgt der letzte Satz. »Mit der Trennung von der römischen Kirche ging das verloren.«[52] So vollständig soll das verlorengegangen sein, daß fortan kein Kriterium ethischer Art mehr befähigt wäre, einen Krieg zu legitimieren.

In der verweltlichten Nach-Zeit des sich verbergenden Gottes durchmischen sich die Fronten, und auch ein Krieg wie der Zweite Weltkrieg muß am Ende die Physiognomie und das Stigma des Weltbürgerkriegs tragen. Das ist das von

Carl Schmitt den »Siegern« aufgebrannte Mal. Für das Zeitalter nach 1945 bedeutet das weiter den Prozeß allgemeiner Entortungen, weshalb er im Tagebuch statuiert, daß einzig seine »dezisionistische Art« zu denken der Epoche adäquat sei. »... heute leben wir nicht mehr in Tagen oder Stunden, sondern in Bruchteilen von Sekunden und Augenblickssplittern ...«[53] Die politischen Grenzen schmelzen dabei zusehends ein, der »Rahmen« verliert seine hegende und gegen außen schützende Macht durch die Invasion technischer, ökonomischer und ideologischer Kräfte. Dann folgt – nun aber ausgesprochen mit der Bitterkeit des Geächteten – eine Abwandlung jenes Passus aus dem »Begriff des Politischen«, in dem vor der Welt von Zivilisation und »Unterhaltung« gewarnt worden war. »Wie entsetzlich ist eine Welt, in der es kein Ausland mehr gibt, und nur noch ein Inland; kein Weg ins Freie; kein Spielraum freien Kräftemessens und freier Krafterprobung.«[54]

Es wäre – oder ist – die Kojève-Welt. Ihr gegenüber reagiert der politische Theologe mit einer asymmetrischen Feind-Bezeichnung: er dämonisiert sie total und absolut. Man kann auch da nicht absehen von dem Zusammenhang zwischen Erkenntnis und Interesse. Denn in einer solchen Welt wird jede Schuld, jedes Fehlverhalten schon deshalb marginal oder sogar irrelevant, weil kein »gerechter« Maßstab mehr vorliegen kann – in der Schreckensherrschaft des satanischen Bürgerkriegs ist alles mit allem kompatibel, und um dessen Mechanik die Glaubwürdigkeit zu verschaffen, schreckt der bekennende Katholik auch nicht davor zurück, seinen Gott in Funktion zu nehmen. »Als Gott zuließ, daß hunderttausende von Juden getötet wurden, sah er gleichzeitig schon die Rache, die sie an Deutschland nahmen.«[55] Wer zu solchen Konklusionen kommt, kann nicht mehr rational argumentieren.

Zwei geschichtsphilosophische Begriffe führen im »Glossarium« – wie dann in allen späteren Schriften – den Streit um die »Besetzung« der Apokalypse: die Utopie und der Katechon. Das Utopische ist die geschichtsbildende Kraft, deren Bannung ihrerseits für Carl Schmitt beinah utopisch scheint. Sie basiere auf der Raumaufhebung und Entortung, auf der

»Nicht-mehr-Raumgebundenheit menschlichen Zusammenlebens« und verdanke ihren Wirklichkeitsgewinn dem »Zurückweichen der Naturschranke«. Von Platon bis in die »Brave New World« der Gegenwart spannt sich dieser Bogen, der schließlich seine letzte Verankerung in der Totalität der Mobilmachungen finden soll. Ist dieser Zustand erreicht, so fällt ihm automatisch die Kontemplation zum Opfer.

»Dann sind wir alle aktivistische Betrachter und betrachtende Aktivisten.« Das mutet wie ein weiteres Strategem zur Schuldentilgung an. Wenn es eine Woche später, am 1. Dezember 1947, heißt, daß das Denken ein Knecht des Lebens sei, erhält es seine Verallgemeinerung, nun noch mit dem eschatologischen Zusatz, daß solche Lebensphilosophie nur der erste Satz sei. Den zweiten fügt der Autor sogleich an. »Das Leben selbst ist ein Narr der Zeit; und die Zeit hat einmal ein Ende.«[56] Bevor dieses Ende – man müßte mit Schmitt sagen: von oben verordnet ist, stellt sich die Frage, ob es Mächte und Kräfte – noch – geben könnte, es hinauszuzögern. So erhält die Frage nach dem Katechon den Status der Antwort auf die Säkularutopie. Nicht in menschlicher Regie darf das Ende der Geschichte – als Weltstaat und Planwelt – sich ereignen, kein verweltlichter Messianismus soll der göttlichen Vorsehung die Kompetenz bestreiten und dadurch sie suspendieren. Aber mit menschlichen Mitteln allein könnte es möglich sein, *dieses* Ende hinauszuzögern. Am 19. Dezember 1947 bekennt Carl Schmitt: »... ich glaube an den Katechon; er ist für mich die einzige Möglichkeit, als Christ Geschichte zu verstehen und sinnvoll zu finden ... Wer ist heute der Katechon? Man kann doch nicht Churchill oder John Foster Dulles dafür halten. Die Frage ist wichtiger als die nach dem Jüngerschen Oberförster ... Donoso Cortés ist theologisch daran gescheitert, daß ihm dieser Begriff unbekannt geblieben ist.«[57] – Aber auch der »betrogene« Christ vermag nicht über seine Katechontik ex negatione hinauszublicken. Als sei schon das Entscheidende geleistet, wenn das Übel definiert wird, gegen welches der Aufhalter anzutreten hätte, verliert er sich in den Schreckensszenarien einer als bloßes Produkt hervorgetriebenen Welt.

Dazu zählt jede Form von »Theogonie«, von der literarischen Fassung, die ihr der einst so bewunderte Freund Theodor Däubler gab (den Schmitt im Tagebuch plötzlich als üblen Gnostiker zu durchschauen glaubt), bis zu den »dreisten« Anmaßungen des »Machen wir selbst« der positivistischen Wissenschaft. Dazu zählt die marxistische Ideologie mit ihrer Fiktion von der Aufhebung der Arbeitsteilung. »Der Sozialismus hebt sie nicht auf; er organisiert nur die Geteilten zu einer sozialen Einheit der Verteilung. Das ist noch viel schauerlicher. Wer schützt uns denn vor den Verteilern?«[58] Und dazu zählt auch das Menschenbild, wie es bereits Goethe der Rassentheorie geliefert habe. Er habe nämlich die Notwendigkeit des Kulturstifters »ins individualistisch-Gebildete abgebogen«. »Endergebnis: das schöne Tier und das Erscheinungsbild der 1936 in Deutschland zur Macht kommenden bewußten ›Elite‹; das Ende eines Weges, zu dessen wesentlichen Bereitern ein ehrlicher Engländer, H. St. Chamberlain, und ein ehrlicher Jude, Otto Weininger, gehören.«[59]

Solche Kausalketten der gröberen Art widersprechen gerade der Lehre von der Einmaligkeit geschichtlicher Situationen und Herausforderungen – aber sie sollen wiederum denjenigen salvieren, dessen Aktivitäten zugunsten des Nationalsozialismus *erst seit 1936* vom Regime selbst zunehmend als unerwünscht quittiert wurden.[60] – Allen utopischen Gesellschafts- und Staatskonstruktionen glaubt Carl Schmitt das Menchenbild vom »Tier« – ob schön oder häßlich – unterstellen zu können, dessen entscheidendes Merkmal auf dem Geistverlust beruht. Lobend zitiert er deshalb den Paragraphen 248 von Hegels »Enzyklopädie« als das »ungeheuerlichste Dokument der Abgründigkeit des deutschen Idealismus«: wo von der »geistigen Zufälligkeit« – der »Willkür« – die Rede ist, die bis zum »Bösen« fortgehe. Sie ist, nach Hegels Anthropologie, »noch ein unendlich Höheres« als alle Natur, »denn was sich so verirrt, ist noch Geist«.[61] Allerdings wird auch dieses Geistige, das Menschliche am Menschen, im Kommentar des Juristen sogleich von der Ambivalenz des Politischen eingeholt. Die »Zersetzungsprodukte dieser Philosophie«, so schreibt der Diarist weiter, würden »theurgische Kräfte« entfesseln. Und wie das? Auf dem Weg utopischer Selbstermächtigungen, die zuletzt so wieder gegen das Subjekt der Prozesse zurückschlagen, daß der Mensch selbst »entthront und entortet« wird.

In diesem Kontext erwähnt Carl Schmitt die Definition von Utopie, die Alfred Döblin gab. »Es ist ein menschlicher Plan, die Geschichte zu unterbrechen, um aus der Geschichte herauszuspringen und zu einer stabilen Vollkommenheit zu gelangen.« Das transzendiere noch die von Marx entwickelte, dem Boden der Historie verpflichtete »Wissenschaftlichkeit«. Doch das wahre Mittel der Utopie sei die Maschine. »Die Maschine unterscheidet sich vom Werkzeug dadurch, daß sie in sich selbst den das Werkzeug handhabenden Menschen, den Handwerker, transzendiert. Darin, in dieser Transzendenz, liegt schon die Utopie.«[62] Nur als Angriff auf die von Gott gegebene Ordnung der Erde – den Nomos – und nur als Kompetenzdiebstahl von »theurgischer« Trächtigkeit kann der christliche Geschichtsphilosoph diesen Vorgang betrachten: die Suspension der unendlichen Möglichkeiten des Menschen in einer endlichen Realisierung – erst nur gedacht, dann verwirklicht.

Die »Sünde« der Utopie. Für Carl Schmitt liegt sie darin, daß die Realisierung im Endlichen die »Angst« aufheben soll, die in der Möglichkeit des Unendlichen – man könnte auch paraphrasieren; der von Gott verwalteten *Kontingenz* – liegt; »daß die endliche Realisierung uns von dem Stachel des Unendlichen erlösen, daß sie die Bienen Gottes, die uns belästigen, wie Ungeziefer töten soll«.[63] Rationalismus, Aufklärung, Positivismus heißen die Agenten solcher Entortungen, und das Resultat soll sein, daß sich der vom 19. Jahrhundert erkannte und benannte »Übermensch« in die Maschine, den motorisierten Apparat, verwandelt. Nur von ihr gelte praktisch wirklich das *supplet naturam*. – Bei aller Distanz zu Heidegger und dessen »zutiefst atheistischer« Philosophie, bei aller Verachtung gegenüber der Kulturkritik am »Man« und bei aller Ironie gegenüber den Neologismen der Sprache teilt Schmitt die apokalyptische Hypostase der Jetzt-Zeit. Jetzt und hier und mit den schrecklichsten Folgen dominiert die Gottverlassenheit als Verhängnis. Nur jetzt – und nur von erwählten Zeugen des Moments, des geschichtsschwangeren

Augenblicks größter Verwirrung – kann erfahren werden, was der Welt blühen wird.

Es wäre allzu billig, wollte man darin nur »historisierende« Reaktionen eines Denkens sehen, das auf der intellektuellen wie auf der moralischen Ebene kompromittiert worden war. Das eigene Schicksal als Bewußtsein von Urheberschaft, der emphatisch geleisteten Autorschaft mit dem objektiven Geist der Epoche zusammenfallen zu lassen, mehr noch: zu dessen Gefäß zu erheben, gehört seit der Neuzeit mit ihrer Disposition für den »Erwählten« zum produktiven Pathos von Erkenntnis. Nur soll es bei Carl Schmitt gerade diese sich selbst bewußte Erkenntnis sein, die als chimärischen Anspruch der Plettenberger Exiltheologe erkannt zu haben glaubt. Der »disponierende Schatten Gottes« streife sein »kleines Einzelleben«, meldet er, ein Augenblick sei gekommen, da das Persönlich-Private und das Umfassend-Allgemeine koinzidierten. Für das Private herrscht freilich weiterhin das Ressentiment. »Wir« seien besiegt, zu Boden geworfen, subjugiert und zertreten; »aber wir sind in keiner wesentlichen Hinsicht vernichtet, auch nicht moralisch oder juristisch«.

Das soll schon aus den Spiegelfechtereien des »gerechten Kriegs« sich ergeben, der nach Schmitts Auffassung nur ein »Weltbürgerkrieg« ohne höheren Standpunkt sein kann. Mit »allen Lizenzen des jeweiligen Siegers« sei auf den Verbrechen des Besiegten herumgetreten worden. Aber die geschichtliche Implikation bereitet ihm noch mehr Sorgen. Die wirkliche Frage, die sich jetzt stelle, sei, ob Deutschland fortan zum russischen oder zum amerikanischen Großraum – »Interventionsbereich« – gehöre. Da aber Deutschland »völlig zu den underprivileged« zähle, bleibe – nach Toynbee – nur die Option für den russischen Kommunismus. Davor muß er sich »existentiell« fürchten: vor einer neuerlichen Niederlage, die alles frühere um vieles überböte, nicht zuletzt in der Weise des »Siegs« des politisch vollendeten Atheismus über die religiöse Weltanschauung.

»Großräume«, nicht mehr Staaten befinden also über die Stellung und die Bedeutung des Einzelnen.[64] Für die Epochen des 20. Jahrhunderts sei das Wort *Staat* hinfällig geworden, dessen »Arcanum« in der Verbindung mit der *Ratio* –

des *Ratio Status* – bestanden habe. »Alle Qualitäten des unparteiischen Dritten, oder, Hegelisch gesprochen, der objektiven Vernunft, die in dieser Epoche mit dem Staat geschichtlich verbunden waren, sind entfallen seitdem die Totalität des Staats zum Instrument der Totalität einer Partei werden konnte.«[65] Auf die Spezifizierungen, ob es sich um die kommunistische oder die nationalsozialistische deutsche Arbeiterpartei handelte, kommt es ihm dabei nicht mehr an. Die Konsequenzen sind »Enthegungen« ins Ideologische hinein, in Zustände vielfacher geistiger »Entortung«. Schlimmer noch als jene, die vom Marxismus her definiert werden, empfindet Carl Schmitt die Prozesse »westlicher« Säkularisierungen.

Dabei träten »Beschleuniger« wider Willen auf. Im Zeitalter des Existentialismus finde der »Geist« Vollstrecker und Durchführer, »die selber geistlos das Geschäft der Abdeckerei und Applanierung besorgen, als Beschleuniger wider Willen aber ganz andere Dinge beschleunigen, als sie beschleunigen möchten«.[66] Sie beschleunigen den Wertzerfall bis hin zu – Hitler. Hitler als der »Ernstmacher« und Vollstrecker von »Affekten« und »Formeln«, Hitler als das »grauenhafteste Ergebnis deutscher Anglophilie«, Hitler als der »fremde Gast« im Ambiente eines wurzellos gewordenen »Existentialismus« – er beendet, vorläufig, das Zeitalter der Neutralisierungen. Doch am Grund des katastrophalen Sogs wartet die letzte Untat, für die Hitler nicht mehr verantwortlich sei: das säkularisierte Gericht. »›Verbrechen gegen die Menschlichkeit‹ ist nur die generellste aller Generalklauseln zur Vernichtung des Feindes.«[67]

Es brächte nichts mehr, solchen unheilsgeschichtlichen Verknotungen argumentativ und en détail entgegenzutreten. So dekretiert es der Haß dessen, der in sich die Selbstzweifel unterdrückt – und so will es die Doktrin des alles und jeden politisierenden Apokalyptikers. Der Katechon – das Politische – hat die kühlen abstrakten Unterscheidungen ausgewechselt gegen das wie erzwungen wirkende Bekenntnis zu einem Katholizismus der »Rasse«. »Für mich ist der katholische Glaube die Religion meiner Väter. Ich bin Katholik nicht nur dem Bekenntnis, sondern auch der geschichtlichen Herkunft, wenn ich so sagen darf, der Rasse nach.«[68] Er dürfte vielleicht nicht; aber er muß. Am Katholischen tritt übermäßig die Tradition der Geschichte hervor, jenes »katechontische« Widerstehen gegen die zivilisatorischen Akzelerationen. Ein weiteres letztes Wort heißt daher: »Der Raum ist das Paradies; die Zeit ist die Hölle.«[69] Und schließlich – und das soll man für subjektiv authentisch nehmen: »Das ist das geheime Schlüsselwort meiner gesamten geistigen und publizistischen Existenz: das Ringen um die eigentlich katholische Verschärfung (gegen die Neutralisierer, die ästhetischen Schlaraffen, gegen Fruchtabtreiber, Leichenverbrenner und Pazifisten).«[70]

An – nicht eigentlich katholischen – Verschärfungen ist im »Glossarium« kein Mangel. Sie betreffen vorwiegend die Distinktion von Freund und Feind, im Sinn der Restitution ihrer Wahrheit gerade da, wo die Zeichen der Zeit – Universalisierung der technischen Sprache, Ökonomisierung statt Politisierung des Lebens – anderes suggerieren. Der »neue Nomos der Erde«, der keiner mehr sein könne, leite sich aus dem modernen Adagium *cuius economia, eius regio* ab, notiert Schmitt am 16. Juli 1948, fünf Tage nach seinem 60. Geburtstag. Damit soll erwiesen sein, daß die Wirklichkeit der Freund-Feind-Gruppierungen bereits eine diffuse, schwer zu fassende Form wirtschaftlicher Voraussetzungen gewonnen hat. Historisch hebt dieser Prozeß, wie die Schrift »Land und Meer« schon 1942 ausbreitete, seit dem 17. und 18. Jahrhundert an, als die »Hegung« des Kriegs als Landkrieg – und mithin die Beschränkung des Feind-Begriffs – brüchig wird; im Seekrieg werde auch der ökonomische Konkurrent zum Feind.

»Ich entdeckte heute«, schreibt Carl Schmitt am 2. August 1948, »in Hegels Rechtsphilosophie den § 247.« Es ist der Passus, wo Hegel die Linie zwischen der Erde – dem Prinzip des Familienlebens – und dem Meer – Prinzip der Industrie – zieht. Es ist derselbe Passus, den Schmitt seinem Beitrag zur Jünger-Festschrift sieben Jahre später eingemeinden wird, um ihn dann Kojève vorzuhalten. Doch selbst der »Aufhalter« weiß, schon im Moment der Entdeckung, daß die Welt damit nicht mehr adäquat erfaßt werden kann. Die Funktion der Hegel-Stelle besteht nur noch darin, das Ausmaß der Häresie zu verdeutlichen, die mit dem »Umzug« des Menschen von seinem wesensmäßig angestammten Territorium in die raumentgrenzenden Sphären der See begann. Sie ist ein Handel wider die humane Natur.

Und sie ist auch – und für den Theologen noch übler – ein Sturz der Entfremdung von Gott. Das Wesen des Seins sei räumliches Sein, Ortung, Raum und Macht; es sei nicht zeitliches Aufeinander, sondern Präsenz. »Die Undurchdringlichkeit der Körper war Raum und Macht. Eben das hört auf. Die grenzenlose Durchdringlichkeit der Welten ist nicht mehr Macht, sondern Einfluß. Gott ist tot heißt: der Raum ist tot, die Körperlichkeit ist tot ...«[71] Marx zählt ihm zu den großen Vernichtern der Ordnung und Ortung. Das Resultat solcher »geopolitischer« Zersetzungen aber, unabhängig von den ideologischen Motiven, offenbart sich »in der traurigen Welt der totalen Planung«, im *Link* zwischen der Atombombe und dem »gerechten Krieg«. – Dem Leser solcher Diatriben gegen die »höhere Menschlichkeit« und gegen den Planungswillen, gegen den »Weltgeist« und alle seine Fürsprecher müßte allerdings der Verdacht kommen, daß Carl Schmitt ein residuales, verdrängtes Wissen um die »Gerechtigkeit« von gewissen Kriegen gleichwohl beibehielt: nach der Erfahrung von Völkermorden, deren exorbitante Planung auch dem in seiner Biographie und seinem Selbstmitleid getroffenen Deutschen nicht unzugänglich bleiben durfte. Stets aber setzt er, als Anwalt in eigener Sache, zum räsonnierenden *und* mystifizierenden Gegenstoß an, und man muß ihm zugestehen, daß er es nicht ohne Scharfsinn tut. Er zitiert Jacob Burckhardts Apophtegma von der Macht, die in sich böse ist, und er repliziert sogleich mit der Bedeutungsgleichung, daß dies hinauslaufe auf den Satz »Gott ist tot«. Ihn schaudert vor der Strategie, »jeder Unmenschlichkeit den Charakter einer Maßnahme im Dienste einer höheren Menschlichkeit zu verleihen und für alles, für Kriege und Bürgerkriege, Liquidierung ganzer Schichten und Völker die Absolution des Weltgeistes zu garantieren«.[72] Aber er führt die Einsicht ad absurdum, wenn er zwar einräumt, daß Hitler große Verbrechen begangen habe, der »Weltgeist«

indessen für die größeren Verbrechen andere Werkzeuge sich ausgesucht habe: für die Atombombe und für die Ex-post-Kriminalisierung des Angriffskrieges komme Hitler »schon nicht mehr in Betracht«.

Bei Hegel glaubt Carl Schmitt den philosophischen Dreh- und Wendepunkt auszumachen, den gedanklichen Grenzverlauf zwischen Herkunft und Zukunft, zwischen Nomos und Globus. Einerseits ist Hegel der Verfasser des Paragraphen 247 der »Rechtsphilosophie«. Anderseits gebe es in der gesamten Weltgeschichte nichts, »was so frei von jedem Erlösungsbedürfnis wäre ... wie Hegels Philosophie«. Alles nur »ewiger Prozeß, ewige Unruhe« – Zeit eben, und Zeit ohne Frist, ohne apokalyptische Determination. Gut möglich, daß Schmitt von Kojève und dessen »Introduction à la lecture de Hegel« anderes und mehr erwartete, als es schließlich der Briefwechsel mit für Carl Schmitt erschreckender Deutlichkeit an den Tag brachte: nicht eine Interpretation mit der Aggressivität eines restfrei verweltlichten Endes des Endes der Geschichte, vielmehr eine »Re-theologisierung« in die Richtung von Ortung und Ordnung.

Es gibt im »Glossarium« einen merkwürdig anmutenden Gedanken, der auf unheimliche Weise das trifft, was Kojève zwei Jahre zuvor als das Schicksal des Menschen am Ende dieser Geschichte mit nicht grundsätzlich anderen Vorzeichen prophezeit hatte. Sollte Schmitt die Vorgabe von 1947 schon meditiert gehabt haben? Am 14. Januar 1949 schreibt er über das Denken und dessen immer dualistische, zwischen »Denken« und »Anders-denken« hin- und herlaufende »Existenz«. Dann: »Erst die restlose Vertiefung und Verpflanzung würde dem Denken ein Ende machen und das Paradies auf Erden herbeiführen.« Dann: »Oh, die Tiere des Waldes und die Blumen des Feldes! Wo sind sie noch? Im Zoologischen Garten, im Jardin des plantes, im Nationalschutzpark. Das Denken stellt das Nichtdenken unter Naturschutz; das Nichtdenken wird das Denken unter Denkmalschutz stellen.«[73]

»Traurig und der Feindschaft nicht mehr fähig« – so verlöre sich die menschliche Spur, als »Ende im Museum«; der Leviathan im Aquarium, der Behemoth im Zoo, »Neutralität zwischen Rechts und Links«. Der »gerechte Richter«

werde dabei zerrieben. – Man könnte auch sagen, er würde sich erübrigen. Das diesseitige Ende der Geschichte bedürfte des Polemiologen nicht mehr. Plötzlich artikuliert sich die Furcht, daß alles, was er dachte und schrieb, eines Tages überflüssig werden könnte – museal im Sinn der Funktionslosigkeit. Solcher Furcht wohl auch verdankte sich die Neugier, mit Kojève in Kontakt zu gelangen, den Experten und seine Expertisen Aug' in Aug' zu studieren – die, würden sie denn real, die größtmögliche persönliche Katastrophe für den politischen Theologen bedeuteten. Die apokalyptische Dämonisierung der Lage erst schafft *dagegen* eine Form von Entlastung, die Distinktionen ohne Maß und Vernunft erlangen so hinterrücks die Rationalität der Selbsterhaltungsstrategie. Wenn diejenigen, »die beim Aufbruch 1933 in Deutschland geistige Morgenluft witterten«, im Vergleich zu jenen, »die 1945 an Deutschland geistig Rache nahmen«, mit einem Mal »harmlos« gewesen sein sollen, wird die Applikation des Ausnahmezustands zur Beliebigkeit subjektiven Verfügens.

Es wäre zu freundlich und der Sachlage unangemessen, solche Verlagerungen noch als Produkte eines »romantischen« Ich-Gefühls deklarieren zu wollen. Carl Schmitts Kampf gegen die »totale Präsenz des Diesseits«, gegen das »demokratische Urverbrechen« der »Diskriminierung«, gegen die Welt des »künstlichen Menschen«, ist ein Kampf, der – seinerseits die Säkularisierung des großen Gerichts beanspruchend – die Wahrheit der Feindschaft absolut zu setzen trachtet. Am 21. September 1949 urteilt er: »Feindschaft entsteht von selbst ununterbrochen. Entsteht, wechselt und vergeht. Schlimm wird es erst, wenn die Menschen in der Feindschaft sich niederlassen, sich in ihr etablieren und sie institutionalisieren.«[74] Den letzten Satz auf sich selbst zu beziehen fällt ihm freilich nicht ein. Unmittelbarer als viele gedankliche Umwege bringt ein einfaches Bekenntnis, niedergeschrieben am 17. August 1949, durch ein Alinea vom Vorhergehenden abgesetzt, die Grundbefindlichkeit zum Ausdruck. Da heißt es ohne Umweg: »Mir ekelt vor einer von Menschen für Menschen gemachten Welt.«

Das hat nicht mehr die oft gepriesene lateinische (Schein-)

Klarheit, sondern die Klarheit einer weltanschaulichen – man mag nicht sagen: religiösen oder theologischen – Option. Dieser Ekel ist echt, und zwar in einem Sinn, den ihm der Bekennende niemals zugelassen hätte: existentiell. Nicht das von ihm selbst so bezeichnete »anarchische« Christentum soll ihn dabei unterstützen, sondern die »römische Kirche«, deren historische Wirklichkeit die Bedingung des *Katechon* erfüllte und dem Fluten der Zeit die Ortung des Raums – »Raum ist dasselbe wie Rom.« – entgegenhielt. Fast wie von selbst ergibt sich in diesem Kontext die weitere Option. Am 23. Mai 1949 kommt Carl Schmitt auf Dostojewskis Parabel vom Großinquisitor zu denken.

Er beginnt damit, daß der wichtigste Satz von Thomas Hobbes in dem Wort *Jesus is the Christ* beschlossen sei. Die Kraft des Satzes wirke auch dann, wenn er im Begriffsystem der Philosophie an den Rand geschoben werde. Nun: »Hobbes spricht aus und begründet wissenschaftlich, was Dostojewskis Großinquisitor tut: die Wirkung Christi im sozialen und politischen Bereich unschädlich machen; das Christentum ent-anarchisieren, ihm aber im Hintergrunde eine gewisse legitimierende Wirkung zu belassen und jedenfalls nicht darauf zu verzichten. Ein kluger Taktiker verzichtet auf nichts, es sei denn restlos unverwertbar. Soweit war es mit dem Christentum noch nicht.« Man könne sich also fragen, wer dem Großinquisitor Dostojewskis näher sei, die römische Kirche oder der Souverän des Thomas Hobbes. Die Antwort lautet: »Reformation und Gegenreformation erweisen sich als richtungsverwandt. Nenne mir Deinen Feind, und ich sage Dir, wer Du bist. Hobbes und die römische Kirche – der Feind ist unsere eigene Frage als Gestalt.«[75]

Wieder dient die Däubler-Zeile der Kommentierung eines Oppositionsverhältnisses, das bei näherem Hinsehen im Identischen sich aufhebt. Dieses Notat ist aufschlußreicher und enthüllender als das meiste, was Carl Schmitt von und über sich selbst jemals sonst sagte. Es macht klar, daß es viel mehr um die Ordnungsinstitution geht als um die »Inhalte«, die sie vertritt; viel mehr um die »Ent-anarchisierung« des Lebens – und sei es eines in der Norm christlicher Nächstenliebe – als um jede Form von Glauben. Rom, die Kirche, der (fast) laizistische Staat: auf dieser Ebene vollzieht sich das Engagement des politischen Theologen, und mit Rücksicht auf die solcherart vorgetragene (Selbst-)Offenbarung darf der Kniefall vor der Macht des Nationalsozialismus, wenn er denn noch »Anpassung« gewesen sein sollte, einer geistig durchaus zu Ende reflektierten Anpassung entsprungen sein. Der spätneuzeitliche Großinquisitor kann auch darin noch auf die Funktion der literarischen Vorlage zählen, daß er später als ein Verfemter und Betrogener sich das Mitleid herbeischreibt – Dostojewski hatte *seiner* Figur auch das bereits als Ausstattungsmerkmal mitgegeben.

Dem Ende der Geschichte muß getrotzt werden, das verlangt der Ordnungseifer, dem jede Taktik zu Hilfe kommt. – Zu den spätesten publizistischen Kommentaren zählt ein Aufsatz, den der neunzigjährige Carl Schmitt, scharfsinnig und wachsam wie eh, unter dem Titel »Die legale Weltrevolution« im Jahr 1978 vorlegte. »Politischer Mehrwert als Prämie auf juristische Legalität und Superlegalität« – der Untertitel – sollte das Thema sein. Es war ein letzter Streich, der da gegen die »Neutralisierungen« geführt wurde, und zwar mit dem Terrorszenario der Theorie, daß es der kommunistischen Revolution unter Ausschöpfung aller legalen, rechtsstaatlichen Mittel gelingen könnte, die Welt zu erobern – so wie es Hitler, dies der »Präzedenzfall«, gelungen sei, aus dem »schmalen Tor der Legalität« den »Triumphbogen« seiner nationalen Diktatur zu machen. Ich erwähne hier nicht die juristischen, staatsrechtlichen Erörterungen, sondern nur die philosophischen Implikationen, also die heimlichen Motive des Texts. Die legale Weltrevolution – als »eine ganze Serie nationaler und staatlicher Revolutionen« – müßte, um die politische Einheit der Menschheit zu schaffen, einen »Patriotismus der Gattung Mensch« erzeugen. Der darin enthaltene Universalismus wäre aber insofern »asymmetrisch«, als jeder Mensch, der sich dieser revolutionären Vereinheitlichung entgegenstellte, zum »Unmenschen« und zur »Unperson« degradiert würde.

Mithin geschähe nichts anderes als der *retour offensif* des Politischen, und es bestätigte sich abermals die bereits 1927 festgeschriebene Wahrheit – in dialektischer Umpolung:

»Aus dem Begriffsmerkmal des Politischen folgt der Pluralismus der Staatenwelt.«[76] Aber Carl Schmitt hat in dem Essay von 1978 den Rückfall aus dem babylonisch geplanten Weltstaat in diese Staatenwelt nicht einmal mehr angedeutet. Statt dessen soll der Schrecken absolut und ungemindert die Schlußfermate bilden. »Das dabei zu befürchtende Endergebnis erinnert an das schon im 19. Jahrhundert erfundene Wort eines sterbenden Machthabers, der auf dem Sterbebett von seinem geistlichen Berater gefragt wird: ›Verzeihen Sie Ihren Feinden?‹ und der mit bestem Gewissen antwortet: ›Ich habe keine Feinde; ich habe sie alle getötet.‹«[77] Für den Besitzer eines Sonderdrucks des Aufsatzes fügte der Autor handschriftlich hinzu: »moderner: ich habe sie alle umerzogen.«

Das allerletzte Wort zur Vollendung des Selbstporträts findet sich allerdings schon im »Glossarium«, unter dem Datum des 23. September 1948. Es ist wiederum von der Art, daß es – indirekt – auch Alexandre Kojèves verweltlichte Todeseschatologie bestätigen könnte. »Ich sterbe nicht, denn mein Feind lebt noch.«

*

Zur selben Zeit, da Kojève seine Hegel-Deutung und deren Implikationen Carl Schmitt ausbreitete, stand er auch in brieflichem Kontakt mit einem frühen Interpreten des Staatsrechtlers: mit Leo Strauss. Strauss hatte ja, als hermeneutisch sorgfältiger Leser des »Begriffs des Politischen«, den Verfasser gedrängt, seine verhüllten theologischen Überzeugungen darzulegen, und so war es auch zur Revision des Texts gekommen.[78] Schon damals, Ende der zwanziger Jahre, pflegte Strauss den Kontakt zu Kojève, kam dann mit einem Stipendium der Rockefeller Foundation nach Paris[79], wo er den Studiengefährten häufig sah, und emigrierte im Jahr von Hitlers Machtergreifung zuerst nach England.[80] – Geboren 1899 in Kirchhain, beschäftigte sich Leo Strauss schon als Forscher in Berlin mit politischer Philosophie und mit Religionsphilosophie. 1930 publizierte er eine Studie zu Spinozas Religionskritik, 1935 eine Arbeit über »Philosophie und Gesetz«. In England widmete er sich der Erforschung von frühen

Schriften des Thomas Hobbes. 1938 ließ er sich in Amerika nieder und lehrte zunächst an der New School for Social Research in New York; später, von 1949 bis 1968, war er Professor an der University of Chicago. Es erschienen Studien über Machiavelli und Hobbes, über Maimonides und Al-Farabi. Besonders fasziniert war Leo Strauss vom Verhältnis zwischen dem esoterischen und dem exoterischen Anspruch philosophischer Wahrheit – zwischen dem, was ein Autor wirklich denkt, und den Glasuren, die aus Vorsicht oder Zwang dem Gedachten übergezogen werden. Was er früh im Umgang mit Schmitts »Begriff des Politischen« verfolgt hatte – die eigentliche Botschaft herauszulesen –, affizierte ihn sein Leben lang.

Und also auch in dem zugleich freundschaftlichen und gelehrten Disput, den er in Form des Briefes von 1932 bis in die sechziger Jahre mit Alexandre Kojève unterhielt. Seit dieser Briefwechsel öffentlich vorliegt, wissen wir, daß dem Autor der »Introduction à la lecture de Hegel« ein Denker beharrlich replizierte, dem es auf andere – und doch nicht gänzlich andere – Weise als Carl Schmitt ein Skandalon war, was da visionär und *more philosophico* der Menschheit eröffnet wurde.[81]

Vor allem wohl beunruhigte Strauss, wie der Freund, dessen intellektuelle Kompetenz er außerordentlich schätzte, seine Säkularutopie rigoros aus philosophie-immanenter Lektüre schöpfte. Kojève verwandelte esoterisches Wissen – die Erkenntnis von Hegels »Phänomenologie des Geistes« – zur Exoterik eines politischen »Auftrags« und statuierte zugleich, daß diese Erkenntnis eine radikal geschichtliche sei, basierend auf der Einmaligkeit wie auf der Unumkehrbarkeit der modernen Wirklichkeitsbedingungen. Daran konnte Leo Strauss nicht partizipieren. Obwohl er selbst wichtige Arbeiten der Gesellschaftstheorie der Neuzeit widmete und sich durchaus auch den Bruch vergegenwärtigte, der mit Machiavelli und Hobbes das politische Denken erschütterte und umlenkte, hielt er es mindestens insofern mit den *Anciens*, als er glaubte, daß die »Klassiker« – Platon, Xenophon, Aristoteles, Cicero – Wahrheiten ans Licht gebracht hatten, deren Geltung zeitlos sein sollte.

Diese Überzeugung entwickelt sich erst nach und nach zur kämpferischen Präsenz, doch ist sie latent schon in der Frühphase des Briefwechsels vorhanden. Am 1. Januar 1934 berichtet Strauss dem Freund nach Paris, daß er – »the most important fact« – Londons Downing Street gesehen habe, »the seat of the greatest power of the world«; das Gebäude sei viel kleiner als die Anlagen der Wilhelmstraße, dennoch habe es einen sehr starken Eindruck auf ihn gemacht.[82] Das wäre zu anderen Zeiten von vorwiegend anekdotischem Gehalt. Ein Jahr nach der Errichtung der deutschen Diktatur, welche die Emigration nach England erzwungen hat, ist es ein Bekenntnis – für die Demokratie, für den liberalen Rechtsstaat, und, auf der Ebene der privaten Anspielung, eine Kritik auch an jenem totalisierenden Philosophieren, das ihm von Kojève enthüllt worden ist. – Im folgenden erwähnt Leo Strauss seine philologischen Bemühungen um die Hobbes-Texte. Am 9. Mai 1935 meldet er, die Studie »Hobbes's Political Science in its Genesis« sei im Manuskript abgeschlossen, auch habe er nicht verfehlt, auf Hegel zu verweisen und dabei Kojève zu erwähnen.

Bereits zwei Jahre nach Beginn von Alexandre Kojèves Pariser Hegel-Seminar sieht sich Strauss – als »Insider« – berechtigt, dessen Leistung wenigstens zu zitieren, wobei freilich zu beachten ist, daß Hegel nicht zu den Denkern zählt, deren Gespräch er sucht – oder jemals suchen wird. – Dasselbe gilt umgekehrt für Kojèves Verhältnis zu Hobbes. Als er, nach der Publikation, die Schrift von Leo Strauss lobt, gesteht er sofort ein, Hobbes sei ihm nicht vertraut. »Admittedly I do not know Hobbes.« Dann ergänzt er – im Hinblick auf alle späteren Themen überraschend –, Hegel halte es durchaus mit den *Anciens*, zu denen zurückzukehren er trachte. Doch wie? Es gebe ein *summum bonum*, insonderheit das volle und geglückte Selbst-Verstehen durch die Philosophie. Doch könne man sich zur Gänze nur verstehen und folglich befriedigt sein, indem man am idealen Staat – wie ihn Platon entworfen habe – partizipiere. Und dann kommt eine Rohfassung der großen These. »That state can only be actualized by means of history and at the end of history.«[83]

Das ist bemerkenswert. Platons Republik, wo das *summum*

bonum mit dem *bonum commune* dadurch konvergiert, daß die Philosophen herrschen, wird nicht als »klassischer« Anachronismus zurückgewiesen. Aber sie bedarf der Aktualisierung im Medium der Historie, und ihre Finalisierung ist erst abgeschlossen, wenn die Geschichte selbst mit ihr und durch sie zu Ende ist. Was Hobbes im Unterschied zu Hegel nicht erkannt habe, sei der »Wert« der Arbeit im Prozeß der sich herausbildenden Anerkennung. Nicht der Vertragsstaat aus »anthropologischer« Not darf das Ziel sein, sondern der ideale, auf der Weisheit fundierte Staat Platons in der Fassung, die ihm Hegel kraft geschichtlicher Erfahrung leiht. In wenigen Worten findet Ausdruck, womit sich Kojève bis zur Veröffentlichung seiner »Introduction à la lecture de Hegel« beschäftigen wird.

Am 22. Juni 1946 kündigt er Leo Strauss deren Erscheinen an. »The book is very bad«, der Hauptakzent liege auf dem angemessenen Verständnis des Begriffs der Befriedigung (*satisfaction*). Einen ersten – vorläufigen – Leseeindruck schildert Strauss nach dem Erscheinen des Buches. Die »Introduction« sei ein ungewöhnlich gutes und interessantes Werk. Ob es jedoch legitim sei, die Naturphilosophie Hegels als ein reines Residuum so schnell zu verabschieden? Und weiter: ob Anerkennung (*recognition*) nicht viel eher als etwas Erwirktes und Geschaffenes etwas Gegebenes – »always a given« – sei? Auch müsse man davon ausgehen, daß der End-Staat den großen Männern der Tat keine Bewunderung zuteil werden lasse. Und schließlich: es sei doch wohl weniger die Anerkennung als die Weisheit, welche allein einen Menschen wirklich befriedigen könne. Weisheit indessen werde stets nur von den wenigen erreicht, während die Masse bei der Religion verharre – womit der Ewigkeitsstatus des *Etat universel et homogène* bereits wieder gefährdet sei. Und erstmals führt Strauss dem Briefpartner die Welt vor Augen, die Nietzsche im »Zarathustra« höhnisch glossierte: die Welt der »letzten Menschen«, die auf alles Höhere, auf alle Transzendenz verzichtet haben und in unmittelbare Bedürfnisbefriedigung regredieren. »›Wir haben das Glück erfunden‹ – sagen die letzten Menschen und blinzeln.«[84]

Es ist hier, in dieser noch fragenden, noch tastenden Replik im Kernbestand die Gegenposition eröffnet. Mit einer universalen Massen»demokratie« der produzierten Satisfaktion kann sich Leo Strauss nicht anfreunden; nicht nur politische Erwägungen stehen dem im Weg, sondern auch und schwerwiegender philosophische Überzeugungen. Wenn – mit den »Klassikern« – das höchste Gut in der Erkenntnis der Weisheit besteht, so kann es immer nur von einigen Eingeweihten erschaut werden. Es verschließt sich a priori der Universalisierung, und mit sozialer Anerkennung hat es nichts gemein. Deshalb fügt sich eine scheinbar aus dem gedanklichen Zusammenhang des Briefes gelockerte Anfrage diesem Kontext auf listige Weise gleichwohl ein. Leo Strauss hat soeben einen Kommentar zu Xenophons Dialog »Hiero« – ein Tyrann unterhält sich mit einem Philosophen über politische Herrschaft – veröffentlicht. Nun bittet er Kojève, ob er das Buch in Batailles Zeitschrift »Critique« rezensieren wolle.

So viel liegt ihm – auch aus pädagogischen Gründen: den »Gegner« von seinem marxistischen Hegelianismus abzubringen – daran, daß er ihn mehrfach an den Wunsch erinnert. Am 13. Mai 1949 bemerkt er gegenüber Kojève, daß er die Vorankündigung in »Critique« gesehen habe (zugleich teilt er mit, daß er zum »Professor of Political Philosophy« an der University of Chicago berufen worden sei). Dreizehn Tage später antwortet Alexandre Kojève. Er habe viel von dem »Hiero«-Kommentar gelernt und meine, daß es sinnvoll wäre, den Text, zusammen mit einer Übersetzung des Dialogs und seiner eigenen Kritik, auch in Frankreich vorzustellen. Er verspricht, Strauss vorerst eine Kopie seiner Rezension – für »Critique« – zuzusenden.[85] – Strauss reagiert am 1. September 1949. »I am glad that finally someone represents the *modern* position intelligently and in full knowledge – and without Heidegger's cowardly vagueness.«[86] – Also ist dem Vertreter der *Anciens* evident geworden, daß Kojève auch von der Lektüre der »Hiero«-Interpretation nicht dazu verleitet werden konnte, seine Option – die »moderne« – auch nur zu relativieren. Was die Alten über Lebensordnung und Staatsbewußtsein gedacht haben, kann in der Epoche, die von Hegel her bestimmt werden muß, nicht mehr verfangen. Immerhin räumt Leo Strauss gegenüber dieser »Revision« Kojèves ein, daß sie ohne Heideggers »feige Vagheit« operiere, dessen radikalisierte »Geschichtlichkeit« ihm ein Ärgernis ist. Von den »Holzwegen« heißt es, sie seien »the most extreme historicism«.[87] Und zwei Monate später: Heideggers Haltung bedeute »the last refuge of nationalism ... all that remains is language ...«[88]

Für Leo Strauss muß das Gemeinsame jedoch darin gründen, daß sowohl Kojève wie Heidegger die philosophische Wahrheit aus ihren klassischen ontologischen Fundamenten lösen und sie dem Verstehen *in der Zeit* unterjochen. Das ist das Schiefe, sogar das Gefährliche: weil es die »Werte« temporalisiert und damit das moralische Grundbewußtsein in Bewegung setzt. Dem Menschen entgleitet im Sog des »Historizismus« die Verbindlichkeit des *summum bonum*. – Doch welchem Menschen? Strauss selbst nimmt eine andere »Reduktion« vor, nicht ins Geschichtliche, sondern in die Unterscheidung von Weisen und Unwissenden. Es ist die philosophische Elite – und nur sie allein –, welche über die Zeiten hinweg Anteil nimmt an der platonischen *Sophia*.

Dies zu verdeutlichen, hat er eine Replik auf Kojèves »Hiero«-Kritik verfaßt – für den geplanten Band der französischen Übersetzung. Im Begleitbrief, der der Zusendung des »Restatement« hinzugefügt ist, gibt er sich bescheiden. »If my attack succeeds in getting you to clarify what is unclear, I will be very satisfied.«[89] Da wiederholt sich, zwanzig Jahre später, die Strategie, mit der Leo Strauss schon Carl Schmitts »Begriff des Politischen« begegnet war: den anderen zu zwingen oder doch herauszulocken, die eigene Position bis in die letzten Prämissen zu klären. – Kojève antwortet am 19. September 1950 auf den Brief und vor allem auf das *Restatement*. Er wählt, wie dann sechs Jahre später in der Korrespondenz mit dem Plettenberger politischen Theologen, die Schocktherapie. Natürlich (*naturally*) gebe es im End-Staat keine Menschen mehr im Sinne des Bilds vom geschichtlichen Menschen. Dann folgt eine gedrängte Paraphrase der »Automaten«-Vision, wie sie die irritierendsten Partien der »Introduction« riskiert hatten. »The ›healthy‹ automata are ›satisfied‹ (sports, art, eroticism, etc.), and the ›sick‹ ones get locked up. As for those who are not satisfied with their ›purposeless activity‹ (art, etc.), they are the philosophers (who can attain wisdom if they ›contemplate‹ enough). By doing so they become ›gods‹. The tyrant becomes an administrator, a cog in the ›machine‹ fashioned by automata for automata.« Und er intensiviert noch. »All this seems to me rather ›classical‹. With the one difference that according to Hegel all this *is* not right from the start, but only *becomes* right at the end.«[90]

Erst die teleologische Vollendung erweist die Richtigkeit dieser Lebensordnung. Sie mag von den »Klassikern« längst entworfen worden sein, ihre Geltung tritt allein kraft der erfüllten Geschichte ein. Dann allerdings bewegen sich die Menschen wie Automaten, vergnügen sie sich in absichtslosen Aktivitäten. Der Tyrann von einst nimmt die Position eines Verwalters ein, er ist, funktional gesehen, zum Zahnrad der großen Maschine geworden. Die Philosophen aber – sollten sie unzufrieden sein mit dem Dasein des reinen Genusses – können zu »Weisen« avancieren: wenn sie hinreichend Kontemplation betreiben. Sogar »Götter« werden sie dann, gestärkt durch die Einsicht, daß alles so sein muß und besser niemals mehr werden kann. Sie beglaubigen das »Ende«.

Kojèves Brief paraphrasiert das Resultat der »Introduction«, und er paraphrasiert es so, daß er die Grenze zur Blasphemie durchstößt – nicht ohne die Berechnung, wie irritiert Leo Strauss darauf reagieren muß. Doch die Gegenattacke bleibt aus; Strauss hat sie schon in seinem »Restatement« ausführlich inszeniert, der schärfste Vorwurf, den er dem Visionär der Automatenwelt brieflich noch unterbreitet, zielt auf den *exoterischen* Charakter von Kojèves Philosophie: »rather exoteric« sei, was er da riskiere, und daher habe er selbst ebenfalls auf solche Art – im *Restatement* – reagiert.

Fortan verliert das Thema vom Ende der Geschichte seinen prominenten Status. Gleichwohl bleibt es gegenwärtig, und zwar immer dann, wenn Kojève – der 1952 von der Arbeit an seinem Projekt über »The Concept and Time« berichtet – die neuen Bücher von Leo Strauss kommentiert. Im Jahr 1953 veröffentlicht Strauss das Buch »Natural Right and History«. Es handelt sich um den eigenwilligen Versuch, die Theorie des Naturrechts einerseits in ihren Anfängen seit Platon, Aristoteles, Xenophon und Cicero, anderseits in ihren modernen Verwandlungen – vorwiegend durch Locke, Hobbes, Rousseau und Burke – zu examinieren; und dies wider die »historizistische« Versuchung, sie in der Situationsbezogenheit rein geschichtlicher Herausforderungen verschwinden zu lassen. Strauss hält daran fest, daß es so etwas wie überzeitliche Werte gebe, die freilich stets nur von einer Elite des Geistes erkannt werden können. In der – esoterisch-unauffälligen – Verteidigung seiner Überzeugung orientiert er sich an einem einzigen Gegner: an Max Weber. Niemals sei es möglich, das Paradigma der Wertfreiheit in den Sozialwissenschaften bis ins letzte konsequent aufrechtzuerhalten, es sei denn um den Preis eines Nihilismus, dem sogar das »historische« Verstehen entgleiten müßte.[91]

Leo Strauss' heimliches Ideal ist die Polis. Der überschaubare politische Verbund, in welchem jedermann seine bestimmte Stellung einnimmt, garantiert oder ermöglicht mindestens die Verwirklichung des *summum bonum*. Doch soll die Politeia kein Konstrukt sein, kein durch die Gesetze oder durch die Verfassung erzwungenes Gebilde. »*Politeia* bezeichnet eher die Lebensweise einer Gemeinschaft als ihre Verfassung.« Nach Maßgabe der »klassischen Denker« sei sie eine »geschlossene Gesellschaft« – »eine Gemeinschaft, in der jeder zwar tatsächlich nicht jedes andere Mitglied, aber doch einen Bekannten eines jeden anderen Mitgliedes kennt«. Was ist das Ziel dieser Politeia? »Eine Gemeinschaft, die darauf abzielt, die Vervollkommnung des Menschen zu ermöglichen, muß durch gegenseitiges Vertrauen zusammengehalten werden, und Vertrauen setzt Bekanntschaft voraus. Ohne solches Vertrauen, so dachten die Klassiker, kann es keine Freiheit geben.«[92]

Das summiert die klassische politische Theorie, doch ist es gleichzeitig die Position, die Leo Strauss gegen die verschiedenen Fronten der »Modernes« zu behaupten sucht. Es ist höchst bezeichnend, daß »Natural Right and History« den Schlußakzent in der Darstellung eines Philosophen findet, der zu den letzten zählt, welche den sozialen Riss zu decken versuchten, der die Moderne seit der Französischen Revolution durchzog. Edmund Burke, so heißt es mit eigensinnigem Pathos, sei noch zu tief vom Geiste des »vernünftigen Altertums« erfüllt gewesen, »um zuzulassen, daß das Interesse an der Individualität das Interesse an der Tugend überwältigte«.[93] – Freiheit ist nicht in erster Linie die Gleichung mit der subjektiven Selbstbehauptung, eher ein *bonum commune* – »Tugend« –, da jedem erfüllt wird, was ihm von »Natur« zusteht. Darauf basiert, nach Strauss, die antike Idee der Sittlichkeit. Sie sei ausgerichtet auf die »Perfektion des Menschen«. Aber nicht alle Menschen seien von Natur aus in gleicher Weise für den Aufstieg zur Vollkommenheit begabt; deshalb bedürften einige der Führung durch andere. »Da also die Menschen im Hinblick auf die menschliche Vollkommenheit, d. h. also im entscheidendsten Punkt ungleich sind, so erschienen den klassischen Denkern gleiche Rechte für alle höchst ungerecht.«[94]

Dieser Einblick in die menschliche Natur und ihr Recht – den Leo Strauss schon deshalb übernimmt, weil er das letzte menschliche Ziel im Streben nach der Vollkommenheit erkennt – verdunkelt sich in der Neuzeit. Strauss spricht es nicht direkt aus: doch mit der Heraufkunft des modernen Individualismus, der politisch schließlich in diversen Formen der Massendemokratie sich kennzeichnet, zerbröckelt die alte Lebenseinheit der Bürgertugenden. Sie wird gesprengt durch das Gewinndenken, durch den Utilitarismus und durch Tendenzen egalisierender Herrschaft. Sitte und Sittlichkeit lösen sich auf. – Hegels Gesellschaftstheorie ist in »Natural Right and History« marginalisiert; sie wird kaum erwähnt. Hätte Leo Strauss den Autor der »Rechtsphilosophie« indessen besser gekannt, er hätte leicht feststellen können, wie der Riss in der Neuzeit zwischen Herkunft und Zukunft zur Anstrengung seiner Mediation gemacht ist. Kojève aber verschloß sich gegenüber Hegels Idee der »Sittlichkeit« deshalb, weil sie ihm nicht in das Konzept des *Etat universel et homogène* paßte. So konnte Leo Strauss auch von Kojève nichts über den »anderen« Hegel lernen.

Als Kojève am 29. Oktober 1953 seine Eindrücke der Lektüre von »Natural Right and History« schildert, wehrt er ab. Er könne nur immer dasselbe wiederholen. »If there is something like ›human nature‹, then you are surely right in everything. But to deduce from premisses is not the same as to prove these premisses.«[95] Eine unwandelbare, transhistorisch gewappnete menschliche Natur kann Kojève nicht hinnehmen. Es sei dann nämlich bereits ein Widerspruch, zugleich vom ethischen *Sollen* zu sprechen und von der je gegebenen Natur (a »given« or »innate« human *nature*). Vor allem jedoch wird so das Regulativ des geschichtlichen Fortschritts unbrauchbar. Indem er auf ein Bibelzitat anspielt, das Strauss dem Buch als Motto vorausschickt, wirft er solcher statischen Betrachtungsweise vor, sie verhindere das Bemühen um die sozialpolitische Verbesserung der Lebensordnung. Man könne solcherart eine Rechtfertigung dafür liefern, die tierhafte Hungerexistenz eines chinesischen Bauern auf Dauer zu stellen – »(before Mao-Tse-Tung)«.

Keine Antwort von Leo Strauss ist erhalten. In den späten fünfziger Jahren werden die Intermissionen größer. Am 28. April 1954 quittiert Strauss den Empfang des französischen Gemeinschaftswerks zu Xenophons »Hiero«. Zwei Jahre später: »It is a pity that we have lost contact almost completely.«[96] Im Frühling 1957 erwähnt Strauss, daß er eine Studie über Machiavelli abgeschlossen habe. Am 1. Juli desselben Jahres läßt sich Kojève nochmals in einen langen Disput auf die politische Philosophie von Platon und Aristoteles ein. Dann erwähnt er, daß er zufällig Strauss' »Jerusalem lecture« – eine Vorlesungsreihe zur politischen Theorie – gesehen habe; gewiß das beste, was er von ihm je gelesen habe – »extremely clear, dense and brillant«. Doch nun wieder das »aber«. Aber von den »Moderns« zu sprechen, ohne Hegel und Marx auch nur zu erwähnen? Bis zu Rousseau sei alles in Ordnung, »but then there is a gap, and we come to ... Max Weber and Oppenheimer! That is to say to *end*less that is to say *sense*less so-called ›history‹ (without ›Napoleon‹). It is naturally not difficult to show the absurdity of such a ›philosophy‹.«[97] Immerhin habe ein gewisser Hegel vom Endstaat und vom absoluten Wissen gehandelt, und Marx habe dies »aktualisiert«. Ob das Schweigen gegenüber diesen Männern in pädagogischer oder etwa in demagogischer Absicht erfolgt sei?

So ausfällig, ja beleidigend hat Alexandre Kojève weder vorher noch nachher reagiert. Der Grund ist leicht einzusehen. Es mußte schmerzhaft sein, festzustellen, daß der intime philosophische Gesprächspartner auch nach Jahrzehnten der Diskussion nicht bereit war, die Lehre Hegels, geschweige denn seines Exegeten überhaupt eines Wortes zu würdigen. Und es war viel schlimmer als die Abwehr, die ihm zwei Jahre zuvor Carl Schmitt eröffnet hatte. Während Carl Schmitt den unbeirrbaren Apokalyptiker von Freund und Feind darstellte, schien von Leo Strauss die Aura des unvoreingenommenen Hermeneutikers abzustrahlen. Dieser reine Leser, dieser so unbestechliche Tüftler am Text wollte nichts wissen von der Botschaft. Er hatte nichts gelernt. – Die Rückmeldung erfolgt mit Verzögerung am 11. September 1957. Strauss bekennt, daß er krank war und nun sehr müde sei. »My general reaction to your statements is that we are poles apart.«[98] Sie seien Welten voneinander entfernt, und alles reduziere sich schließlich darauf, daß Kojève von der Wahrheit Hegels – und Marx' – überzeugt sei, während er selbst die Überzeugung nicht teilen könne. Überdies habe ihm Kojève niemals eine Antwort auf seine Frage gegeben, ob Nietzsche nicht recht hatte, als er das Hegelianisch-marxistische Ende mit dem Bild von den »letzten Menschen« erhellte. Und endlich sei es unzulässig, Platon vom Standpunkt Hegels aus zu interpretieren – ohne die Geduld aufzubringen und zu warten, »for what would reveal itself as Plato's view by simply listening to Plato and strictly adhering to his suggestions«.

Das ist nun umgekehrt der schwere Vorwurf gegenüber Kojèves leichtfertiger Art, die Texte »auszulegen«. Doch wie es Strauss als dem Verteidiger »elitärer« Weisheit entspricht, macht es ihm im Unterschied zu dem missionierenden Universalisierer nichts aus, daß *seine* Philosophie den Adressaten nicht erreicht. Er weiß für sich, daß Nietzsches Diagnose in der Applikation auf die Hegel-Welt – und zumal in der Fassung, die ihr Kojève gibt – zutrifft. Was er dabei verbirgt, ist allerdings von erheblicher Bedeutung.

Könnte die Wirklichkeit der »letzten Menschen« jemals hereinbrechen? Wäre sie dann – und schon zuvor – eine wünschenswerte Realität? Das läßt Leo Strauss vorsichtig im dunkeln. – Es gibt eine Passage in »Natural Right and History«, wo das Problem aufgeworfen wird: doch nur in der Form des Zitats. Dort heißt es, Max Webers These sei die These von der Unlösbarkeit des Kampfes zwischen den Werten gewesen – und »somit ein Teil oder eine Folge der umfassenden Ansicht, nach welcher das menschliche Leben wesentlich ein unausweichlicher Kampf ist«. Weiter: »Aus diesem Grunde erschienen ihm ›Friede und allgemeine Glückseligkeit‹ als ein illegitimes oder phantastisches Ziel. Sogar wenn dieses Ziel erreicht werden könnte, so dachte er, wäre es nicht wünschenswert. Es wäre der Zustand jener ›letzten Menschen, die das Glück erfunden haben‹, und gegen welche Nietzsche seine ›vernichtende Kritik‹ gerichtet hatte.«[99]

Es ist wieder ein Stück »Esoterik«, daß Leo Strauss der Weberschen Überzeugung wie auch der Vision von der Möglichkeit des »Endes der Geschichte« keine eigene Stellungnahme hinzusetzt. Doch nach allem, was er lehrte, konnte er weder das eine noch das andere wollen – weder die Realität des Kampfes und der Macht, mit ihrer theoretischen »Verlängerung« in die politische Theologie Carl Schmitts, noch das Nietzsche-Trauma erfundener Glückseligkeit, erweitert um Kojèves ironischen Messianismus. – Was bleibt? Es bleibt, wenn die Welt denn so oder so zum Übleren changiert, die Bewegung der Flucht. Es bleibt die Kirche der Weisheit, der philosophischen Disziplin, des Studiums der großen Alten. Es liegt in der Luft des Disputes, daß Kojève einmal auch diese Welt – die eigenste Welt von Leo Strauss – attackieren muß. Er tut es in einem Brief vom 15. Mai 1958, aus Anlaß von Strauss' Aufsatz über Al-Farabi.

Im Kontext steht die Frage, welche Wirklichkeit Platon ansteuerte, als er seinen »Staat« entwarf. Kojève ist der Meinung, nicht die Wirklichkeit einer *Polis* könne im Vordergrund gestanden haben: sonst wäre die Konstruktion »absurd« – nämlich ein zynisch-sophistischer »Kommunismus« mitsamt der lächerlichen »Frauengemeinschaft«. Sinnvoll entfalte sich die »Staats«-Utopie nur, wenn man sie auf eine *Politeia* innerhalb der Akademie (»inside the Academy«) beziehe. *Dieses* genuin platonische Konzept sei während über tausend Jahren von den christlichen und den muslimischen

Mönchen realisiert worden und sei schließlich degeneriert in Bayles République des lettres, welche bis heute fortlebe. Doch die echten Politiker hätten sich dem immer entgegengestellt, und was dann Hegel und Marx wollten, sei eine Transformation der Akademie in ein *Polis* gewesen. Nicht Platon sei an der realen Königsherrschaft der Philosophen gelegen gewesen, Hegel und Marx jedoch hätten dies beabsichtigt – die Verschränkung der Weisheit mit der Wirklichkeit.[100]

Das scheint nun früheren Aussagen Kojèves zu widersprechen, daß Hegel die Staatsphilosophie Platons verzeitlicht und universalisiert habe. Es ist jetzt nur noch die »scientific community« in Form der platonischen Akademie, derer Hegel sich annimmt, indem er danach strebt, sie mit der Welt zu versöhnen, deren Entwicklung zum Ende der Geschichte sie beschreiben soll. Autobiographisches ist in Kojèves Brief hineingeflochten; aber auch die Kritik an jener »mönchischen« Lebensordnung, der sich Leo Strauss verpflichtet hat. Die »République des lettres« als Degenerationsprodukt klösterlicher Abgeschlossenheit ist ein Anachronismus; mehr noch: sie ist eine Sekte – insofern, als sie wider Hegel ihre exkludierende Legitimität – die Legitimität der Elite – zu behaupten sucht. Darin erkennt Alexandre Kojève ausdrücklich den eigentlichen »Verrat der Intellektuellen«, Julien Bendas These vom Kopf auf die Füsse stellend.

Kojèves letzter erhaltener Brief datiert vom 29. März 1962. Daß er versöhnlicher gestimmt ist als frühere, liegt weniger an der Suggestivkraft von Strauss' Argumenten als an der »Konversion«, die Kojève in Japan erlebt hat. Plötzlich rückt das geschichtsphilosophische Pensum, das Ende der Geschichte als Produkt von Willen und Anstrengung zu denken, in die Ferne. Es wird kommen; aber Kojève sieht es mit dem Blick des Melancholikers. Er berichtet Strauss, daß er in Paris eine Hegel-Vorlesung vor mehr als dreihundert jungen Leuten gehalten habe. »I tried to be as paradoxical and shocking as possible. But no one became indignant, no one thought of protesting. Everything was quietly written down.«[101] Der philosophische Spieler ist müde geworden. Niemand zollt ihm mehr das Erstaunen, die Überraschung. Ist es nur diese

Rezeptionsgeschichte als Enttäuschung, daß er Leo Strauss gesteht, er werde mehr und mehr »platonisch«? »One should adress the few, not the many. One should speak and write as little as possible.« Da schwenkt er – eigentlich ohne echtes Motiv – doch noch ein auf die Linie der »Akademie«. Aber Vorsicht: bei Kojève gibt es keine letzten Worte. Schon im nächsten Satz erwähnt er, daß er »unglücklicherweise« demnächst seinen »Essai d'une histoire raisonnée de la philosophie païenne« veröffentlichen wolle; er enthalte mehr als tausend Seiten ...[102]

*

»Offizieller« als der Briefwechsel zwischen Kojève und Strauss spiegelt die Differenzen und Widerstände zwischen den beiden Philosophen das Gemeinschaftswerk über Xenophons »Hiero«, das zuerst 1954 bei Gallimard in Paris erschien und zehn Jahre später auch in einer englischen Version zugänglich gemacht wurde. Es enthält die Übersetzung von Xenophons Dialog, der wesentlich darum kreist, ob eine gegebene Tyrannis in sich verbessert werden kann – nämlich durch die Einsicht des Herrschers; enthält dazu den ausführlichen Kommentar von Strauss; dazu die Kritik von Kojève (die erstmals unter dem Titel »L'action politique des philosophes« in Nummer 41 von *Critique* 1950 publiziert worden war); und dazu schließlich Leo Strauss' *Restatement*.

Strauss eröffnet diesen langen, von vielen Paraphrasen des Inhalts durchsetzten Kommentar mit einer aktuellen Bemerkung. Noch ist die Diktatur des Nationalsozialismus mit den Schreckensfolgen des Holocaust sehr gegenwärtig. Aber als die Diktatur sich formierte und in den Umrissen schon abzeichnete, habe die politische Wissenschaft versagt und das Menetekel übersehen. »... when we were brought face to face with tyranny – with a kind of tyranny that surpassed the boldest imagination of the most powerful thinkers of the past – our political science failed to recognize it.«[103] Weshalb dieses Scheitern? Weshalb das erkenntniskritische Versagen des Denkens vor dem Sturz in die Barbarei? Das sei, so Strauss, kein Zufall gewesen. Es sei maßgeblich deshalb geschehen, weil die Angst vor »Werturteilen« die Sicht auf das Geschehen vernebelt habe. »Our political science is haunted by the belief that ›value judgments‹ are inadmissible in scientific considerations, and to call a regime tyrannical clearly amounts to pronouncing a ›value judgment‹.« Das – auch in »Natural Right and History« in der Konfrontation mit Max Weber kritisierte – Dogma von der Wertfreiheit in Sachen der Sozialwissenschaften soll es gewesen sein, welches die Perspektiven verstellte und die Gefahr auf fatale Weise neutralisierte. – Dagegen tritt Leo Strauss an.

Doch mit welchen Mitteln? Er wendet sich – in polemischer Abwendung von »modernen« politischen Theorien – den Klassikern zu, näherhin Xenophon, um zu zeigen, daß damals Wahrheiten entdeckt wurden, die auch modern noch Gültigkeit haben, weil sie zeitlos gültig sind. Strauss will Xenophon »rein«, erklärtermaßen *unhistorisch* verstehen. Zu diesen transhistorischen Wahrheiten gehört etwa die sokratische Einsicht, daß die Wahrheit selbst keineswegs harmlos sei. Stets versuche die Gesellschaft das Denken zu tyrannisieren. Damit ist bereits der Gegensatz da – zwischen jenen, die der absoluten Erkenntnis nacheifern, und den vielen, die sie daran zu hindern trachten. – Wenn nun der Tyrann Hiero argwöhnt, der weise Mann selbst sei ein potentieller Tyrann, dann spricht sich damit derselbe Verdacht aus: »gefährlich« ist der Erkenntniseifer den Herrschenden, denn die Suche nach dem *summum bonum* unterhöhlt die normative Kraft des Faktischen. Will der Philosoph das Gehör des Tyrannen finden, muß er deshalb diesen Verdacht zerstreuen und folglich als skrupellos in Erscheinung treten. Das sei – unter anderem – die Lektion Xenophons, die, unter gewandelten geschichtlichen Bedingungen, Machiavelli begriffen und absolut gesetzt habe.

Für Xenophon ist sie – noch – Mittel zum Zweck. Nämlich das Ziel zu gewinnen, den Tyrannen zu animieren, sein Regime zu korrigieren und zu verbessern. Leo Strauss betont, daß Xenophon kein Demokrat gewesen sei, vielmehr der Auffassung war, eine wohltätige Tyrannis sei besser als formale Gesetze und gewählte Magistraten. Denn die Kernfrage seiner – der »klassischen« – Philosophie gelte nicht der legalisierten Gerechtigkeit, sondern dem Problem, wie der Mensch angemessen leben solle. Thema sei »the fundamental Socratic question of how man ought to live«.[104] Das wahre Glück aber beruhe allein auf der Grundlage von »excellence or suprematy«: Überlegenheit zeichne den Herrscher wie den Weisen aus.

Dabei kann es jedoch nicht bleiben. Strauss' Interpretation kulminiert in der sokratisch-platonischen Einsicht, daß nur der weise Mann wahrhaft frei sei. Unabhängigkeit und Willens- wie Denkfreiheit kommen nur ihm zu, denn nur er hat – anders als der Herrscher – den Verlust nicht zu fürchten. Also gilt: »The wise man is the ruler of rulers.« Er wird nicht bewundert für Leistungen, die er anderen zufließen läßt, sondern schlichtweg dafür, daß er ist. An ihm ist alles Substanz, nicht Funktion. »The wise man is as self-sufficient as is humanly possible ...«[105] Von solcher Weisheit her betrachtet wird jede Herrschaft – ob sie sich in Gesetzen niedergeschlagen hat oder kraft einer Legitimität behauptet – eminent problematisch. Noch die »beste Stadt«, noch das »Jerusalem« hienieden erweist sich als unfrei und kontingent gegenüber der philosophischen Unabhängigkeit von »Athen«.

Dies ist es, was Leo Strauss aus Xenophons »Hiero« extrahiert. Und obwohl er den Eindruck erwecken will, daß er bloß dem Text nachgegangen sei, nichts weggenommen, nichts hinzugetan habe, schimmert das eigene Verständnis durch die Lektüre. – Hat sie aber eine »Moral«? Vermag sie der blinden Wertfreiheit der modernen Sozialwissenschaft mit einem gedanklichen Instrumentarium zu antworten, das in der Lage wäre, in Fällen wie jenem der deutschen Diktatur »richtig« zu reagieren? Soll einsichtig sein, worauf der *Wert* der Klassiker gegenüber den Modernen beruht? Solche Fragen erhalten – mit Absicht? – keine Replik. Es wäre auch keine Replik – obwohl es wohl tatsächlich so gedacht war –, dem unerbittlichen und unbestechlichen Urteil des Weisen zuzumuten, daß es *geschichtlich* etwas verhindern oder begünstigen könnte. Der Weise sucht nicht die Öffentlichkeit.

Oder doch? Sollte er wirklich ein Klima zu schaffen imstande sein, das endlich so etwas wie die Übereinkunft in das *bonum commune* erzeugt? An diesem Punkt setzt Alexandre

Kojèves »exoterische« Kritik an. Simonides – Hieros philosophischer Berater – sei nichts anderes als ein typischer Intellektueller, der sich aus den praktischen Fragen herauswinde und »in the universe of discourse« überwechsle. – Jetzt breitet Kojève *seine* Lehre aus.

Für den Anwalt der »Modernes« blieb dem Verfasser des »Hiero«-Dialogs eine entscheidende Erfahrung versperrt. Er sah keine Tyrannis im Dienste »wahrer« revolutionärer – politischer, sozialer oder ökonomischer – Ideen. Kojève geht nicht darauf ein, ob das Xenophon vor seinem historischen Horizont überhaupt möglich gewesen wäre. Seinem Interpreten Leo Strauss dagegen wäre es mit Leichtigkeit zugänglich gewesen; gleichwohl verschließt er sich. Daher stellt Kojève schon zu Beginn seiner Erörterungen fest: »Personally, I do not accept Strauss's position in this matter ...«[106] Doch was will da das »Persönliche« des Urteils? Es ist ein Euphemismus, denn nach Kojèves Doktrin kann das Thema keineswegs nur auf der Ebene von privaten Einschätzungen verhandelt werden. Die gesamte Dialektik des Dialogs – mit Blick auf die Stellung des »Herrn« (*Master*) – müsse um die bürgerliche Perspektive erweitert werden, verlangt er. Unterläßt man das, so kreise das Bedürfnis des Tyrannen nach Anerkennung und Ehre ausschließlich um sich selbst: eine »immanente« Tragödie ohne den geschichtsmächtigen Ausgang echter Erlösung. Folglich will Kojève, daß ein moderner Simonides die Utopie vermeiden sollte und einen realistischen Ratschlag formulieren müßte. Dieser Ratschlag sprengte freilich die vorgegebene Situation schon insofern, als er von der besonderen Herrschaftsstruktur der Tyrannis absähe und auf jene Anerkennung verwiese, die kein hierarchisches Gefälle mehr abbildete – auf die »totale« Anerkennung, deren Wirklichkeit »the whole of mankind« umfaßte und sich im universalen und homogenen Staat stabilisierte.

Kojève insistiert daher auf einem Seinsbegriff, der nicht das ontologisch Gegebene und Unverrückbare bezeugt, sondern als zeitlicher zu seiner Entwicklung und Erfüllung will. So habe es Hegel – viel präziser als Xenophon – erkannt: das Sein enthüllt sich, atheistischerweise, im Lauf der Geschichte. Dazu aber manifestiert sich in den Augen des Posthistorikers eine für Leo Strauss unangenehme Wahrheit. Solange die Zeit am Sein wirkt, gibt es keine ruhige Position des Beobachters, der im Gegenteil a priori die Turbulenzen des Prozesses erfahren muß – und daher nicht nur das Recht, auch die Pflicht hat, sich einzumischen in die politischen Angelegenheiten. Konsequent lehnt Kojève die kontemplative Stellung des Weisen, wie er bei Strauss als der einzige freie Mensch in die Erscheinung gelangt, polemisch ab. Er könne Strauss' »egoistischen« Rückzug nicht akzeptieren. Weniger ein moralisches als ein erkenntnistheoretisches Argument führt Kojève an. Es sei falsch, etwas zu wissen, was die anderen nicht wissen sollten; man müsse umgekehrt danach leben, die Ideen mitzuteilen (*seeing our ideas shared by others*).

Es mag den Stich ins Perfide haben, wie der Hegelianer umwendet und gegen den Verteidiger der Klassiker kehrt, was er doch selbst beansprucht: den Frieden des Weisen (*le sage*), der nur noch zusieht und im interesselosen Zusehn sogar die Aura der Gottähnlichkeit erhalten soll. Die Inversion klärt sich ausschließlich, wenn man die These vom Ende der Geschichte berücksichtigt. Weise *ist* man nicht, weise *wird* man erst. Für die antike Vorgeschichte der zu sich selbst gelangenden Geschichte kann es Bedingungen der Möglichkeit, »absolut« weise zu sein, noch gar nicht geben. Bis zu Hegel obliegt es daher auch den Philosophen, kämpferisch an der Promotion der universalen Anerkennung mitzuwirken – sie sind so lange auf die Revolution verpflichtet, als deren Abschluß aussteht. – Gegenüber dieser Geschichtsphilosophie, die rücksichtslos das Engagement der Intellektuellen zu funktionalisieren beabsichtigt, muß jeder »partikulare« Schritt zur Seite, in die Unbelangbarkeit reiner Meditation, als »Verrat« erscheinen – als Ausstieg aus der Zeit, der ohnehin mißlingen muß. – Es sei ein aristokratisches Vorurteil (*aristocratic prejudice*), daß Leo Strauss das Lob der Minorität anstimme und die Esoterik des Denkens preise. Die Gefahr der intellektuellen Elitenbildung und des »cloistered mind« liege darin, daß die Mitglieder früher oder später hinter den Ereignissen zurückgelassen würden.

Das große Zu-spät des Geistes ist so die einzige wirkliche Tragödie der Geschichte. Genau dies wird Kojève sechs Jahre später – mit dem Hinweis auf Hamlet und Faust – auch Carl Schmitt auseinandersetzen, ohne allerdings befürchten zu müssen, daß er dabei Empfindlichkeiten eines Parteigängers der sich vor der Öffentlichkeit verschließenden Weisheit berührt. Fast grimmig schleudert er Leo Strauss den Satz entgegen, es gebe einen Sinn der Geschichte (*there is a meaning to history*), der sich offenbare in der Totalität der Zeit. Und um jede potentielle Undeutlichkeit auszuräumen, statuiert er abschließend, daß gerade die philosophische Idee – und eigentlich nur sie – auf Erden wahrhaft politisch werde, bis der universale Weltstaat erreicht sei.

Man kann das Ausmaß an Indignation nur ahnen, das den Autor des »Hiero«-Kommentars bei der Lektüre solcher Kritik überkam. Daß er in der ersten brieflichen Reaktion von der Genugtuung sprach, endlich eine Antwort erreicht zu haben, die mit Verve die Position der »Modernes« ausdrücke, ist nur die eine Seite. Die Kehrseite findet sich in Strauss' *Restatement*, welches er erst für die französische Edition verfaßte. – Nochmals dringt er darauf, man müsse zuerst einmal von den Alten wieder lernen, was Tyrannis sei, um anschließend erkennen zu können, daß die moderne Tyrannei fundamental verschieden sei von jener, die die Klassiker analysiert hätten. Dann aber werde wiederum evident, »that present-day tyranny finds its place within the classical framework«.[107] – Leo Strauss reagiert mit dieser – nicht näher begründeten – Drei-Schritt-These noch nicht auf Kojève, sondern auf einen kritischen Einwand von Eric Voegelin, der in einer Rezension vorgebracht hatte, daß der »klassische Rahmen« die Formen des Cäsarismus nicht berücksichtige. Dann geht er auf Kojève ein.

Wer seinen Geschmack und seinen Geist an Xenophon geschult habe, werde schockiert durch »the more than Machiavellian bluntness«, mit welcher Alexandre Kojève »of such terrible things as atheism and tyranny« rede. Dennoch müsse man Kojèves Position ernst nehmen, denn Kojève sei kein Intellektueller, er sei ein Philosoph. Das induziert nach außen das Maximum an Empörung des Kritisierten. »In a word, Kojève is a philosopher and not an intellectual.«[108] Schwer verständlich ist Leo Strauss dennoch, daß Kojève den unbeschränkten Fortschritt der Technik sowie die universale Aufklärung als so wesentlich für die Befriedigung des Menschlichen am Menschen einschätzt. »In fact, he regards Hegel's teaching, as in principle, the final teaching.« Dies nun rührt an Strauss' eigene anthropologische Überzeugungen. Er weiß natürlich, daß die Lebensordnung, in der sich der Weise bewegt, ein Stück weit Utopie ist – deshalb, weil sie an sich zu universalisieren wäre, doch de facto niemals verallgemeinert werden kann. Dennoch wirbt er für die Utopie: sensu strictu beschreibe sie »the simply good social order«. Davon seien die Klassiker ausgegangen – vom Ziel der Weisheit und der Tugend, weniger vom Ziel der Ehre, niemals von jenem der *universal recognition.* Ganz abgesehen davon, daß jeder Glaube ans Universale einen Gegenglauben provoziere.

Es sind also falsche Doktrinen (*untrue assumptions*), die lehren, daß der Mensch als Mensch ein Wesen sei, welches des Bewußtseins für »geheiligte Grenzen« entrate. Nicht das Konstrukt einer atheistischen Seele vermag den humanen Wesenskern zu treffen, dieser ist auf die Transzendenz verpflichtet. Deshalb soll der Philosoph nichts anderem sich widmen als der Suche nach der Weisheit und zugleich die Liebe zur Weisheit bei jenen fördern, die »by nature« dazu befähigt sind, sie zu entwickeln. Dem »Positivismus« des Geschichtsphilosophen antwortet Leo Strauss mit dem pädagogischen Eros – und allerdings auch mit dem Einwand, daß Kojève die Macht der Leidenschaften unterschätze. Menschen handelten nicht immer vernünftig. – Aber was wäre das für eine »Vernunft in der Geschichte«, welche den Anerkennungsstaat hervorzauberte? Es wäre – und hier greift der Kritiker des Kritikers die berühmte Nietzsche-Formel auf der Staat der »letzten Menschen«. Im Verbund mit dem uneingeschränkten Fortschritt müßte er die Zerstörung der Menschheit einleiten. Dann sehr deutlich: »If the universal and homogeneous state is the great goal of History, History is absolutely ›tragic‹.«[109] Als *vanitas vanitatum* nur kann Strauss dieses Projekt sehen, dessen Böswilligkeit vielleicht deshalb beschränkt bleibt, weil es immer Menschen geben werde, die gegen die destruktive Planwelt revoltieren würden. Erreichte aber der Endstaat jemals die Realität, so bedeutete das »the end of philosophy on earth«.

Der Bemerkung über den Tod der Philosophie konnte Kojève leicht zustimmen. Dieser Tod sollte ja gerade die Konsequenz aus dem vollzogenen Ende der Geschichte sein. Und eigentlich konnte er fast allen anderen Glossierungen von Leo Strauss ebenfalls zustimmen. Er konnte auch nicht übersehen, wie Strauss oft zwischen Aussagesätzen und Sollenssätzen hin und her wechselte. Dem gegenüber war er deshalb in der stärkeren Position, weil er als Geschichtsphilosoph einfach dekretierte. Der einzige Stachel im Fleisch dieser Geschichtsphilosophie blieb, daß die Möglichkeit bestand, trotz der temporalisierten Anthropologie einen humanen Rest von Widerstand »übersehen« zu haben. – Wie bei Carl Schmitt ist es auch bei Leo Strauss »der« Mensch in seiner seinsmäßigen Unverlierbarkeit, der als »Aufhalter« wider die End-Geschichte sich erhebt. Es ist nicht der »böse« Mensch. Es ist höchstens der unberechenbare Mensch – nach Nietzsche das »nicht festgestellte Thier«.

In dieser Freiheit – des Denkens, des Empfindens, auch der »irrationalen« Gestimmtheit – steckt die Subversion, die letztlich jeder List der Vernunft überlegen ist. Sie kann zur Gewalttätigkeit ausschlagen und zu den übelsten Auswüchsen der Massenverzauberung, und insofern trägt sie Verantwortung auch für die modernen Kumulationen der Tyrannei. Aber sie birgt in sich zugleich die Möglichkeit, auf Distanz zur Faktizität der Geschichte zu gehen, um den Spuren der Weisheit zu folgen. Das ist, wenn man so will, ihr »katechontischer« Auftrag gegen jede Theorie, welche dazu verlockt, den Menschen auf eine bestimmte und bestimmbare Lebensführung einzupassen.

Leo Strauss wollte den Prozeß der Aufklärung nicht so weit fortdenken, daß er ihm die unausweichliche Notwendigkeit der Universalisierung zugemutet hätte. Er dachte nicht so weit »geschichtlich«, daß er die moralischen und politischen Katastrophen des 20. Jahrhunderts als deren wesensmäßige Dialektik hätte beschreiben müssen. Er spekulierte in Sachen der Geschichtsphilosophie nicht über das hinaus, was Kant festgelegt hatte. Es ist weder Desinteresse noch Verachtung, daß er weder mit Hegel noch mit Marx sich einließ – höchstens die Naivität dessen, der das Einwirken historischer Kräfte auf den Charakter des Menschen zu minimalisieren versuchte. Er konnte nur deshalb die regulative Idee des Naturrechts von Platon bis zu Rousseau und Burke ohne nennenswerte Verwerfungen darstellen. Die Epoche freilich, da sich auszufalten begann, was die Französische Revolution initiiert hatte, nahm er nicht mehr wahr.

Man tut Leo Strauss wohl kaum unrecht, wenn man in solchen Abstraktionen eine Verdrängung entdeckt. Es zählt zu den rätselhaften Eigentümlichkeiten seiner wissenschaftlichen Biographie, daß der politische Philosoph – von einer hochpolitisierten Situation zur Emigration gezwungen – niemals einläßlich die Konfrontation mit dem geschichtsphilosophischen Denken der Utopie anstrebte, wie es Karl Popper schon seit den zwanziger Jahren mit dem Thema vom Elend des Historizismus tat. Strauss mied dieses Engagement sogar da, wo er – wie in »Natural Right and History« – für seine Verhältnisse überaus exoterisch argumentierte.[110] Man kann die Abstinenz vielleicht dann nur richtig einschätzen, wenn man – eine seltsame Parallele zu Heidegger, mit dem er sonst nichts gemein hatte – die Radikalität berücksichtigt, die auf das reine Philosophieren und auf die reine Philosophie sich konzentrierte. Der *Vorgang,* die Weisheit zu gewinnen, sollte das Entscheidende sein; er durfte keine »zeitlichen« Implikationen haben.

Strauss war kein aufgeklärt-militanter Demokrat. Er bejahte den Liberalismus als die Gesellschaftslehre, die es am ehesten gestattet, daß der Mensch – als Philosoph – ungestört seinen Verpflichtungen nachlebt. Er meinte auch da zu wissen, daß der Liberalismus das *bonum commune* als Gemeinschaft in der Tugend nicht in der Weise zu schützen vermag, wie es die antiken Denker gefordert hatten. Aber er sah gleichzeitig, daß bereits bei den Klassikern das Bürgerwohl einen utopischen Horizont hatte: es war nicht als universales Prinzip konzipiert, sondern auf Inklusion und Exklusion ausgerichtet. So fiel es ihm weniger schwer, die Überzeugung von der geistigen Elite zu nähren – von der »Kirche«, die *intra muros* operiert und niemals danach strebt, ihre Türen zu öffnen und die Weltmission zu betreiben. Die Furcht vor der restlos gemachten, nach Funktionen hergestellten Wirklichkeit beruhte auch darauf, daß damit ein Zustand geschaffen würde, der den egalisierenden Zugriff auf den Menschen schließlich zur Liquidation der Weisheit ummünzte. Nach außen spielt die Philosophie bis zu einem gewissen Grade mit, indem sie sich der Kultur der »Stadt« einfügt. Nach innen verfolgt sie ihre eigentliche Bestimmung. Sie bedarf keineswegs der allgemeinen Anerkennung, im Gegenteil. Jeder Universalismus bedroht sie mit ihrer Auflösung.

Weil Leo Strauss nicht – wie Carl Schmitt – eine Gegen-Eschatologie wider das säkularutopische Finale entwerfen konnte, wurde es ihm schwierig, Kojèves These mit raschen Argumenten abzuwenden. Er flüchtete sich deshalb, ohne innere Leidenschaft, zu Kant und zu Nietzsche, indem er, allerdings nur in Umrissen, einwarf, daß jede Theorie am Ende eine Konstruktion sei. Hätte er sich zugleich in die Nähe des Neukantianers Ernst Cassirer begeben, so wäre es auch möglich gewesen, die Frage nach der funktionalen Bedeutung solcher Konstruktionen zu stellen. Doch hätte ihn dies schon zu weit entfernt von seinem ursprünglichen Anliegen. Von diesem Anliegen bleibt als der vielleicht zentralste Einwand gegen das Ende der Geschichte die Verhaftetheit des Menschen in der Transzendenz. Es kann keine in Dogmen und Riten übergeführte Transzendenz sein, wie sie Carl Schmitt als politischer Theologe in der Institution der katholischen Kirche verkörpert wissen wollte. Sie entspricht eher dem schwer zu definierenden Bedürfnis nach *Sophia*.

Es gibt dazu eine exoterische Bemerkung in Strauss' *Restatement* der Xenophon-Debatte. Strauss spricht von der Mühe, die es den Heutigen bereite, unvoreingenommen und ohne die Gewöhnung des Zynismus sich die Texte der Klassiker wieder anzueignen. Gleichwohl fordert er das Schwierige, alle Einflüsterungen der Brutalität moderner Geschichte zu vergessen und sich einzuhören in die Alten. »We are in need of a second education in order to accustom our eyes to the noble reserve and quiet grandeur of the classics.« Eine zweite Erziehung sei vonnöten, das Auge wieder an die edle Zurückhaltung und ruhige Größe der Klassiker zu gewöhnen. Gibt es Menschen, die dazu eine gewisse Voraussetzung mitbringen? Das ist eminent eine Straussche Frage, und ihr folgt sogleich Strauss' Antwort. »Those modern readers who are so fortunate as to have a natural preference for Jane Austen rather than for Dostoievski, in particular, have an easier access to Xenophon than others might have; to understand Xenophon, they have only to combine the love of philosophy with their natural preference.«[111] Das ist *auch* ein Stück Selbsterklärung. Nicht die apokalyptisch erregten Leser sind von Natur aus prädestiniert, den Weg zurück zur Wahrheit der Alten – und damit zur wahren Philosophie – zu gehen, sondern die Freunde von Jane Austen.

Nachsatz.
Zeitgeistlagen

Abendländische Eschatologie hat es mit dem Schicksal der geschichtlichen Zeit zu tun. Die Schicksalsfrage durchläuft seit der jüdisch-christlichen Antike alle Stadien transzendentaler Verankerung, bis sie schließlich in der Immanenz rein menschlicher »Arbeit« sich einnistet. Noch Hegel dachte diese Arbeit als symbiotisches Produkt des Geistes und der Tätigkeiten, die ihm folgen. Vierzig Jahre später sprach Jacob Burckhardt – darin mit seinem Basler Gefährten Friedrich Nietzsche völlig einig – von der Sinnlosigkeit von Begriffen wie Fortschritt, Zweck und Zukunft. Gerade bei Hegel finde sich, so Burckhardt zu Beginn seiner »Weltgeschichtlichen Betrachtungen«, »die behutsam eingeleitete Lehre von der Perfektibilität«. »Wir sind aber nicht eingeweiht in die Zwecke der ewigen Weisheit und kennen sie nicht. Dieses kecke Antizipieren eines Weltplans führt zu Irrtümern, weil es von irrigen Prämissen ausgeht.« Vielmehr gelte es, ohne spekulativen Übermut »das sich Wiederholende, Konstante, Typische« zu betrachten – »als ein in uns Anklingendes und Verständliches«. Ausdrücklich wird statuiert, daß »die Lehre vom Ende ... nicht von uns zu verlangen« sei.[1]

Im Ende liegt Erlösung. Es deshalb als *Produkt* zu imaginieren, als säkularen Ort jeder aufgehobenen Ungewißheit, muß noch dann verlockend sein, wenn der Preis die Möglichkeit von Katastrophen einschließt. Was Weltzeit im Mißverhältnis – des Entgleitens, des Verlusts – zur Lebenszeit im schlimmsten Fall dem Bewußtsein zu suggerieren vermag, hat Hans Blumenberg am Beispiel Hitlers demonstriert. Als Quelle dient das zwischen Februar und April 1945 diktierte »politische Testament« des »Führers«. Dort findet sich der Zorn dessen, der die »Tragik der Deutschen« darin beklagt, »daß wir nie genügend Zeit haben. Immer werden wir durch die Verhältnisse gedrängt«. Und auf den eigenen Auftrag bezogen: »Ich ... stehe unter dem Schicksalsgebot, alles innerhalb eines einzigen kurzen Menschenlebens zu vollenden.« Alles: das meinte das »Tausendjährige Reich« ebenso wie die Vernichtung seiner Feinde. Freilich ist das Pendant zu dem – in den Trümmern Berlins noch immer im Präsens formulierten – »Gebot« schon nach der gescheiterten Ardennenoffensive umrissen. Dem Adjutanten der Luftwaffe Nicolaus von Below hat Hitler dazu folgendes anvertraut: »Wir kapitulieren nicht, niemals. Wir können untergehen. Aber wir werden eine Welt mitnehmen.« *Eine* Welt; als ob es danach *die* Welt rechtens nicht mehr geben könnte – allenfalls Welten, geschwächt durch den Substanzverlust, welchen der so verheißene Abgang erwirkt hätte.

Das ist »die Kongruenz von Lebenszeit und Weltzeit als Wahn«.[2] Es ist aber auch die Konstruktion der Hoffnung, ein Ende zu bereiten, dem nur noch eine leere, sinnlos gewordene Zeit nachfolgte. Das Vermessene der Vision von »ewiger« Herrschaft kippt in die Radikalität des vorgestellten Untergangs. Stillstand so oder so; nur daß es regielos weitergehen könnte, das darf nicht sein. – Gehört solcher Wahn noch unter die »anthropologischen« Kategorien, denen Jacob Burckhardt Rechnung tragen wollte, als er vom »duldenden, strebenden und handelnden Menschen« zu wissen verlangte – »wie er ist und immer war und sein wird«? Er fügte sich mindestens insofern der »Betrachtung« ein, als Burckhardt selbst sie als »gewissermaßen pathologisch« bezeichnete. Doch Pathologien bedürfen der Pathogenesen. Pathogenesen indes sind schwerlich denkbar ohne das verfügende und gestaltende Instrumentarium, welches die Geschichte nicht ein für allemal gibt, sondern durch Zeit-Bedingungen modifiziert.

Die Menschen als »maîtres et possesseurs de la nature« zu feiern, war erst möglich, nachdem die wissenschaftlich-technischen Mittel, wenigstens perspektivisch, zur Verfügung standen, diese Regentschaft zu verwirklichen. Von der »Mitnahme« einer Welt zu sprechen, wurde erst denkbar, nachdem der *hergestellte* Millionentod keine absurde Fiktion mehr war. Wäre Hitler vergönnt gewesen, die Atombombe zu erzeugen und im Einsatz zu halten, er hätte den Wahn ohne Hypertrophie auf *die* Welt zu beziehen gewußt. – So, unter den Diktaten historischer Veränderung und Beschleunigung der Kräfte und Mächte ins Unabsehbare, scheint das Bild vom Menschen, wie er ist und immer war und sein wird, plötzlich gefährlich zu oszillieren. Setzte die »Konstanz« nicht eine Lebenswelt voraus, deren Fügung im Leben wie in der Welt gewisse Grenzen von Mutationen nicht durchbräche? Es hatte schon Berechtigung, daß Hegel so viel Emphase dem Begriff der *Arbeit* unterlegte und in der Offenheit ihres »Ausgangs« das *movens* von Historisierungen sah, welche die nur vergleichende Geschichtsschreibung vor unlösbare Probleme führte.

Man muß den Akzent in diesen Zusammenhängen allerdings gar nicht auf den dramatischen Anteil der neuzeitlichen Ermächtigungen legen. Es genügt durchaus, das Bedürfnis wenn nicht nach dem »Ende«, so doch nach einer »Struktur« der Geschichte am Bedürfnis nach Lebenskomfort auszuweisen. Die profanen Wünsche nach Erlösung sind auch in den handgreiflicheren Formen nicht verächtlich zu machen. Noch der innerweltlichen – und allerdings nur der *inner*weltlichen – Askese muß so etwas wie das Wohlergehen unter materiellem Schutz am Herzen liegen: wenn auch primär im Modus der verzögernden Akkumulation für die Zukunft. Daß man es besser haben will, als man es gehabt hat, ist eine Forderung, welche das liberale »Modell« ebenso trägt wie alle Schattierungen von Sozialismus, und so lange es kein wissenschaftlich-technisches Zauberverfahren gibt, solche Zustände beizubringen, bleibt das Menschheitsziel dem geschichtlichen Denken des Nach und Nach verhaftet. Die Erwartung, die dadurch einem Prozeß zugemutet wird, dessen Merkmal auch und aus bitterer Erfahrung die Kontingenz ist, steuert freilich tendenziell dem Manichäismus zu. Wo kein transzendenter Ort mehr die Übel des Diesseits kompensiert, mehr noch: wo selbst die alten Sicherheiten lebensweltlicher Gewohnheit unter den immer schnelleren Erscheinungen des Fortschritts ihr Profil einbüßen – Walter Benjamin hat von der »Zersetzung« der »Merkwelten« gesprochen –, entstehen ungeheure Zumutungen an »die« Geschichte.

Es wäre vermessen – und ist doch längst zur rhetorischen Figur geworden –, die Preisgabe des Jenseitsvertrauens zu belächeln. Im Austausch zur Befreiung von den alten Abhängigkeiten hat man sich eine Kompetenz eingehandelt, deren Übersteigerung zur Chimäre wird: die gegebene Lage der Schöpfung total zu korrigieren. Da wächst den profanen Bedürfnissen ein zweiter Himmel zu; die ihn erklären können, sind die Götter der Nachfolge. Es war insofern sehr konsequent, daß Alexandre Kojève mit religionsphilosophischer Anstrengung bei Hegel und mit Hegel diese Substitution, die »säkulare« Wende vollziehen wollte. Vielleicht äußerte sich darin auch ein Wahn – des Denkens, das die Macht des Geistes so hoch festschreibt, daß *alles* möglich werden muß; dann ist das »Ende« erreicht.

Dem Zeitgeist nach dem Jahr *1989* ist es – vorübergehend? – nur noch in der liberalen Gestalt zugänglich, die ein amerikanischer Politologe erweckt hat; doch immerhin dem Optimismus verbunden, daß es durch ein *subjekthaftes* Geschehen angebahnt wird. Die Taten des Willens sollen es sein, die dem Ende vorgreifen, und nur deshalb kann der Verdacht einem Ende gegenüber verdrängt werden, welches, als historischer Stillstand, durch wissenschaftlich-technologische, letztlich »anonyme« Diktate und Diktaturen ausgezeichnet wäre. Davon, von den subjektlos aus den Sachen sich hervorbildenden *posthistoire*-Welten, war Arnold Gehlen ausgegangen. Wo die Postmoderne jedoch mit den Kategorien der Freiheit und des Willens operiert, darf sie sich von der dunkleren Kehrseite nicht beunruhigen lassen.

Aber schon Gehlen wußte, daß Endgeschichten, die bloß auf die Vision von der Verwaltung und regulierenden Verbreitung des materiellen Wohls bezogen sind, dem intellektuellen Bewußtsein irgendwie als unattraktiv aufstoßen. Jene Anerkennung, die nur mit der politischen, wirtschaftlichen und gesellschaftlichen Befriedigung liiert ist, hat einen Mangel. Sie ist unter der Bedingung einer Preisgabe entstanden. Was nun fehlt, läßt sich nicht mehr eindeutig benennen. Strukturell ist es ursprünglich die »transzendente« Lücke; wobei das Transzendente natürlich längst mutiert hat: in Gefühle der Auserwähltheit oder in Wünsche nach anarchistischem Selbstwert, in Regungen des Ästhetizismus und Snobismus oder in die gefährlicheren »völkischer« Verachtung. Das alles – und auch der Traum eines revolutionär erobernden Kommunismus – ist von den Prozessen der Vernunft nicht nur marginalisiert, sondern auch als unzeitgemäß und widersinnig entlarvt worden. Die »Automaten«-Welt, sollte sie denn, nach Kojèves Skizzen, schon Realität sein, kann es dem Prinzip nach nicht mehr verstehen.

In dieser Welt dominiert der Betrieb, die rationale Anstalt. Und in ihr dominiert für diejenigen, die sich an jeder Äußerung von Alltag wundreiben, die Langeweile. Das ist nicht neu. Sogar könnte es seinerseits wie eine langweilige Reprise von Bewegungen anmuten, die als surrealistische oder expressionistische Angriffe auf die bürgerlichen Ordnungen sich kenntlich machten. Damals begann sich ein Tat-Sinn zu entwickeln, der die Gleichförmigkeiten der »Zivilisation« aufsprengen, das »stahlharte Gehäuse«, das Max Weber beschrieben hatte, zur Explosion bringen sollte. Es waren Künstler und Denker, welche die Mächte des Lebens beschworen, um den Entzauberungen der Moderne zu antworten. Man wird daraus keine geschichtslogische Fortsetzung in die Ära tyrannischer Verzauberung konstruieren wollen. Doch wäre es ebenso verfehlt, dem Geist dieser Zeit die Unbelangbarkeit anzubieten. Es hätte auch intellektuelle Verantwortung geben müssen – gegen den polarisierenden Affekt, gegen philosophische »Entschlossenheiten«, gegen das ästhetische Spiel mit dem Grausigen. *Darüber* klagte Leo Strauss; als das Schlimme schon geschehen war.

Die Macht mag, mit Burckhardt, böse sein oder, mit Max Weber, ihr Gutes haben, wo sie beim Rechtsstaat aufgehoben ist. Verführen aber kann sie nur, wenn sie sich in die vertikale Linie verkörpert. Erst Hierarchien und Stufungen und schließlich und zuletzt einzelnen Personen gelingt es, das Magnetfeld der Macht zu erzeugen. Es ist, im buchstäblichen Sinn, attraktiv nicht nur für die, die dem »Programm« zustimmen, sondern auch für jene, die es bekämpfen – weil es klare Fronten schafft. Die Terroristenszene der siebziger und achtziger Jahre vermißte eben dies. Sie konnte bloß Funktionsträger treffen, anonyme Figuren im Kräftespiel anonymer Strukturen – wobei sie allerdings hoffte, daß dadurch die Repolitisierung der Gesellschaft eingeleitet würde und mit ihr die Demaskierung der »eigentlichen« Verhältnisse. Daß es solche Eigentlichkeit gar nicht mehr gab, nahm sie nicht wahr. Doch erst der Zusammenbruch des diktatorischen Realsozialismus beraubte sie nicht nur des logistischen Hinterlands, sondern auch der real gelehrten Ideologie, um sie ins große Vakuum zu stürzen.

Unheimlicheres ist freilich in anderen Zusammenhängen zu beobachten, und wieder geht es um das Verhältnis der Intellektuellen zur Macht. *Unsichtbarkeit* gehört zu den Charakteristika moderner Herrschaftsverhältnisse. Sie können nicht gesehen werden, und sie bleiben selbst in den wenigen Symbolen, durch die sie nach außen getragen werden, merkwürdig blaß. Im Grunde genommen ist das keine Merkwürdigkeit. Eine Geschichtszeit, die das Politische auf die Legitimation durch Verfahren verpflichtet hat und der Kämpfe und Kriege enträt, wäre zu zeichenhaften Äußerungen nicht in der Lage – allenfalls im Gesicht der Folklore. Doch nicht nur daher schössen Verschwörungstheorien an der Wirklichkeit vorbei, die behaupteten, daß dabei verschleiert werde, wo die wahren Befehlszentren sitzen. Denn die ökonomisch-soziale Welt vermag auch deshalb wenig Symbolhaltiges zu inszenieren, weil ihre Komplexitäten dies verbieten: sie sind, sinnvollerweise, nicht abbildbar. Mehr als Ornament und Design für ein oberflächliches ästhetisches Vergnügen stehen ihr kaum zur Verfügung. Insofern ist postmoderne »Schönheit« ihr echter und bisher überzeugendster Reflex.

Das Schöne, Gefällige – als Spiegel entdramatisierter Realitäten – ist indes nicht das Erhabene, dem neuerdings wieder Konjunktur beschieden ist. Nun das Unheimliche: daß gebildete Leute kommen und die Revolution in deutschen Landen eifernd dahin einklagen, daß sie ohne Blut und Gewalt vollzogen worden sei. Daß sie nicht deutlich genug zwischen Freund und Feind unterschieden habe, mit entsprechenden Markierungen für die Feinde. *À la lanterne,* geht der – verspätete – Wunsch. Er ist weniger ein Wunsch aus dem Empfinden der Gerechtigkeit, er ist ein Wunsch nach Sichtbarkeit. *Sehen* will man die Geschichte.

Man könnte geneigt sein, solches einfach als kindisch abzulegen. Oder als Spontanreaktion eines unreflektierten Bewußtseins, dem der Verstand für die Historie und ihre Emblematik entglitten ist. Statt sich mit der friedlichen Veränderung zu identifizieren, verlangt es die Wundmale der Opfer – und mit ihnen eine Sühne, die körperhaft erfahren werden soll; obwohl doch keine Verkörperung die Sache angemessen vertreten kann und selbst der kurze August-

Putsch im Zentrum der einstigen Macht nur noch als Schattenspiel der Übeltäter über die Bühne eilte. – Zu vermuten ist aber auch ein anderes Bedürfnis. Es hat weniger gemein mit Ethik und Moral als mit Ästhetik. Mit politischer, mit politisierender Ästhetik. Ins schrecklich Erhabene erfaßbarer Vorgänge soll stilisiert werden, was im Wesentlichen der Sicht- und Darstellbarkeit entbehrt. Darauf insistierte schon Georges Bataille – als Kojève kam und ihm einwandte, er sei von einem anachronistischen Wunsch beseelt. Kein Eklat, kein Fanal, keine Einzeltat, daß es gelänge, auch nur die *pars pro toto* darin zu erkennen. In der posthistorischen Welt schrumpft solches zur Anekdote.

Dagegen sich aufzulehnen mag verständlich sein: dieser Welt zu widerstehen, die zu suggerieren scheint, daß das Sinnliche faßbarer Ereignisse nur noch im Gehege harmlosen ästhetischen Konsums überleben darf. Und es ist ja in der Tat denkbar, daß die vielbeschworene Musealisierung nicht nur als Phänomen einer Kompensation zu begreifen ist, den Akzelerationen und dem Vertrautheitsschwund eine wohlpräparierte und anschaulich konservierte Vergangenheit ersatzweise entgegenzuhalten, sondern auch als Prozeß, der die *unmittelbare* Ästhetisierung der Lebenswelt – von der Urbanistik bis zur Reklamekultur – so betreibt, als sollte alles wieder einfach und wohnlich werden. Dagegen, gegen Surrogate in Form einer erstarrten, verdichteten Zeit sich zu wehren, muß, vom künstlerischen Gewissen her, als legitim gelten können. Aber das künstlerische Gewissen ist ein Gewissen in der Einsamkeit, und es offenbart sich niemals einfach als politisches oder ideologisches Widerstandsrecht. Insofern weist freilich schon die Renaissance des »Erhabenen« aus der schöpferischen Einsamkeit in eine vorerst bloß untergründig politisierte und zunächst noch exklusive Erlebnisgemeinschaft. Das Erhabene als Stilempfinden ist noch lange kein ästhetisch geglückter Gegenzug gegen die Schablonen der Konsumrealität. Doch kontestiert es den Alltag immerhin im Versuch, das Große und Unfaßbare, das Abweisende und schließlich auch das Schreckliche vor Augen zu führen – alles Botschaften zersplitternder Sicherheit und Kontinuität.

Was dabei geschehen soll, läßt sich vielleicht am passendsten als ein Bemühen um Isolationen kennzeichnen. Dem Erhabenen in seiner Wiedergeburt entspricht auf der Wirklichkeitsseite keine ungebärdige, als dämonisch und verschlingend imaginierte Natur mehr, so sich diese längst in den geschützten und des Schutzes bedürftigen Landschaftspark verwandelt hat. Es evoziert auch kaum noch die anschaulich ins Megalomane ausschlagende Technik – wie sie einst Jules Verne präsentieren durfte. Es zehrt fast ausschließlich von der negativen Operation der *Abkehr.* Es wendet sich ab von der kommunikativen Vernünftigkeit, um Terrain zu isolieren, das ganz für sich steht. Doch was heißt: ganz für sich? Sind es nicht Repetitionen vergangener Träume, eklektisch arrangierte Stücke alter Bilder, Zitate und Erinnerungen an Welten von verblichener Pracht, die da wieder auftauchen? Der Sehnsucht nach Bedingungen verbunden, die das Gefährliche mit sich führten und den Moment der Entscheidung, das Plötzliche einer Katastrophe und den Schauder vor dem Inkommensurablen? – Darin wäre das Erhabene zugleich politisch. Nämlich in der Weise einer Daseinsungewißheit, welche – nach dem Tod der Natur – ihre prekären *und* lustvollen Existenzgefühle aus den Gegensätzen und Kontrasten unter Menschen bezöge. Gibt es das heute?

Als Hegel in seinen »Vorlesungen über die Philosophie der Weltgeschichte« den Gang und die Bedeutung der Französischen Revolution erkundete – übrigens bereits aus einer *Rückschau,* die durch mehr als dreißig Jahre von den Ereignissen selbst getrennt war –, sprach er von einem »herrlichen Sonnenaufgang«; eine »erhabene Rührung« habe in jener Zeit geherrscht.[3] Gleichzeitig aber sollte die Revolution – der Vernunft, des »Gedankens« – in der Tendenz beseitigen, was noch gegen-ständlich als mit Erhabenheiten ausgestattete Welt übrig war. »Erhabene Rührung« hatte sich im »Sonnenaufgang« zu verabschieden. – Und heute? Nichts Erhabenes im Vollzug der größten Revolution des Jahrhunderts, nur die Rührung einfacher Freuden. Kein Sturm auf die Bastille, keine bewaffneten Volksmassen; später keine Tribunale, keine Abgeltungen, keine Volksfeinde als Leichen in der Elbe oder an den Laternen.

So weit hat sich die Geschichte innerhalb von zweihundert Jahren »rationalisiert«? Hegel wäre darüber kaum erstaunt gewesen, und noch viel weniger hätte er, der Theoretiker der Säkularisationen durch die Vernunft, ein Manko darin erblickt, vielmehr lediglich den logischen Fortschritt. Allein, mit Logik ist hier noch kein Weiterkommen. Daß die Auflehnung gegen den *courant normal* um so heftiger sich zu artikulieren vermag, je unbestrittener im Prinzip die Akzeptanz der »Lage« ist, daß sie also keines materiellen Zieles sich zu versichern braucht, sondern ganz aus dem *ennui* über soviel Gewöhnlichkeit ihre Motive holt, erweist die Ambiguität jedes Geschichts»sinns«. Das stärkste Indiz für die Plausibilität der Kojève-These liegt vielleicht darin, daß sie nicht erst mit Argumenten eingedämmt wird, sondern schon auf die Gegenwehr der Emotion stößt. Sie kündet eine Zukunft an, die im vollen Umfang gar nicht sich bewahrheiten muß, damit zu erkennen wäre, daß sie Segmente der Gegenwart seit langem berührt. Das »Ende«, welches sich primär als verwaltete Zeit ausgibt, ist das emotionslose Grau in Grau des Vollzugs, und innerhalb dieses Vollzugs scheint Gefahr für die technisch-wissenschaftliche Zivilisation nur noch zu drohen, wenn die ökonomische und ökologische Balance ins Zittern kommt. Erst jetzt, da die existentielle Basis sich nach unten bewegt, reißen Erinnerungen an andere, frühere, »idealistischere« Identitätsbindungen auf, werden Gefühle von »Heimat« wieder wichtig, die freilich demselben Entzauberungsschub unterliegen: es gibt die Heimat im Winkel der Übersichtlichkeit nicht mehr. – Insofern operieren jene, die sie aggressiv oder eher lyrisch, politisch oder primär literarisch zurückholen wollen, auf dem dünnen Eis der Simulation. Aber natürlich hat man sich allzu lange beruhigt, die Nostalgie wie das Geschäft mit ihr als harmlosen Zeit-Vertreib einzuschätzen. Nichts von dem, was der Politisierung fähig ist, ist harmlos. Vergangenheitssehnsucht, mit der seit der Romantik das Neue abgewehrt wurde, mit der in den schlimmsten Jahrzehnten unseres Säkulums das moderne Gerüst drapiert werden sollte, ersetzt nichts. Sie mag darauf aus sein, das Tempo der Beschleunigungen zu humanisieren, doch abgesehen davon, daß sie zur machtmäßigen Vollstreckung der jeweiligen Ideologie auch auf das Arsenal der technischen Mittel angewiesen ist, befördert sie bloß die Regression. Sie parzelliert auf einer sehr imaginären Landkarte eine inzwischen äußerst verflochtene Realität; wo es ein wenig ernster wird, greift sie zu den primitivsten Mitteln zunächst der Intoleranz und des Ressentiments, dann des Terrors und der Gewalt. Die Zeichen sind gegeben.

Hier wäre festzustellen, daß sich die Eiferer des Geschichtsendes – zu denen man, auch wenn es im Moment kaum noch aktuell anmutet, auch die »orthodoxen« Marxisten rechnen muß – mit ihren die Unhintergehbarkeit des Politischen beschwörenden Gegnern an *einem* Punkt treffen. Der Punkt bezeichnet die Lakonik, mit welcher die entsprechende Geltung behauptet wird. Dort, wo sich die Absolutheitsansprüche von Geschichtsphilosophie einerseits, Anthropologie anderseits kreuzen, wird vorzüglich mit der schieren Wahrheit gehandelt. Es gibt nur das Sein, gegenüber dem sich jede Form von Sollen als abgeleitet und sekundär oder auch als peinlich und larmoyant präsentiert. Hegel war – auf Seiten der Geschichtsphilosophie – bekanntlich der erste, der dem kategorischen Imperativ der Pflichterfüllung die unerbittliche Gesetzlichkeit der historisch sich erfüllenden Bewegung des Geistes vorzeigte. Als Hegels wirkungsreichster Kontrahent insistierte Schopenhauer ebenso nachdrücklich auf der Grundverfassung des Menschen – die ihrerseits Moral und Ethik im Angesicht des Willens an den Rand des selten sich einstellenden Mitleidsempfindens dränge. Was die Geschichte »ist«, »ist« spiegelverkehrt die humane Substanz.

Es läßt sich, von Schopenhauer einmal abgesehen, mit dem anthropologisch motivierten Pessimismus heute kaum schlechter leben als mit der geschichtsphilosophisch genährten Triumphgeste. Zudem hat die skeptische Position den Vorteil der Überraschungsresistenz. Schlägt die Lage zum Guten aus, wird sie als Übergangsphänomen oder als Durchgangsstadium qualifiziert. Verschlechtert sie sich aber, so hat man es immer schon gewußt. Ich will nicht so weit spekulieren, die jüngste Konjunktur der »zynischen« Anthropologie (der mittlerweile auch Autoren Vorschub leisten, die ehemals vehement vor ihr warnten) auch noch als Reflex von Bewußtseinslagen zu deuten, die damit »endgeschichtliche« Zumutungen verarbeiten. Daß sie allerdings mit dem – bescheideneren – Ende marxistisch inspirierter Säkulareschatologie zu tun hat, scheint wohl evident. – Ihn namentlich zu zitieren, soll aus Gründen der Hochachtung gegenüber seiner intellektuellen Präsenz gestattet sein; doch auch deshalb, weil Hans Magnus Enzensberger, wenn man es einmal locker formulieren darf, einen sechsten Sinn für die Strömungen und Wetterverschiebungen des Zeitgeists besitzt. Dabei geht es nicht so sehr um seine Kritik an der politischen Klasse, die – folgt man seinen Beobachtungen, oder besser: reflektierenden Ergänzungen – den Anschluß an die Lebenswelt der Bürger verloren hat.[4] Obwohl schon da ein mindestens im metaphorischen Sinn »anthropologisches« Urteil gefällt wird: im Getriebe von Karrierendruck und administrierender Immunisierung nach außen erblinden die spätmodernen Politiker. Sie verkörpern »Gangarten« auf dem Gelände tendenziell absoluter Systemdichte und sind deshalb nicht mehr fähig, die Probleme des Alltags angemessen wahrzunehmen.

Gerade daß daran *Einiges* stimmen mag, taucht die Glossierung in ein etwas bösartiges Licht. So bedarf es bei den heutigen Vereinfachungen kaum noch der Einladung, den Teil fürs Ganze zu nehmen – welchen Schluß Enzensberger ohnehin vollzogen hat: man ist geneigt, ihm aufs Wort zu glauben. Ist es denn nicht verlockend, endlich wieder einmal mit Händen greifen zu können, woran die Gesellschaft leidet: nämlich an einem Typus, der in dauernder Selbstbezogenheit der dauernden Überforderung erliegt? Da *verkörpert* sich der Verdacht, daß subjektive Verantwortung von niemandem mehr zu leisten ist, gleichsam gattungsmäßig. Erst im Negativ der Unfähigkeit – hierin aber um so deutlicher – tritt der handelnde Mensch wieder in die Erscheinung, und die Bemühung seines Beobachters läuft auf die Pointe zu, daß er dafür nichts können soll; er ist daran – beinah – unschuldig, der »Natur« seiner Existenzbedingungen unterworfen. »Mitleid« allein wird deshalb zur angemessen-ironischen Umgangsform, wenn man es mit »den Politikern« zu tun hat. Sind sie die Opfer oder die Vorboten der Kojève-Vision?

Daß nun aber daraus, verbreitete sich diese Einschätzung

in den öffentlichen *common sense* hinein, ein ungeheures Vakuum der politischen Legitimität, ein fortschreitender Abbau der Idee der Repräsentation kraft Verfassung und Recht entstehen könnte, es darf den anthropologisch schweifenden Lakoniker nicht beunruhigen. Der Fund ist ihm wichtiger als die Folge, die dessen schiefes Etikett zu provozieren vermöchte. – Enzensberger hat, insofern völlig konsequent, seine Diagnose noch weiter ausgebaut. »Die Große Wanderung« ist sein neuester Versuch überschrieben, die naturalen Residuen aufklärerisch vorangetriebener Derivationen in Erinnerung zu rufen. Wieder setzt er zur Betrachtung der Gegenwart an, um die jüngsten Kontroversen und Polemiken zu analysieren, die durch Migrationen und Asylsuche hervorgerufen werden. Natürlich billigt er in keiner Weise die Reaktionen der »Volksseele«; die xenophobischen Gereiztheiten und prekären Rückbesinnungen auf vage Nationalgefühle. Das versteht sich von selbst. Er richtet sich allerdings auch und gleichzeitig nach einer höheren Verstehensebene, auf welcher die Phänomene *sine ira et studio* – lies: anthropologisch – abgehandelt würden.

Wie der normale Zustand der Atmosphäre die Turbulenz sei – zu Beginn des Essays beschreibt der Autor eine Klimakarte, um sie sogleich als Abstraktion zurückzuweisen, welche einen dynamischen Prozeß mit statischen Mitteln unzulänglich abbilde –, so gelte das gleiche für die Besiedlung der Erde durch den Menschen. Ihre Geschichte – in der Regel Raub und Eroberung, Vertreibung und Exil – sei ein »chaotischer« Vorgang, der jede planende Absicht und jede langfristige Prognose zunichte mache. Dann, im Duktus des Texts schon relativ früh, kommt die Kernwahrheit als Wahrheitskern. »Gruppenegoismus und Fremdenhaß sind anthropologische Konstanten ...«[5] Dagegen kann, sollte es so sein, sinnvollerweise nichts unternommen werden – *dagegen:* gegen eine human naturhaft vorfindliche Einprägung. Argumentationslogisch korrekt erscheinen die weiteren Ableitungen, daß Clans und Stammesverbände seit jeher existierten, Nationen jedoch erst seit zweihundert Jahren zu bemerken seien, als bewußt geschaffene und oftmals »ganz künstliche« Gebilde; daß – wie schon Lévi-Strauss mit Feldforschungen demonstriert habe – Fremd- und Selbstzuschreibung nie unter eine Decke zu bringen seien; und daß die moderne Geschichte im Zug der Industrialisierung und Kapitalisierung der Welt diese lebensregelnden Konstituenten zwar überdeckt, doch nicht aufgehoben habe.

Historisch also – und zwar erst seit kürzerem – geschieht es, daß die alten, »anthropologischen« Topoi von einer universalisierenden Syntax scheinbar – nur scheinbar – abgeschliffen werden. Dabei geht es indessen keineswegs besonders friedlich zu. Seit die Geschichte Weltgeschichte sei, sähen sich ganze Völker zur Überflüssigkeit verurteilt, »und zwar durch Urheber, die eigentümlich subjektlos bleiben«.[6] Durch Instanzen und Motoren wie den Kolonialismus und die Industrialisierung, den technischen Fortschritt und die Kollektivierung – oder auch durch die »Endlösung«. Wer noch nicht durch »Historisierung« mittlerweile immun gegenüber der Singularität *der* Endlösung geworden ist, müßte spätestens an dieser Stelle aufhorchen. Alles *facta bruta,* ohne Rücksicht auf Symmetrien und mögliche Asymmetrien, Differenzen und Nuancen von Schuld?

Mithin gälte: nicht zu verändern hat der Fortschritt in der Geschichte die wesensmäßigen Bestände des Menschlichen vermocht, er hat diesen Trieben bloß eine anonymere, abstraktere, das Subjektive übergreifende, tendenziell sogar neutralisierende Form verliehen. Was Enzensberger will, kommt einer Verschränkung der Kojève-Welt mit der Schmitt-Welt gleich. Am Anteil des »Bösen« wechselt wenig; es paßt sich einfach den modernen Techniken an – weshalb etwa im Baugewerbe Praktiken herrschen können, »die an die Sklavenmärkte der Vergangenheit erinnern«. Die politische Summe daraus ist ein »diffuser Weltbürgerkrieg«, und die anthropologische Rechnung bilanziert zum Schluß das Immergleiche. »Natürlich ist die Xenophobie eine universelle Erscheinung.«[7]

Wollte Hans Magnus Enzensberger solche Diagnosen mit einem pädagogischen Motiv versehen – was er unterläßt –, so wäre das einfach genug. Den Sachverhalten furchtlos und ohne Verbrämungen ins Auge zu blicken, um die Lage richtig abzuschätzen: auch das bedeutete einen Auftrag von

Aufklärung. Nur indirekt kommt dieses Motiv zur Artikulation, nämlich im Angriff auf die Scheinheiligkeit jener »universalistischen Rhetorik«, der sich vor allem die Linke im Verbund mit dem Klerus während Jahrzehnten befleißigt habe. Die Neigung zum Prinzipiellen zähle zu den sprichwörtlichen Traditionen der deutschen Intelligenz, heißt es dazu; und weiter, mit Begriffen wie dem von der multikulturellen Gesellschaft schaffe man Schlagworte, so lange man die Schwierigkeiten tabuisiere, die dahinter lauerten.

Der Intellektuelle schilt die Intellektuellen – was im übrigen auch Tradition hat. Er kritisiert ein Sendungsbewußtsein, dessen Wahrnehmungsbereitschaft geringer, viel geringer sei als das Bedürfnis, Autorität *à tout prix* sich zu erhalten. Kurz vor der deutschen Wiedervereinigung argumentierte Enzensberger ähnlich. Die überraschenden Ereignisse hätten demonstriert, daß Stabilität in der Geschichte – politisch, gesellschaftlich, ökonomisch, kulturell – »immer schon eine Illusion war«; daß die Kontingenz »das Normalste, und das heißt auch das Unberechenbarste von der Welt« sei. – Die »autonome Gesellschaft« tritt in einen deutlichen Gegensatz zum Staat. Sie produziert Situationen, welchen der Staat mit politischen Mitteln kaum mehr gewachsen ist. Der Staat beschränkt sich auf Aufgaben der Bürokratie und der Administration, seine Kompetenz schmilzt zusehends gegenüber der »Gewöhnlichkeit«, in der sich das Leben selbst organisiert und reguliert.[8]

Zwei Jahre später – im Reflex des Essays über die »Große Wanderung« – ist auch Enzensberger klar geworden, daß es so einfach denn doch nicht zugeht. Der Nachsatz dieses Essays ist überschrieben »Über einige Besonderheiten bei der Menschenjagd« und meditiert die jüngsten neonazistischen Umtriebe, die Gewalttätigkeiten gegen Asylsuchende, den aufflammenden Haß wider das Fremde, überhaupt nur das Andere. Jetzt schlägt nochmals die Stunde des Staates, als dessen Pflicht, mit dem Gewaltmonopol einzugreifen in Zustände von hoher Gefährlichkeit. – Gewiß. Welche andere Instanz vermöchte auch die entsprechende Verantwortung praktisch zu realisieren?

Aber handelt es sich dabei nicht um eine vorwiegend aus

der Not geborene Verantwortung der primär »technischen« Art – nachdem zuvor und über viele Seiten hinweg jede Façon von Sollen, von moralischen und ethischen *Verpflichtungen* zugunsten menschlicher »Natürlichkeiten« beiseite geschoben worden war? Linke Utopien-Autorität ist eines. Ein anderes wären die klassischen Tugenden von Bürgerverständnis und Gemeinschaftswohl. Davon schweigt der Schriftsteller. »Die Natur macht Sprünge, der Mensch stolpert ...« *Kants* Sollen, keinem geschichtsphilosophischen Rigorismus mit Blick auf Zustände absoluter Erlösung entsprungen, verliert sich zur Lautlosigkeit – wenn nicht, bedenklicher, in den gleichfalls vom »Anthropologen« abzuwehrenden Idealismus der Schönfärberei. – Es ist die Rolle des Beobachters, die Enzensberger für sich reklamiert, und er weiß, daß er wie wenige andere dafür Begabung mitbringt. Ihr Erfolg freilich beruht – von *seinem* phänomenologischen Gespür abgesehen – auch darauf, daß die heutige Gesellschaft westlichen Zuschnitts ihrerseits eine Sozietät der Beobachter geworden ist.

Was wir an Handlungs- und Gestaltungsmöglichkeiten subjektiven Verfügens durch immer wachsende Komplexitäten immer mehr einbüßen, scheint uns, kompensatorisch, zurückzufließen in den Bildern, die wir von der Welt erhalten. Daß das Bild dabei die Wirklichkeit »ersetzt«, ist ein trivialer Befund. Weniger trivial ist, daß im Ersatz sich Wirklichkeiten offenbaren, derer wir früher niemals habhaft geworden wären – allenfalls in einer diffusen, der Beglaubigung unzugänglichen Imagination. Jetzt aber, kraft der technischen Leistung der »Medien«, ist uns noch das Entlegenste einsehbar, und zwar weitgehend nach Bedarf und Laune. Wir sind angeschlossen an den großen Datenpol. Unsere Erwartungen – die zuvor schon medial geweckt worden sind und laufend weiter geweckt werden – übertreffen alles, was *Science-fiction* einst, das Unheimliche evozierend, zu suggerieren vermochte. Das Unheimliche ist von der Realität verzehrt worden, die wir heute als einen Informationsbesitz im Ambiente des Komforts akzeptieren. Als Beobachter verhalten wir uns dabei durchaus passiv. Dennoch erscheint uns dieses Registrieren wie eine fordernde und anstrengende

Aktivität – zumal dann, wenn Zeit-Verschiebungen das Programm entlegener Kriegsschauplätze spät in der Nacht oder am frühen Morgen zuliefern.

»Sekundär« also erfassen wir Wirklichkeiten. Solcher Sinneswandel – auch im wörtlichen Sinn – hat seinen Preis unter anderem darin, daß das Medium als sicherer Empfangsort, als die Quelle dessen, was »draußen« geschieht, die Unterschiede von Distanzen dramatisch verkürzt – und zugleich, umgekehrt, sie in der Utopie verschwinden läßt. Am Ende ist uns alles gleich fern: die Geiselnahme in der Nachbarstadt, der Demonstrationszug wenige Straßen von unserem Haus, der Terror im Balkan.

Es wäre absurd, wollte man behaupten, dies geschehe nicht »wirklich«, sondern bloß medial, gleichsam in der Textur von Botschaften, die uns erreichen. Daß indessen die Theorie der Simulation, wie sie seit einigen Jahren Konjunktur hat, überhaupt entwickelt werden konnte, beruht maßgeblich auf dem Faktum der Sekundärerfahrungen. Wo sich die »reale Gegenwart« einerseits verengt, anderseits in die Abbilder transformiert, liegt der Schluß nahe, die Abbilder hätten sich längst vom »Eigentlichen«, von den konkreten Gegenständen gelöst oder mindestens so weit distanziert, daß rechtens nur noch sie – *für uns* – existierten. Wir leben ja die Simulationstheorie, obwohl wir es besser wissen könnten: schon mit der Gleich-gültigkeit, mit welcher wir die »Bilder« aufnehmen. Und manchmal bleibt uns anderes gar nicht möglich. Wer in die Lage versetzt ist, Welt-Geschehnisse im Umfang moderner Informationsvermittlung zur Kenntnis zu nehmen, sieht gleichzeitig alles und nichts.

Wir sind dabei, wie wir nicht dabei sind. Diese (Schein-) Wissensqualität, die einmal den Attributen des göttlichen Weltenlenkers zugehörte, befördert wenn nicht der Intention (wo gibt es noch »Intentionen«?), so doch der Absicht nach eine eigentümliche Immunisierung. Pascals Diktum *vous êtes embarqué* ist uns nur noch hermeneutisch verstehbar. *Wir* haben uns nicht mehr eingeschifft, wir sind in die Rolle der Zuschauer gedrängt oder gelockt, abgeklärt und etwas müde betrachten wir von sicherem Lande aus die

Schiffbrüche und Untergänge; noch dort, wo sie vor unseren Augen verlaufen.

Das ist uns habituell geworden. Die »Geschichte« kann uns kaum unmittelbar berühren. Sie wirkt primär als ein Reiz auf zweiter Stufe. Deshalb vermögen wir uns vorzustellen, sie sei »zu Ende«. Und im Habitus, in der postmodern verzierten Befindlichkeit des höheren Standpunkts wächst natürlicherweise die Bereitschaft, »anthropologische« Ansichten und Aussichten hinzunehmen, die von der »Normalität« der Gewalt und vom »Bösen« im Menschen künden – so lange wir selbst, die Beobachter, davon unbehelligt bleiben. So lange uns eine gläserne Wand von den Dingen, die es auch gibt, trennt, so lange wir wähnen dürfen, wir Mitglieder der Zivilisation seien die neuen Götter – in unsere harmlosen Streitigkeiten verstrickt, im Ganzen aber ohne bedrohenden Kontakt zu dem, was jenseits der Wand geschieht.

Bei Carl Schmitt, dem Statthalter einer terroristischen Geschichtsauffassung, war es noch eine »theologische« Option, die sich das Szenario der Zuschauer-Welt verbat. Man kann ihm vieles nachsagen, ein *ästhetischer* Lakoniker des Bösen war er nicht, und wenn er beobachtete, beobachtete er mit einer existentiellen Angst. Späteren Anthropologen der metaphysischen Art ist diese Voraussetzung abhanden gekommen. Sogar dürfte es ihnen als reizvoll vorkommen, daß die Monotonie der Alltagskultur von Fall zu Fall gestört wird durch unzeitige »Erinnerungen« an die Gewalt. Ein Stück realer Gegenwart kompensiert deren Verschiebung in die Simulationen. Doch jetzt gilt eben das Gesetz der Distanz. So lange die Leichen dem östlichen Verlauf der Elbe zugehören, sind sie zu akzeptieren. Wo die Nähe ungemütlich wird, ruft man nach dem Staat.

Was die Beobachter-Gesellschaft – auch und gerade in der Repräsentanz durch manche ihrer geistigen Wortführer – zu übersehen droht, betrifft »Bedürfnisse« anderer, die mit dem Zusehen aus intellektueller Überlegenheit wenig anzufangen wissen und sei es mit politisierender Militanz, sei es durch Gefühle der Zurücksetzung und der Inferiorität das Freund-Feind-Schema wieder aufnehmen. Ihnen ist die Legitimität des staatlichen Gewaltmonopols aus manchen Gründen suspekt. Wenn sie einmal dem Eindruck verfallen sind, daß der Staat nicht hinreichend für Ordnung sorgt – und mehr noch für die adäquate Verteilung der Lebenschancen –, nehmen sie hin oder fördern gar, daß »Stellvertreter« das Nötige tun. In wirtschaftlich angespannteren Zeiten kann sich das Nötige von der Verbalaggression bis zum Fanal blutiger Ausschreitungen steigern. Nun sind die Zeichen gesetzt, und sie sind sichtbar. – Ob aber intellektuelle Verantwortung solches wiederum mit naturhaften Unhintergehbarkeiten kommentieren will?

Der Rechtsstaat ist der Hüter der öffentlichen Angelegenheiten, und er allein muß entscheiden können, wie und wann sich diese Angelegenheiten definieren. Es gibt dafür keine andere Institution. Der Rechtsstaat ist aber nicht einfach eine technische Anstalt, ein formalisiertes Vollzugssystem. Er repräsentiert – wie abstrakt auch immer – die Verfassung seiner Bürger: als Gesetz und als Freiheit. In dieser Hinsicht eignet ihm allerdings ein Paradox. Ernst-Wolfgang Böckenförde hat es mit Schärfe auf den Begriff gebracht: »Der freiheitliche, säkularisierte Staat lebt von Voraussetzungen, die er selbst nicht garantieren kann. Das ist das große Wagnis, das er, um der Freiheit willen, eingegangen ist. Als freiheitlicher Staat kann er einerseits nur bestehen, wenn sich die Freiheit, die er seinen Bürgern gewährt, von innen her, aus der moralischen Substanz des einzelnen und der Homogenität der Gesellschaft, reguliert. Andererseits kann er diese inneren Regulierungskräfte nicht von sich aus, das heißt mit den Mitteln des Rechtszwanges und autoritativen Gebots, zu garantieren suchen, ohne seine Freiheitlichkeit aufzugeben und – auf säkularisierter Ebene – in jenen Totalitätsanspruch zurückzufallen, aus dem er in den konfessionellen Bürgerkriegen herausgeführt hat.«[9]

Dem kann nicht widersprochen werden. »Entzweiung« ist es, oder weniger dramatisch: das labile, a priori ungesicherte Gleichgewicht zwischen Freiheit und Moral, worauf der moderne, demokratische Verfassungsstaat aufbaut. Und man sieht schnell, daß der »moralischen Substanz« dabei die entscheidende Funktion zufließt. Ohne das Ethos, welches ihn trägt, ist der Staat der Freiheit, so lange er diese Freiheit wahren will, im Kern machtlos. Jede Strategie, sie *à tout prix* zu garantieren, mündete in ihre Aufhebung und zugleich in die Perversion dieses Staates. Kant hat es schon in seiner Religionsschrift erkannt. »Weh aber dem Gesetzgeber, der eine auf ethische Zwecke gerichtete Verfassung durch Zwang bewirken wollte! Denn er würde dadurch nicht allein gerade das Gegenteil der ethischen bewirken, sondern auch seine politische untergraben und unsicher machen.«[10]

Darin aber ist nicht nur das Sein aufgeklärter Gesellschaftsordnung benannt, sondern auch das *Sollen,* dessen sie zur Bewahrung ihrer Existenz bedarf. Es ist ein Sollen, welches nicht zuviel verlangt – Toleranz, Pflichtgefühl, Abstinenz gegenüber überzogenen Partikular-Interessen, Akzeptanz der demokratischen Spielregeln. Freilich transzendiert es schon darin die reine Beobachtung. Wenn nicht alles sein darf, was der Möglichkeit nach der Fall sein könnte, sind Einschränkungen gefordert. Erst in solchen ethischen »Verkörperungen« lebt der Staat; unter anderem also im Verzicht auf zynische Vernunft.

Kojève ist insofern kein Zyniker gewesen. Als er seinem Opponenten davon sprach, daß es mit dem Staat zu Ende sei, verfuhr er im Gegenteil utopisch: indem er eine Homogenität der Bürger unterstellte, die dadurch erreicht sein sollte, daß alle Probleme wechselseitiger *Anerkennung* tendenziell gelöst waren, mithin dem Staat die Aufgabe der Mediation antagonistischer Positionen entfiel. Kojève imaginierte sich – mit *seinem* Hegel – diese Homogenität als Faktum; und nicht – mit Kant – als jenes ethische Bewußtsein, das den einzelnen überantwortet ist und nur im Unendlichen zur absoluten Wirklichkeit gelangt. Carl Schmitt jedoch kontestierte das Faktum – und zwar so radikal, daß er es nicht einmal in der Fassung gelten ließ, die jenem kategorischen Imperativ entspräche. Die Menschen betrügen – sich selbst und die anderen.

Aus solcher Verdüsterung, der nur im Fernsten das Licht apokalyptischer Umwertung antwortet, ist für das *bonum commune* nichts zu holen. Das gilt allerdings auch noch für alle elegant artikulierten Schwundstufen anthropologischer »Gewißheit«, bis hin zum Fatalismus der Differenz: daß an den geschichtlichen, ethnischen, geographischen, sozialen, kulturellen Unterschieden nichts zu ändern, geschweige denn zu »verbessern« sei. Umgekehrt haben uns zweihundert Jahre Geschichtsphilosophie das Sollen auf andere Weise verdorben. Je mehr individuelle Verantwortung durch die angeblich durchschaute Gesamtbewegung marginalisiert ward, um so bequemer konnte sich die intellektuelle Neugierde verhalten.

Mit dem Politischen indessen steht es – bisher – noch so, daß es der Substanz nach nicht zu Ende bestimmt ist. Selbst geringfügige Veränderungen einer Zivilisation, und dringen sie auch von den Rändern her ein, vermögen die Politisierung zu erwirken. Wollte man sich da auf einen Status quo von Verläßlichkeit und Normalität einlassen, schlüge man sich mit Ignoranz. Davon ist prominent der freiheitliche Rechtsstaat betroffen, dem dabei eine Verarbeitungsleistung zugemutet werden muß. Er muß das »Neue« nach Maßgabe seiner Identität zu integrieren versuchen, wobei zur Integration von Fall zu Fall auch die Abwehr gehört. Doch nicht als Verwaltungsbürokratie darf er nun operieren. Er hat vielmehr seine Legitimation *sichtbar* zu machen. Sichtbar macht er sie letztlich nur dann, wenn ihm die Zustimmung seiner Bürger gewiß ist. *Sie* sind es, die das Ethos von Freiheit und Gerechtigkeit zur Geltung bringen, und von ihnen wird gefordert, daß sie für die »Normalitäten« eintreten.

Diese Normalitäten sind *normative* Normalitäten insofern, als sie ihren moralischen Grund besitzen. Sie sind jedoch – bisher – noch auch faktische Normalitäten, insofern sie, in der westlichen Welt, Tradition *und* Realität haben. Wer es unternähme, den Mythos vom Ende der Geschichte pauschal so zu erledigen, daß damit diese Geltungen zugleich historisiert würden, täte etwas Gefährliches. Er diskreditierte das Erbe der Aufklärung, das vielleicht niemals ein Ende haben wird, doch – wie Kant gezeigt hat – von der regulativen Idee des Endes nicht abkommen kann.

Anmerkungen

I.
Geschichten vom Ende der Geschichte

1 Dazu: Reinhart Koselleck, Vergangene Zukunft. Zur Semantik geschichtlicher Zeiten. Frankfurt 1979, S. 61 ff.
2 Condorcet, Entwurf einer historischen Darstellung der Fortschritte des menschlichen Geistes. Dt. Frankfurt 1976, S. 189.
3 a.a.O., S. 198.
4 Kant, Akademie-Textausgabe, VIII. Berlin 1968, S. 20.
5 a.a.O., S. 22.
6 a.a.O., S. 30.
7 a.a.O., S. 327.
8 a.a.O., S. 332.
9 a.a.O., S. 334.
10 a.a.O.
11 a.a.O., S. 335.
12 a.a.O.
13 Dazu: Reinhart Koselleck, Die Verzeitlichung der Utopie. In: Utopieforschung. Interdisziplinäre Studien zur neuzeitlichen Utopie. Band 3. Herausgegeben von Wilhelm Vosskamp. Stuttgart 1982, S. 1 ff.
14 Arnold Gehlen, Anthropologische und sozialpsychologische Untersuchungen. Mit einem Nachwort von Herbert Schnädelbach. Reinbek bei Hamburg 1986, S. 221. – Weiterführend zum »posthistoire«-Komplex: Lutz Niethammer, Posthistoire. Ist die Geschichte zu Ende? Reinbek, 1989.
15 a.a.O., S. 216.
16 a.a.O., S. 218.
17 Arnold Gehlen, Einblicke. Frankfurt 1975, S. 56.
18 a.a.O., S. 57.
19 Das bedeutet die Rückverwandlung des Kollektivsingulars. Dazu: Reinhart Koselleck, Vergangene Zukunft. Zur Semantik geschichtlicher Zeiten. Frankfurt 1979, S. 38 ff.
20 Arnold Gehlen, a.a.O., S. 65.
21 a.a.O., S. 120.
22 Deshalb die Option Gehlens für den Nationalsozialismus – und später, im Jahr 1956, für die Politik der Sowjetunion gegen das aufständische Ungarn.
23 a.a.O., S. 121.
24 a.a.O., S. 125.

25 Kant, a.a.O., S. 28.
26 Arnold Gehlen, a.a.O., S. 126.
27 a.a.O.
28 a.a.O., S. 131.
29 a.a.O., S. 85.
30 Dazu: Arnold Gehlen, Anthropologische und sozialpsychologische Untersuchungen. a.a.O., S. 215.
31 Vgl. etwa: Hermann Lübbe, Der Lebenssinn der Industriegesellschaft. Über die moralische Verfassung der wissenschaftlich-technischen Zivilisation. Berlin 1990.
32 Charles Jencks, Was ist Postmoderne? Zürich 1990.
33 Dazu: Richard Sennett, Civitas. Die Großstadt und die Kultur des Unterschieds. Frankfurt 1991.
34 Charles Jencks, a.a.O., S. 48.
35 Dazu paradigmatisch etwa: Niklas Luhmann, Die Wissenschaft der Gesellschaft. Frankfurt 1990.
36 Hermann Lübbe, Im Zug der Zeit. Verkürzter Aufenthalt in der Gegenwart. Berlin 1992, S. 18ff.
37 Charles Jencks, a.a.O., S. 60.
38 In: The National Interest, Summer 1989. Deutsch in: Europäische Rundschau, 89/4.
39 a.a.O., S. 5.
40 Mit dieser Überzeugung erweist sich Fukuyama als Schüler von Allan Bloom, der – als Schüler von Leo Strauss – bis zu seinem Tod im Herbst 1992 an der University of Chicago Philosophie lehrte. Bekannt wurde Bloom mit seinem polemischen Buch The Closing of the American Mind, New York 1988.
41 Fukuyama, a.a.O., S. 8.
42 Alexandre Kojève, Introduction à la lecture de Hegel. Seconde Edition. Paris 1968, S. 436f.
43 Vgl. dazu: Fukuyama, a.a.O., S. 17, Fußnote 19.
44 a.a.O., S. 15.
45 a.a.O., S. 16.
46 Unter diese Prämisse müßte nach Fukuyama auch der Golfkrieg vom Frühling 1990 subsumiert werden.
47 a.a.O., S. 18.
48 Dazu: Dominique Auffret, Alexandre Kojève. La philosophie, l'Etat, la fin de l'Histoire. Paris 1990, S. 198ff.
49 Vgl. dazu: Hermann Lübbe, Der Fortschritt und das Museum. Bithell Memorial Lecture. London 1982.
50 In: The National Interest, Summer 1989.
51 a.a.O., S. 20.

52 a.a.O., S. 21.

53 Dazu: Spengler heute. Sechs Essays mit einem Vorwort von Hermann Lübbe. Herausgegeben von Peter Christian Ludz. München 1980.

54 Zum Verhältnis von Geschichtsphilosophie und Anthropologie: Odo Marquard, Zur Geschichte des philosophischen Begriffs ›Anthropologie‹ seit dem Ende des 18. Jahrhunderts. In: Collegium Philosophicum. Studien Joachim Ritter zum 60. Geburtstag. Basel 1965, S. 209ff.

55 Francis Fukuyama, The End of History and the Last Man. New York 1992. Deutsche Ausgabe (im folgenden zitiert): Das Ende der Geschichte. Wo stehen wir? München 1992.

56 a.a.O., S. 12.

57 a.a.O., S. 72.

58 siehe dazu die graphische Auflösung, a.a.O., S. 86.

59 Diese »Verharmlosung« hat ihr Gegenstück in der im sogenannten Deutschen Historikerstreit zum Ausdruck gekommenen Position, daß die Verbrechen des Nationalsozialismus »relativ« gesehen werden müßten, nämlich im Kontext historischer Kontinuitäten. Dazu: »Historikerstreit«. Die Dokumentation der Kontroverse um die Einzigartigkeit der nationalsozialistischen Judenvernichtung. München 1987.

60 Albert O. Hirschman, Leidenschaften und Interessen. Politische Begründung des Kapitalismus vor seinem Sieg. Frankfurt 1984.

61 Dazu, über den Menschen im Kommunismus: Vaclav Havel, Versuch, in der Wahrheit zu leben. Reinbek bei Hamburg 1989.

62 Siehe: Dominique Auffret, a.a.O.

63 Der Vorwurf wird gegenstandslos, wenn man Kojèves Stalinismus in Rechnung stellt.

64 Dazu: Ralf Dahrendorf, Der moderne soziale Konflikt. Essays zur Politik der Freiheit. Stuttgart 1992.

65 Fukuyama, a.a.O., S. 345.

66 a.a.O., S. 354.

67 Vgl. Allan Bloom, The Closing of the American Mind. New York 1988.

68 Friedrich Schlegel, Kritische Friedrich-Schlegel-Ausgabe, Band VII. Paderborn 1966, S. 6.

69 Friedrich Schlegel, Band IX. Paderborn 1971, S. 154.

II.
Ironischer Messianismus:
Alexandre Kojève

1 Siehe: Karl Löwith, Weltgeschichte und Heilsgeschehen. Die theologischen Voraussetzungen der Geschichtsphilosophie. Stuttgart 1953, S. 68ff.
2 Zitiert in: Dominique Auffret, a.a.O., S. 231.
3 Sartre zählte *nicht* zu den Zuhörern Kojèves, obwohl dies später oft behauptet wurde.
4 Die erste wissenschaftliche Biographie hat, in souveräner Manier, Dominique Auffret vorgelegt. a.a.O.
5 Zur Bibliographie der veröffentlichten wie der bisher unpublizierten Texte Kojèves: Auffret, a.a.O., S. 443ff.
6 a.a.O., S. 69.
7 Die Pariser Behörden verweigerten die Übernahme des deutschen Doktortitels; wie Kojève später meinte, aus politischen Gründen.
8 Dazu: Wilhelm Goerdt, Russische Philosophie. Zugänge und Durchblicke. Freiburg 1984, S. 622ff.
9 a.a.O., S. 639.
10 Die Originalausgabe erschien 1931 auf Russisch in Paris.
11 Nikolai Berdjajew, Christentum und Klassenkampf. Luzern 1936, S. 7.
12 a.a.O., S. 17.
13 a.a.O., S. 25.
14 a.a.O., S. 61.
15 a.a.O., S. 35.
16 a.a.O., S. 36.
17 a.a.O., S. 37.
18 Nikolai Berdjajew, Der Sinn der Geschichte. Darmstadt 1925, S. 260.
19 a.a.O., S. 270.
20 Nämlich Graf Hermann Keyserling im Vorwort: a.a.O., S. 16.
21 Siehe dazu: Wilhelm Goerdt, a.a.O., S. 491.
22 a.a.O., S. 503.
23 In: Deutsche Gesamtausgabe der Werke von Wladimir Solowjew. Band VIII. München 1979, S. 115ff.
24 Dazu: Wilhelm Goerdt, a.a.O., S. 471ff.
25 Dostojewski, Tagebuch eines Schriftstellers. München 1977, S. 289.

26 a.a.O., S. 223.
27 Zitiert bei: Dominique Auffret, a.a.O., S. 171.
28 a.a.O., S. 174.
29 a.a.O.
30 a.a.O., S. 180 ff.
31 Dostojewski, Die Brüder Karamasoff. München 1977, S. 412.
32 a.a.O., S. 418.
33 a.a.O., S. 419.
34 a.a.O., S. 424.
35 Zum inversiven Gebrauch der Babel-Metapher: Renate Liebenwein-Krämer: Le Monument au Travail. In: Jahrbuch der Hamburger Kunstsammlungen, 25, 1980.
36 Dazu: Dominique Auffret, a.a.O., S. 232 ff.
37 Alexandre Kojève, Introduction à la lecture de Hegel. Seconde Edition, Paris 1968. – Eine deutsche Auswahlübersetzung von Iring Fetscher und Gerhard Lehmbruch, basierend auf der französischen Erstausgabe von 1947, erschien erstmals Stuttgart 1958; dann 1975 als Taschenbuch: Alexandre Kojève, Hegel. Kommentar zur Phänomenologie des Geistes. Mit einem Anhang: Hegel, Marx und das Christentum. Herausgegeben von Iring Fetscher. Frankfurt 1975. – Im folgenden wird, sofern nicht auf die französische Ausgabe zurückgegriffen wird, daraus zitiert.
38 a.a.O., S. 23.
39 a.a.O., S. 69.
40 a.a.O., S. 184 f.
41 a.a.O., S. 150.
42 a.a.O., S. 266.
43 Dazu das ganze 5. Kapitel der deutschen Übersetzung: Die Idee des Todes in der Philosophie Hegels. – Dominique Auffret relativiert, wohl nicht zu Unrecht, den Einfluß von Heideggers Daseinsanalytik. a.a.O., S. 225 ff.
44 Kojève, a.a.O., S. 42.
45 a.a.O., S. 140.
46 Dazu das dritte Kapitel meines Buches.
47 Kojève, a.a.O., S. 191.
48 a.a.O., S. 197.
49 a.a.O., S. 62.
50 Dominique Auffret, a.a.O., S. 245.
51 a.a.O., S. 246.
52 a.a.O., S. 249.
53 Gespräch mit Gilles Lapouge, in: *la Quinzaine littéraire,* nr. 53, 1968.

54 Kojève, a.a.O., S. 294.
55 a.a.O., S. 295.
56 Siehe: Karl Löwith, Weltgeschichte und Heilsgeschehen, a.a.O., S. 216.
57 Dominique Auffret, a.a.O., S. 255.
58 Hans Blumenberg, Schiffbruch mit Zuschauer. Frankfurt 1979, S. 91.
59 Dazu: Karl Löwith, a.a.O., S. 38ff.
60 Dazu: Werner Marx, Das Selbstbewußtsein in Hegels Phänomenologie des Geistes. Frankfurt 1986.
61 Auf die »Enzyklopädie« geht Kojève in seiner *Introduction* kaum ein.
62 Zitiert bei: Werner Marx, a.a.O., S. 78.
63 a.a.O., S. 155.
64 Und Nikolai Hartmann sagte über Hegels Philosophie: »Das ganze System ist von vornherein Religionsphilosophie, ist es in all seinen Teilen.« Zitiert in: Reinhart Klemens Maurer, Hegel und das Ende der Geschichte. Freiburg 1980. S. 73.
65 Dazu: Reinhart Klemens Maurer, Hegel und das Ende der Geschichte. Freiburg 1980, S. 94ff.
66 Alexandre Kojève, Introduction à la lecture de Hegel. Paris 1968, S. 147.
67 Hegel, Vorlesungen über die Philosophie der Weltgeschichte. Band I, Die Vernunft in der Geschichte. Hsg. von Johannes Hoffmeister. Hamburg 1955, S. 243.
68 a.a.O., S. 155.
69 a.a.O., S. 28f.
70 a.a.O., S. 165.
71 a.a.O., S. 177.
72 a.a.O., S. 171.
73 Siehe: Hegel, Vorlesungen über die Philosophie der Weltgeschichte. Band II–IV. Die germanische Welt. Hamburg 1968, S. 931ff.
74 a.a.O., S. 930.
75 Joachim Ritter, Metaphysik und Politik. Studien zu Aristoteles und Hegel. Frankfurt 1977, S. 183ff.
76 Alexandre Kojève, Introduction à la lecture de Hegel. a.a.O., S. 388.
77 a.a.O., S. 435.
78 Alexandre Kojève, Hegel. a.a.O., S. 157.
79 Alexandre Kojève, Introduction ... a.a.O., S. 382.
80 Dazu: Vincent Descombes, Das Selbe und das Andere. Fünf-

undvierzig Jahre Philosophie in Frankreich 1933-1978. Frankfurt 1981, S. 17ff.

81 Siehe: Michel Surya, Georges Bataille, la mort à l'œuvre. Paris 1987.

82 a.a.O., S. 487.

83 Dominique Auffret, a.a.O., S. 254.

84 Zitiert in: Bernd Mattheus, Georges Bataille. Eine Thanatographie. Band II. München 1988, S. 318.

85 a.a.O., S. 319.

86 Dazu: Dominique Auffret, a.a.O., S. 364ff.

87 a.a.O., S. 369.

88 Alexandre Kojève, Introduction ... a.a.O., S. 443.

89 Zitiert in: Bernd Mattheus, a.a.O., S. 343.

90 a.a.O., S. 337.

91 Carl Schmitt, Politische Theologie. Vier Kapitel zur Lehre von der Souveränität. München 1934, S. 11.

92 Zitiert in: Bernd Mattheus, a.a.O., S. 353.

93 a.a.O., S. 264.

94 a.a.O., S. 256.

95 a.a.O., S. 265.

96 Zitiert in: Bernd Mattheus, Georges Bataille. Eine Thanatographie, Band I. München 1984, S. 237.

97 Zitiert in: Bernd Mattheus, Georges Bataille, Band II. a.a.O., S. 346.

98 Alexandre Kojève, Hegel ... a.a.O., S. 267.

99 Alexandre Kojève, Esquisse d'une phénoménologie du droit. Paris 1981, S. 133.

100 a.a.O., S. 571.

101 a.a.O., S. 579.

102 a.a.O., S. 145.

103 a.a.O., S. 147.

104 a.a.O., S. 580.

105 Siehe: Dominique Auffret, a.a.O., S. 281.

106 a.a.O., S. 283.

107 a.a.O., S. 285.

108 a.a.O.

109 Dazu: Dominique Auffret, a.a.O., S. 302.

110 Alexandre Kojève, Introduction ..., a.a.O., S. 436.

111 a.a.O.

112 a.a.O., S. 437.

113 In: Commentaire 9/1980, Paris. S. 136.

114 a.a.O., S. 137.

III.
Argumente der »Aufhalter«:
Carl Schmitt, Leo Strauss

1 Alexandre Kojève, Esquisse d'une phénoménologie du droit. a.a.O., S. 144.

2 »... ich meine daß Kojèves gewaltige Hegelinterpretation 1933-1939 durchfurcht ist von einem Begriff des Politischen der von C.S. stammt.« In: Schmittiana – III. Herausgegeben von Piet Tommissen. Brüssel 1991, S. 169.

3 Carl Schmitt, Römischer Katholizismus und politische Form. München 1925, S. 12.

4 a.a.O., S. 12.

5 a.a.O., S. 27.

6 a.a.O., S. 23.

7 a.a.O., S. 34.

8 a.a.O., S. 44.

9 Carl Schmitt, Der Begriff des Politischen. Berlin 1963, S. 26.

10 Carl Schmitt, Das Zeitalter der Neutralisierungen und Entpolitisierungen. In: ders., Der Begriff des Politischen. a.a.O., S. 79-95.

11 Carl Schmitt, Der Begriff des Politischen. a.a.O., S. 61.

12 Abgedruckt in: Heinrich Meier, Carl Schmitt, Leo Strauss und ›Der Begriff des Politischen‹. Zu einem Dialog unter Abwesenden. Stuttgart 1988.

13 Carl Schmitt, Der Begriff des Politischen. a.a.O., S. 35f.

14 a.a.O., S. 54.

15 Zitiert in: Heinrich Meier, a.a.O., S. 112.

16 a.a.O., S. 119.

17 Carl Schmitt, Der Begriff des Politischen. a.a.O., S. 37.

18 a.a.O.

19 Dazu: Hasso Hofmann, Legitimität gegen Legalität. Der Weg der politischen Philosophie Carl Schmitts. Neuwied 1964. Und: Joseph W. Bendersky, Carl Schmitt. Theorist for the Reich. Princeton 1983.

20 Carl Schmitt, Land und Meer. Eine weltgeschichtliche Betrachtung. Stuttgart 1954, S. 54.

21 a.a.O., S. 41.

22 a.a.O., S. 49.

23 a.a.O.

24 a.a.O., S. 3.

25 Carl Schmitt, Ex Captivitate Salus. Erfahrungen der Zeit 1945/47. Köln 1950, S. 27.

26 a.a.O., S. 75.

27 a.a.O., S. 31.

28 Dies zitiert bei Hasso Hofmann, Legitimität gegen Legalität. a.a.O., S. 228.

29 Carl Schmitt, Ex Captivitate Salus. a.a.O., S. 89f.

30 Carl Schmitt, Nehmen / Teilen / Weiden. In: ders., Verfassungsrechtliche Aufsätze. Berlin 1958, S. 490.

31 a.a.O., S. 501.

32 Ich danke Prof. Dr. Piet Tommissen (Grimbergen), der mir freundlicherweise Photokopien des Briefwechsels – den er in absehbarer Zeit zu publizieren gedenkt – zur Einsichtnahme vermittelt hat.

33 Alexandre Kojève, Introduction à la lecture de Hegel. a.a.O., S. 215.

34 Zum Verhältnis Ernst Jünger – Carl Schmitt siehe: Martin Meyer, Ernst Jünger. München 1990, S. 414ff., S. 503ff.

35 Carl Schmitt, Die geschichtliche Struktur des heutigen Welt-Gegensatzes von Ost und West. Bemerkungen zu Ernst Jüngers Schrift: »Der Gordische Knoten«. In: Freundschaftliche Begegnungen. Festschrift für Ernst Jünger zum 60. Geburtstag. Herausgegeben von Armin Mohler. Frankfurt 1955, S. 142.

36 a.a.O., S. 145.

37 a.a.O., S. 147.

38 a.a.O., S. 148.

39 a.a.O., S. 150.

40 a.a.O., S. 151.

41 a.a.O., S. 152.

42 Carl Schmitt, Ex Captivitate Salus. – a.a.O., S. 90.

43 Hegel, Phänomenologie des Geistes. Werke, Band 3. Frankfurt 1986, S. 173f.

44 a.a.O., S. 174.

45 Erschienen bisher: Alexandre Kojève, Le Concept, le Temps et le Discours. Introduction au Système du Savoir. Présentation de Bernard Hesbois. Paris 1990.

46 Carl Schmitt, Verfassungsrechtliche Aufsätze aus den Jahren 1924-1954. Materialien zu einer Verfassungslehre. Berlin 1958, S. 503. – S. 385.

47 Carl Schmitt, Glossarium. Aufzeichnungen der Jahre 1947-1951. Herausgegeben von Eberhard Freiherr von Medem. Berlin 1991.

48 a.a.O., S. 7.
49 a.a.O., S. 23.
50 Carl Schmitt, Der Begriff des Politischen. – a.a.O., S. 36f.
51 Carl Schmitt, Glossarium. – a.a.O., S. 29.
52 Carl Schmitt, Ex Captivitate Salus. – a.a.O., S. 71.
53 Carl Schmitt, Glossarium. – a.a.O., S. 34.
54 a.a.O., S. 37.
55 a.a.O., S. 45.
56 a.a.O., S. 55.
57 a.a.O., S. 63.
58 a.a.O., S. 64.
59 a.a.O., S. 65.
60 Dazu: Joseph W. Bendersky, Carl Schmitt. Theorist for the Reich. Princeton 1983, S. 195ff.
61 Carl Schmitt, Glossarium. – a.a.O., S. 82f.
62 a.a.O., S. 83f.
63 a.a.O., S. 94.
64 Dazu Schmitts Frühschrift, Der Wert des Staates und die Bedeutung des Einzelnen. Tübingen 1914.
65 Carl Schmitt, Glossarium. – a.a.O., S. 139.
66 a.a.O., S. 147.
67 a.a.O., S. 146.
68 a.a.O., S. 131.
69 a.a.O., S. 171.
70 a.a.O., S. 165.
71 a.a.O., S. 187.
72 a.a.O., S. 184.
73 a.a.O., S. 214.
74 a.a.O., S. 269.
75 a.a.O., S. 243.
76 Carl Schmitt, Der Begriff des Politischen. – a.a.O., S. 54.
77 Carl Schmitt, Die legale Weltrevolution. Politischer Mehrwert als Prämie auf juristische Legalität und Superlegalität. In: Der Staat. Heft 3/78. Berlin 1978, S. 339.
78 Dazu: Heinrich Meier, Carl Schmitt, Leo Strauss und der »Begriff des Politischen«. Zu einem Dialog unter Abwesenden. Mit Leo Strauss' Aufsatz über den »Begriff des Politischen« und drei unveröffentlichten Briefen an Carl Schmitt aus den Jahren 1932/33. Stuttgart 1988.
79 Carl Schmitt hatte mit einem wissenschaftlichen Gutachten die Bewerbung unterstützt. Dazu der Brief von Leo Strauss an Carl Schmitt vom 13. März 1932. – Zitiert in: Heinrich Meier, a.a.O., S. 131.

80 Strauss betrieb seine Hobbes-Studien zunächst in London.

81 The Strauss-Kojève Correspondence. In: Leo Strauss, On Tyranny. Edited by Victor Gourevitch, Michael S. Roth. New York 1991.

82 a.a.O., S. 223.

83 a.a.O., S. 231 f.

84 Friedrich Nietzsche, Kritische Studienausgabe. Band 4. Berlin 1980, S. 19.

85 The Strauss-Kojève Correspondence. – a.a.O., S. 240 f.

86 a.a.O., S. 244.

87 a.a.O., S. 250.

88 a.a.O., S. 251.

89 a.a.O., S. 254.

90 a.a.O., S. 255.

91 Leo Strauss, Naturrecht und Geschichte. Frankfurt 1977, S. 37 ff.

92 a.a.O., S. 134 f.

93 a.a.O., S. 336.

94 a.a.O., S. 138 f.

95 The Strauss-Kojève Correspondence. – a.a.O., S. 261 f.

96 a.a.O., S. 263.

97 a.a.O., S. 290.

98 a.a.O., S. 291.

99 a.a.O., S. 291. Und: Leo Strauss, Naturrecht und Geschichte. a.a.O., S. 67.

100 The Strauss-Kojève Correspondence. – a.a.O., S. 302 f.

101 a.a.O., S. 307 f.

102 Das Werk wurde erst 1968 bis 1973 publiziert. Alexandre Kojève, Essai d'une histoire raisonnée de la philosophie païenne. Tome I, Les Présocratiques, Paris 1968. Tome II, Platon-Aristote, Paris 1972. Tome III, La philosophie platonicienne, les néoplatoniciens, Paris 1973.

103 Leo Strauss, On Tyranny. – a.a.O., S. 23.

104 a.a.O., S. 78.

105 a.a.O., S. 90.

106 a.a.O., S. 139.

107 a.a.O., S. 178.

108 a.a.O., S. 186.

109 a.a.O., S. 208.

110 Vgl. dazu: Stanley Rosen, Hermeneutics as Politics. Oxford 1987, S. 87 ff.

111 Leo Strauss, On Tyranny. – a.a.O., S. 185.

Nachsatz. Zeitgeistlagen

1 Jacob Burckhardt, Weltgeschichtliche Betrachtungen. Über geschichtliches Studium. Herausgegeben von Jacob Oeri. Basel 1970, S. 2ff.

2 Hans Blumenberg, Lebenszeit und Weltzeit. Frankfurt 1986, S. 80ff.

3 Hegel, Vorlesungen über die Philosophie der Weltgeschichte. Band II-IV. Hamburg 1968, S. 926.

4 Hans Magnus Enzensberger, Erbarmen mit den Politikern. Eine Handreichung. In: Frankfurter Allgemeine Zeitung. 5. September 1992.

5 Hans Magnus Enzensberger, Die Große Wanderung. 33 Markierungen. Frankfurt 1992, S. 13.

6 a.a.O., S. 29.

7 a.a.O., S. 51.

8 Hans Magnus Enzensberger, Gangarten – Ein Nachtrag zur Utopie. Wenn ein Alltag anbricht, der ohne Propheten auskommt. In: Frankfurter Allgemeine Zeitung, 19. Mai 1990.

9 Ernst-Wolfgang Böckenförde, Recht, Staat, Freiheit. Studien zur Rechtsphilosophie, Staatstheorie und Verfassungsgeschichte. Frankfurt 1991, S. 112f.

10 Kant, Akademie-Textausgabe. Band VI, Berlin 1968, S. 362.

Personenregister

Edition Akzente

Giorgio Agamben: Idee der Prosa
John Ashbery: Eine Welle. *Gedichte*
Gaston Bachelard: Psychoanalyse des Feuers
Gaston Bachelard: Die Flamme einer Kerze
Reinhard Baumgart: Glücksgeist und Jammerseele. *Über Leben und Schreiben, Vernunft und Literatur*
Reinhard Baumgart: Auferstehung und Tod des Joseph Roth. *Drei Ansichten*
John Berger: Und unsere Gesichter, mein Herz, vergänglich wie Fotos
Nella Bielski: »Wer, wenn ich schriee, hörte mich denn ...« *Ein Versuch über Rilke*
Horst Bienek: Das allmähliche Ersticken von Schreien. *Sprache und Exil heute. Münchner Poetik-Vorlesungen*
Maurice Blanchot: Das Unzerstörbare. *Ein unendliches Gespräch über Sprache, Literatur und Existenz*
Bettina Blumenberg: Vor Spiegeln. *Erzählung*
Karl Heinz Bohrer: Nach der Natur. *Über Politik und Ästhetik*
Jorge Luis Borges: Geschichte der Nacht. *Neue Gedichte. Zweisprachige Ausgabe*
Joseph Brodsky: Römische Elegien und andere Gedichte
Joseph Brodsky: Marmor. *Ein Stück*
Roger Caillois: Steine
Roger Caillois: Der Krake. *Versuch über die Logik des Imaginativen*
Italo Calvino: Kybernetik und Gespenster. *Überlegungen zu Literatur und Gesellschaft*
Elias Canetti: Der andere Prozeß. *Kafkas Briefe an Felice*
René Char: Rückkehr stromauf. *Gedichte. Zweisprachige Ausgabe*
Gerrit Confurius: Sabbioneta oder die schöne Kunst der Stadtgründung
Martin R. Dean: Außer mir. *Ein Journal*
Tankred Dorst: Der verbotene Garten. *Fragmente über D'Annunzio*
Umberto Eco: Lector in Fabula. *Die Mitarbeit der Interpretation in erzählenden Texten*
Vilém Flusser: Dinge und Undinge. *Phänomenologische Skizzen*
Louis-René des Forêts: Das Kinderzimmer
Boris Groys: Über das Neue. *Versuch einer Kulturökonomie*
Lars Gustafsson: Die Bilder an den Mauern der Sonnenstadt. *Essays über Gut und Böse*

Madeleine Gustafsson: Die Lawine hinauf. *Gedichte*

Peter Hamm: Der Wille zur Ohnmacht. *Über Robert Walser, Fernando Pessoa, Julien Green, Nelly Sachs, Ingeborg Bachmann, Martin Walser und andere*

Ludwig Harig: Das Rauschen des sechsten Sinnes. *Reden zur Rettung des Lebens und der Literatur*

Seamus Heaney: Die Hagebuttenlaterne. *Gedichte. Zweisprachige Ausgabe*

Seamus Heaney: Die Herrschaft der Sprache. *Essays und Vorlesungen*

Gerd Henniger: Spuren ins Offene. *Essays über Literatur*

Felix Philipp Ingold: Echtzeit. *Gedichte*

Felix Philipp Ingold: Haupts Werk. Das Leben

Felix Philipp Ingold: Mit andern Worten

Felix Philipp Ingold: Der Autor am Werk. *Versuche über literarische Kreativität*

Intellektuellendämmerung? *Beiträge zur neuesten Zeit des Geistes. Herausgegeben von Martin Meyer*

Edmond Jabès: Das kleine unverdächtige Buch der Subversion

Edmond Jabès: Ein Fremder mit einem kleinen Buch unterm Arm

Ilya Kabakow/Boris Groys: Die Kunst des Fliehens. *Dialoge über Angst, das heilige Weiß und den sowjetischen Müll*

Dietmar Kamper: Hieroglyphen der Zeit. *Texte vom Fremdwerden der Welt*

Konstantin Kavafis: Die Lüge ist nur gealterte Wahrheit. *Notate, Prosa und Gedichte aus dem Nachlaß*

Vladimir Kazakov: Unterbrechen Sie mich nicht, ich schweige! *Sämtliche Dramen*

Friedhelm Kemp: ». . . das Ohr, das spricht«. *Spaziergänge eines Lesers und Übersetzers*

Kritischer Materialismus. *Zur Diskussion eines Materialismus der Praxis. Herausgegeben von Matthias Lutz-Bachmann und Gunzelin Schmid Noerr*

Milan Kundera: Die Kunst des Romans. *Essay*

Günter Kunert: Vor der Sintflut. *Das Gedicht als Arche Noah. Frankfurter Vorlesungen*

Wolf Lepenies: Autoren und Wissenschaftler im 18. Jahrhundert. *Buffon, Winckelmann, Linné, Georg Forster, Erasmus Darwin*

Emmanuel Lévinas: Eigennamen. *Meditationen über Sprache und Literatur*

Emmanuel Lévinas: Außer sich. *Meditationen über Religion und Philosophie*

Jakov Lind: Eine Seele aus Holz. *Erzählungen*

Bernhard Lypp: Die Erschütterung des Alltäglichen. *Kunst-philosophische Studien*

Claudio Magris: Mutmaßungen über einen Säbel
Ossip Mandelstam: Das zweite Leben. *Späte Gedichte und Notizen*
Christoph Meckel: Erinnerung an Johannes Bobrowski
Martin Meyer: Ende der Geschichte?
Henri Michaux: Momente. *Durchquerungen der Zeit*
Henri Michaux: Unseliges Wunder. *Das Meskalin*
Norbert Miller: Strawberry Hill. *Horace Walpole und die Ästhetik der schönen Unregelmäßigkeit*
Czesław Miłosz: Das Zeugnis der Poesie
Yukio Mishima: Zu einer Ethik der Tat. *Einführungen in das »Hagakure«, die große Samurai-Lehre des 18. Jahrhunderts*
Libuše Moníková: Schloß, Aleph, Wunschtorte. *Essays*
Eugenio Montale: Gedichte 1920–1954. *Zweisprachige Ausgabe*
Ivan Nagel: Autonomie und Gnade. *Über Mozarts Opern*
Ivan Nagel: Gedankengänge als Lebensläufe. *Versuche über das 18. Jahrhundert*
Ivan Nagel: Kortner-Zadek-Stein
Oskar Pastior/Francesco Petrarca: 33 Gedichte
Oskar Pastior: Lesungen mit Tinnitus. *Gedichte 1980–1985*
Oskar Pastior: Kopfnuß Januskopf. *Gedichte in Palindromen*
Oskar Pastior: Vokalisen & Gimpelstifte
Francis Ponge: *Schreib*praktiken oder Die stetige Unfertigkeit
Jannis Ritsos: Unter den Augen der Wächter. *Gedichte*
Juan Rulfo: Der goldene Hahn. *Erzählung*
Claudia Schittek: Flog ein Vogel federlos. *Was uns die Rätsel sagen*
Alfred Schmidt: Goethes herrlich leuchtende Natur. *Philosophische Studie zur deutschen Spätaufklärung*
Alfred Schmidt: Idee und Weltwille. *Schopenhauer als Kritiker Hegels*
Schuldt: Leben und Sterben in China. *111 Fabeln nach Lius Wörterbuch*
Manlio Sgalambro: Vom Tod der Sonne. *Essay*
Marin Sorescu: Der Fakir als Anfänger. *Gedichte und Ansichten. Aus dem Rumänischen von Oskar Pastior*
Jean Starobinski: Montesquieu. *Ein Essay*
Jean Starobinski: Melancholie im Spiegel. *Baudelaire-Lektüren*
George Steiner: Martin Heidegger. *Eine Einführung*
George Steiner: Von realer Gegenwart. *Hat unser Sprechen Inhalt?*
George Steiner: Unter Druck. *Parabeln*
Marleen Stoessel: Aura. *Das vergessene Menschliche. Zu Sprache und Erfahrung bei Walter Benjamin*
Botho Strauß: Marlenes Schwester/Theorie der Drohung. *Zwei Erzählungen*
Botho Strauß: Fragmente der Undeutlichkeit
Antonio Tabucchi: Wer war Fernando Pessoa?

Lionel Trilling: Kunst, Wille und Notwendigkeit. *Literaturkritische und kulturphilosophische Essays*
Giuseppe Ungaretti: Die Heiterkeit · L'Allegria. *Gedichte 1915–1919. Zweisprachige Ausgabe*
Vom Übersetzen: *Herausgegeben von Martin Meyer*
Paul Virilio: Der negative Horizont. *Bewegung – Geschwindigkeit – Beschleunigung*
Paul Virilio: Rasender Stillstand. *Ein Essay*
Paul Virilio: Krieg und Fernsehen
Derek Walcott: Das Königreich des Sternapfels. *Gedichte*
Ernst Wendt: Wie es euch gefällt, geht nicht mehr. *Meine Lehrstücke und Endspiele*
Marguerite Yourcenar: Mishima oder die Vision der Leere
Zeit-Räume: *Zeiträume – Raumzeiten – Zeitträume. Herausgegeben von Martin Bergelt und Hortensia Völckers*